高职高专物流管理专业
人民交通出版社“十一五”规划教材
教育教学改革项目推荐教材

物流企业会计核算实训案例

逄诗铭　费连才　编著

人民交通出版社
China Communications Press

内 容 提 要

本书按照物流企业账务处理流程，以易通公司为例，用原始凭证的方式提供了全面、立体、真实的物流企业会计核算的经济业务资料。因其是真实案例，内容具有实践性、启发性、应用性、指导性和综合性，让读者身临其境进而提高其职业判断能力及操作能力。

本书适用于物流会计专业、物流管理专业本专科生使用，特别是职业院校学生进行物流会计实训操作，也可作为在职物流财会人员的工作参考。

图书在版编目（CIP）数据

物流企业会计核算实训案例 / 逄诗铭，费连才编. – 北京：
人民交通出版社，2008.10
ISBN 978 – 7 – 114 – 07407 – 3

Ⅰ.物… Ⅱ.①逄…②费… Ⅲ.物资企业 – 会计 Ⅳ.F253.7

中国版本图书馆 CIP 数据核字（2008）第 145378 号

书　　名：物流企业会计核算实训案例
著 作 者：逄诗铭　费连才
责任编辑：乔文平
出版发行：人民交通出版社
地　　址：（100011）北京市朝阳区安定门外外馆斜街 3 号
网　　址：http：//www.ccpress.com.cn
销售电话：（010）59757969，59757973
总 经 销：北京中交盛世书刊有限公司
经　　销：各地新华书店
印　　刷：北京宝莲鸿图科技有限公司
开　　本：787 × 1092　1/16
印　　张：15.5
字　　数：385 千
版　　次：2008 年 10 月　第 1 版
印　　次：2008 年 10 月　第 1 次印刷
书　　号：ISBN 978 – 7 – 114 – 07407 – 3
印　　数：0001 – 3000 册
定　　价：30.00 元
（如有印刷、装订质量问题的图书由本社负责调换）

特别提示

本书案例是真实的，但因涉及商业机密的原因，对涉及的易通物流公司的经营情况数据及财务数据均采用了虚拟数据，敬请读者注意，望谅解。

前言
QIANYAN

本书按照物流企业账务处理流程，以易通物流公司为例，用原始凭证的方式提供了全面、立体、真实的物流企业会计核算的经济业务资料。因其是真实案例，内容具有实践性、启发性、应用性、指导性和综合性，让读者身临其境进而提高其职业判断能力及操作能力。

本书适用于物流会计专业、物流管理专业在校本专科生，特别是职业院校学生进行物流会计实训操作，也可作为在职物流财会人员的工作参考。既可用做手工会计操作训练，又可用做会计电算化参考资料。

本书案例目的

（一）本案例旨在通过对市场经济社会中物流企业会计核算操作的真实回放，使学生系统地掌握物流企业会计核算的全过程，从而加强学生对所学会计理论和知识的理解和认识，完成从理论到实践的认知过程，为其零距离进入社会就业提供了一次“真枪实弹”的操作。

（二）本案例的内容涵盖会计操作的全部基本技能，包括会计科目设置、建账、建制、填制凭证、审核凭证、记账凭证到登记账簿；从日常会计核算、成本计算到编制会计报表。本案例是对学生所学的会计专业的检阅，是步入社会参加工作的“彩排”。

（三）本案例突出综合性、全面性、系统性、真实性。以一个真实企业的特定会计期间为范畴，将物流业务的来龙去脉与企业的物流经营有机地结合起来；以有限责任公司为背景，将企业的物流业务随市场经济社会发生的变化相配套，这样增进了学生对物流企业及其经营市场环境的了解和认识。

黑龙江商业职业学院现代教育与信息技术中心王强老师参与了本书策划，并编写了本书第三章及第四章部分内容。

目录
MULU

第一章
DIYIZHANG

易通物流公司简介

第一节　公司简介

易通交通信息发展有限公司(E-Trans Information Development Co,Ltd),也称"易通物流",是一家致力于物流实体运营、物流信息化和智能交通新技术研发应用、物流和物流信息化咨询的大型高新技术企业。公司于2000年7月18日成立,注册资金5000万人民币,现有华北高速公路股份有限公司、招商局华建交通经济开发中心、华祺投资有限责任公司、福建交通科学研究所和北京路安交通科技发展有限公司等五家股东单位,总部位于北京经济技术开发区。易通物流组织架构如图1-1所示:

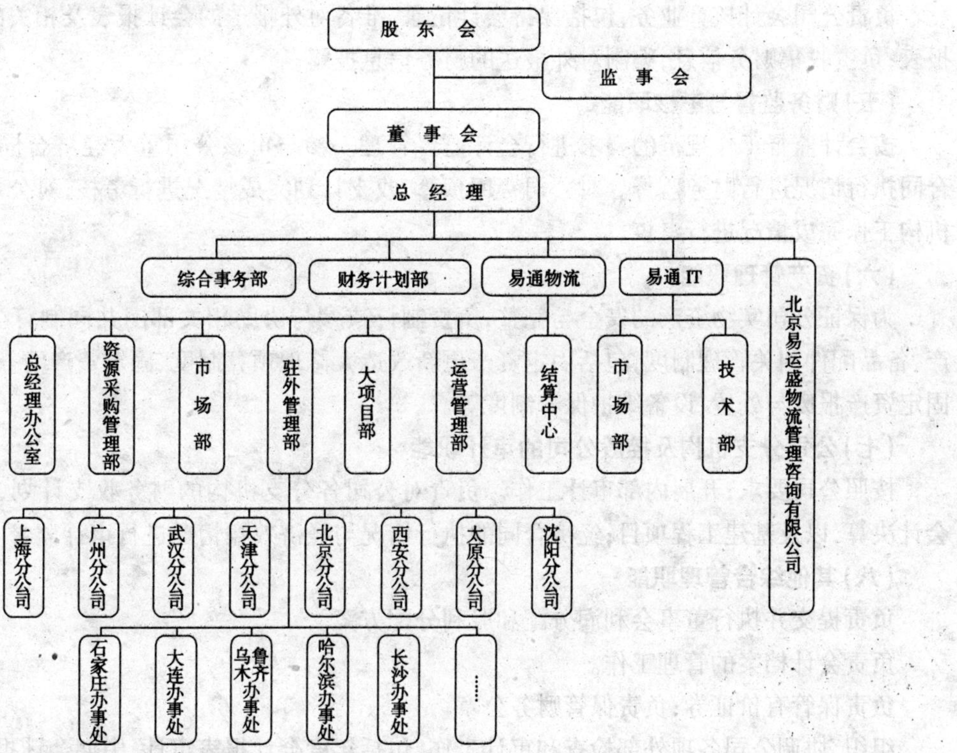

图1-1　易通物流

第二节　财务机构设置及职责分工

一、部门职责

(一)战略规划职能

负责与其他相关部门一起研究、策划公司的财务战略规划,包括:中长期筹资策略、多元化投资战略、税务规划等;负责和投资部门一起规划公司资本运作方案;负责制订公司会计核算制度与程序、财务管理制度与财务规范;负责制订公司财务指标。

(二)资金管理职能

负责管理资金的来源、运用以及分配,重点强调现金头寸的管理,控制公司资金的流动性风险管理,同时也保证资金的盈利性与风险的权衡。

(三)财务预算、计划与分析职能

协调并组织公司各部门年度预算或相关预测的编制,并在其他部门的预算或相关预测的基础上编制年度预算。参与公司融资、投资计划的编制工作。定期、不定期撰写财务分析报告向董事会和总经理报告公司经营情况、预算指标完成情况及财务预警;对公司财务及经营提出建议;对公司融资、投资、利润分配和股利分配提供财务意见。对预算完成情况进行监督、分析、汇报。

(四)会计核算、报告与财务信息披露职能

负责公司会计核算业务,包括保持会计记录、准备对外报送的会计报表及相关的内部管理报表;负责收集财务信息,编制对外报送的财务信息披露。

(五)财务监督与考核职能

按会计监督工作规范的要求进行会计监督管理。参与审核公司重大经济合同的订立,对合同执行情况进行财务监督。对公司费用预算、收支计划完成情况进行考核;对公司下属会计机构工作完成情况进行考核。

(六)资产管理职能

为保证公司实物资产的安全与完整,负责制订或参与协助相关部门共同制订公司固定资产、备品配件相关管理制度,包括固定资产更新改造大修理预算制度、固定资产清查盘点制度、固定资产报废与处置、设备维护保养制度等。

(七)公司分支机构及控股公司的审计职能

按照公司要求,开展内部审计工作。负责对公司各分支机构的财务收支计划,经费核算,会计决算,以及基建工程项目;经济合同的执行情况与经济效益情况进行审计监督。

(八)其他综合管理职能

负责提交并执行董事会利润分配和股利分配方案。

负责会计档案的管理工作。

负责保管有价证券;负责保管财务公章。

组织、协调公司各项外部检查和审计工作,包括年度会计报表审计、中期会计报表审阅等。

办理各项保险业务和社会购买力的报批手续。

负责建立财务人员岗位责任制。

负责公司的税务相关工作，如税务申报、与税务局联系等。

财务计划部本部配备4名工作人员，包括财务负责人、财务分析及公司规划会计、成本会计、出纳员四个岗位（图1-2），其他岗位根据公司需要，在各地分公司及物流分公司办公室相应的位置上办公，或兼职或专职。

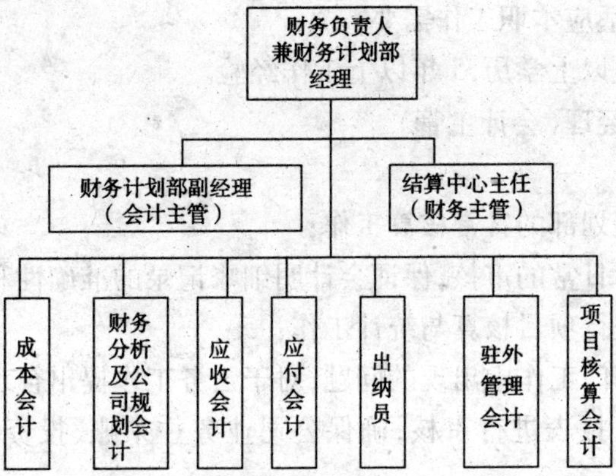

图1-2　财务机构设置及职责分工框架图

二、岗位职责

（一）财务负责人兼财务计划部经理

岗位职责：

负责建立一个反应灵敏、分工明确、监控严密、规范高效的内部财务监控保障系统，以规避经营风险、防范资产流失，同时积极参与企业经营的过程，提出适应本企业发展的财务理念，强化企业的财务管理和核算，协助企业经营者一起进行决策，并对执行决策的全过程进行监督，以保证企业经营目标的有效实施，具体体现在以下几方面。

（1）协助企业经营者拟定年度预算方案、费用开支计划、筹资融资计划、利润分配方案、亏损弥补方案等。

（2）负责组织编制财务、会计和审计计划，协调各项经济计划、业务计划、组织并监控日常的财务、会计和审计活动。组织经济核算，实施经济责任制，审核企业的财务会计和审计制度，审核各种财务会计和审计报告，并及时上报董事会。

（3）参与拟定企业资金使用调度、贷款担保、对外投资、产权转让、资产重组等重大经营决策活动。对董事会批准的重大经营计划方案的执行情况进行监督。

（4）及时发现和制止企业违反国家财经法律、法规的行为和可能造成企业资产损失的经营行为。自觉贯彻执行国家的各项财经法律、法规，定期向董事会报告企业的资产运作和财务情况。

财务负责人保证企业财务会计、审计活动的健康进行，确保企业资产的安全和保值增值，并对企业财务、会计和审计报告的真实性、合法性和完整性负责；对参与拟定的计划、决策失误所造成的企业经济损失，对未能发现和制止企业违反国家财经法规、法律的行为，对企业资产的流失，承担相应的责任。

任职资格：

(1)执行党和国家的方针政策，遵纪守法，廉洁自律；

(2)熟悉经济财务法规，严格遵守财务规章制度，敢于坚持原则，有高度的事业心和责任感，有较好的职业道德；

(3)具有高级会计专业技术职称或有注册会计师资格；

(4)身体健康，能够适应本职工作需要；

(5)财经专业研究生以上学历，5年以上工作经验。

(二)财务计划部副经理(会计主管)

岗位职责：

(1)全面负责财务规划部的日常核算工作；

(2)对会计凭证进行日常的审核，保证会计明细账记录的准确性和完整性；

(3)对公司的业务进行项目核算与统计工作；

(4)发现并了解本部门工作中出现的问题，对于财务工作提出合理化的建议；

(5)负责对本部财务报表进行审核，确保公司业务往来账、投资收益分配等财务信息明晰、准确、完整；

(6)对会计科目的设置与账簿进行统一规划；

(7)对分公司、办事处的财务工作进行审核与指导。

任职资格：

(1)具有中级以上财务会计资格；

(2)熟悉全套的财务工作流程；

(3)熟练使用财务软件；

(4)善于发现与解决问题，良好的沟通协调能力；

(5)财经专业本科以上学历，具有3年以上财务管理工作经验。

(三)结算中心主任(财务主管)

岗位职责：

(1)审核监督应收、应付会计的日常工作包括对物流信息系统中应收、应付账款的把关，对应付账款的控制(比如付款凭单制度)以及对应收账款回款督促；

(2)负责拟定、修改、完善公司财务分析、财务预算等财务管理制度等相关文件；

(3)负责组织公司对外投资的财务可行性研究和财务收益分析；

(4)负责组织进行公司财务分析，为公司重大财务决策提供依据；

(5)负责建立健全对子公司的财务分析制度，指导子公司进行财务分析工作，对财务分析中暴露的问题进行专题调研和检查，并将有关结论和意见向公司领导进行报告；

(6)负责维持与投资者、信贷者、信用评估机构等的关系；

(7)负责对对投资项目的风险管理与保险分析；

(8)对投资者、客户进行信用分析。

任职资格：

(1)熟悉公司的运作模式，较强的领导、沟通、协调能力；

(2)熟悉国家财经法规、较强的原则性;
(3)较强的专业知识,具有中级以上会计专业技术资格;
(4)财经专业本科以上学历,具有3年以上财务管理工作经验;
(5)敏锐的市场洞察力及较强的分析能力。

(四)成本会计

岗位职责:
(1)全面负责公司财务账的核算工作,包括成本、管理费用等的核算与转账工作;
(2)为各种决策提供成本资料;
(3)准确及时地提供公司月、季度、年度的对外会计报表(资产负债表、现金流量表等)的编制与申报工作;
(4)协助会计主管完成财务账簿的审核工作。
(5)全面负责公司税务工作,包括发票的开具、领用与购买、税款的交纳与统计;
(6)及时了解国家有关税收政策的信息。
任职资格:
(1)较丰富的财务核算工作经验;
(2)对财务账簿的设置经验丰富;
(3)具有一定的会计专业技术资格,牢固的专业知识;
(4)工作认真负责,原则性强;
(5)财经专业本科以上学历,财务经验丰富。

(五)财务分析及公司规划会计

岗位职责:
(1)对公司的经营状况进行定期与不定期的分析;
(2)及时向公司汇报有关公司经营状况的各类分析报表;
(3)对公司的经营决策及发展规划及时有效的提出合理化建议。
任职资格:
(1)工作严谨认真、原则性强;
(2)善于发现工作当中的问题,具有较强的开拓创新精神;
(3)良好的专业知识功底,头脑灵活敏捷;
(4)大学本科以上学历,财务经验丰富。

(六)应付会计

岗位职责:
(1)负责与承运商的日常运费的核对与结算工作;
(2)对各项目的运输成本进行核算与监督;
(3)定期报送应付未付报表,并对应付账款进行分析;
(4)解决并发现工作中的问题,提出合理化建议;
(5)每月与承运商、分公司、办事处进行应付账款的核算;
(6)监督运输成本的变化。
任职资格:

(1)头脑清晰、对数字敏感;
(2)有一定的财务专业知识;
(3)工作认真,责任心强;
(4)善于与人沟通;
(5)大学专科以上学历,财务经验丰富。

(七)应收会计

岗位职责:
(1)负责系统中收入的录入工作;
(2)定期、不定期的与业务员、各分公司、办事处进行应收账款的核对的工作;
(3)及时催要应收账款,保证公司资金的正常周转;
(4)定期报送应收未收账款报表,并对应收账款进行分析;
(5)监督收入的变化,对于工作中不合理的情况及时发现并提出合理的建议。
任职资格:
(1)头脑清晰、对数字敏感;
(2)有一定的财务专业知识;
(3)工作认真,责任心强;
(4)善于与人沟通;
(5)大学专科以上学历,财务经验丰富。

(八)出纳员

岗位职责:
(1)负责公司日常的报销与汇款工作;
(2)进行现金及银行汇款会计凭证的录入;
(3)每月按时出具银行余额调节表;
(4)保证库存资金的准确与安全。
任职资格:
(1)有一定的财务专业知识,有会计证;
(2)工作认真、踏实、原则性强;
(3)头脑清晰、灵活;
(4)较强的责任心;
(5)财经专业毕业。

(九)项目核算会计

岗位职责:
(1)负责向公司相关领导上报月、季、年的公司内部项目核算报表;
(2)根据项目核算的结果,对公司运作的项目提出合理化建议。
任职资格:
(1)要求熟悉公司的业务流程;
(2)了解公司现有项目的运作特点;
(3)头脑清晰灵活,反应快;

(4)财经专业毕业。

(十)驻外管理会计

岗位职责:

(1)保障分支机构的资金安全性;

(2)负责公司分支机构的日常财务工作,包括分支机构的日常的费用报销、报账及会计凭证的填制工作;

(3)及时向公司财务上报各项财务报表。

任职资格:

(1)具有一定的财务专业知识;

(2)头脑清晰、灵活;

(3)工作认真负责、原则性强;

(4)善于发现与解决分支机构工作中出现的问题;

(5)财经专业毕业。

第三节　主要财务核算流程

1. 易通物流是国家物流税收试点企业,纳税人识别号为:110108722111456。

2. 企业开户银行为农行北京分行马驹桥分理处,账号:110-08100105006940

3. 银行预留印鉴:(略)。

4. 物流业务流程

物流业务运作流程见图1-3。

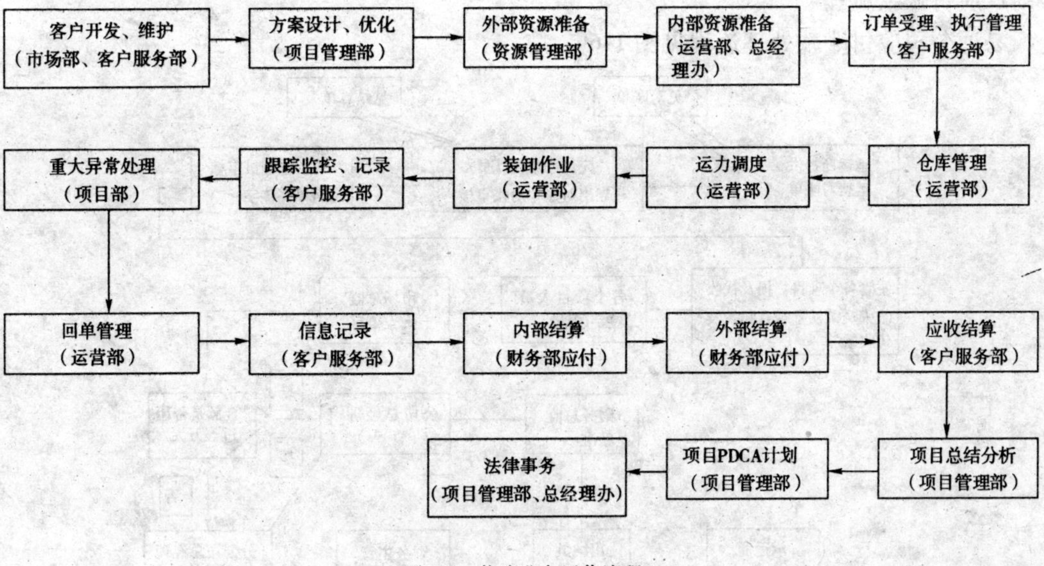

图1-3　物流业务运作流程

5. 预算编制及审批业务流程

预算编制及审批业务流程见图1-4。

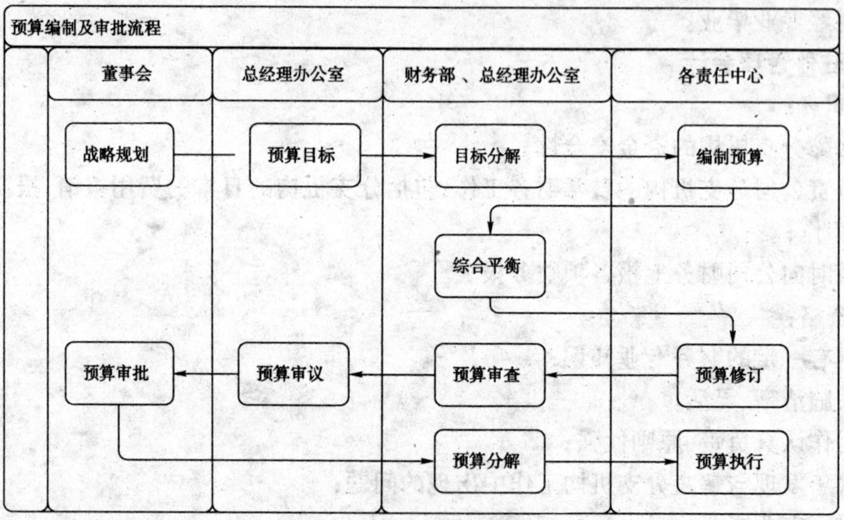

图 1-4　预算编制及审批业务流程

6. 费用报销流程

易通公司费用报销流程见图 1-5。

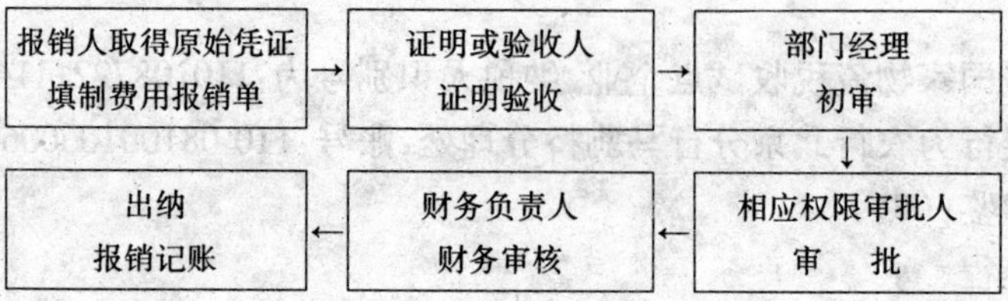

图 1-5　费用报销流程

7. 应付账款流程

易通公司应付账款处理流程见图 1-6。

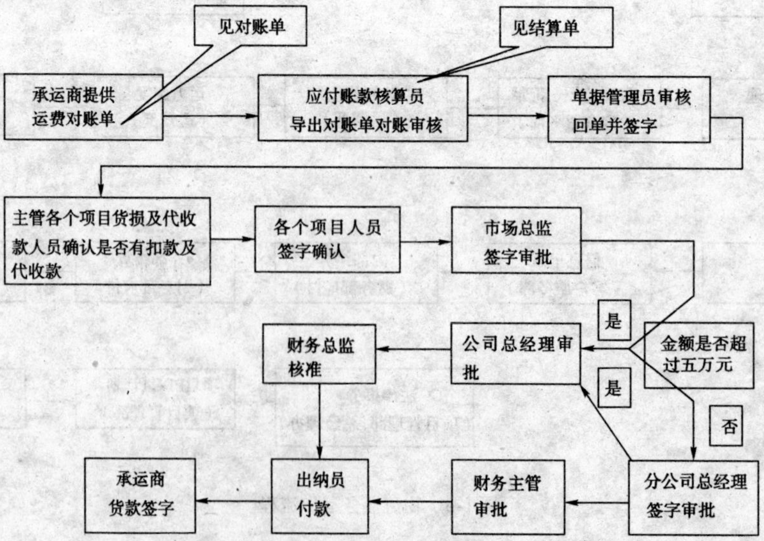

图 1-6　应付账款处理流程

8. 应收账款流程

易通公司应收账款处理流程见图 1-7。

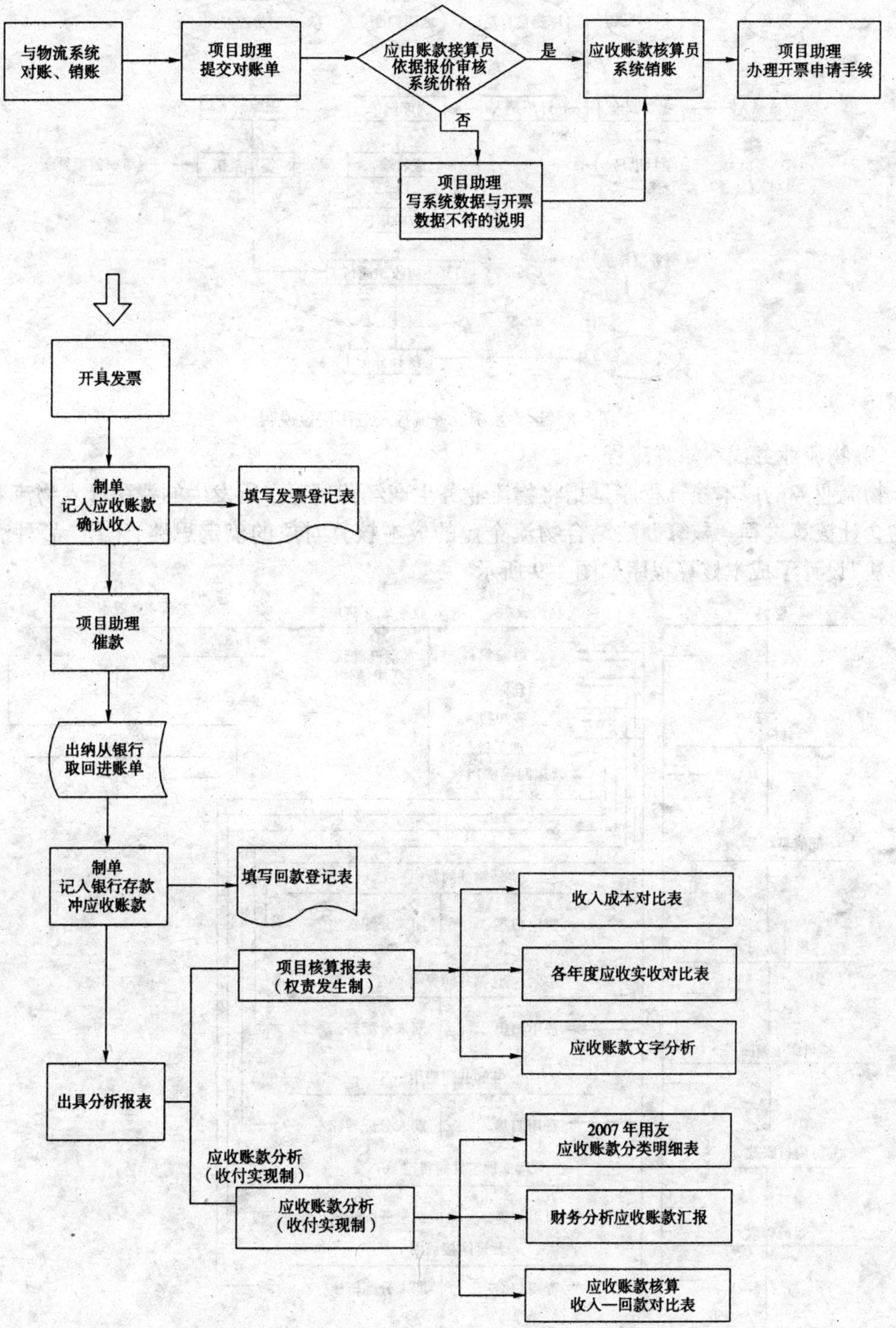

图 1-7　应收账款流程

9. 运输业务流程

运输系统业务流程见图 1-8。

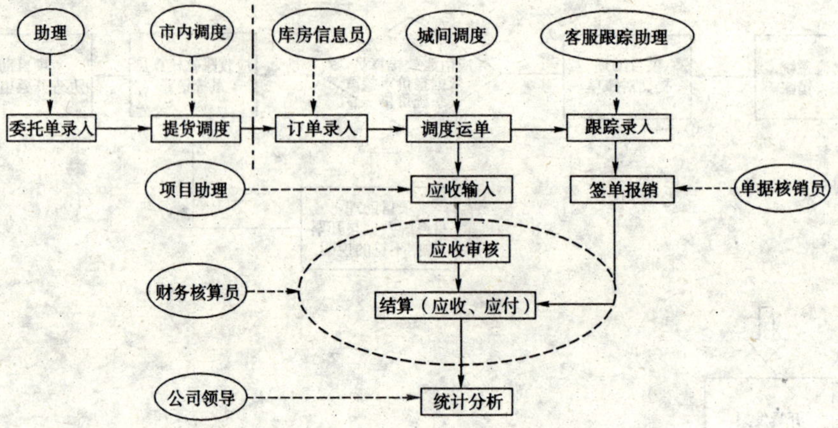

图 1-8　运输系统业务流程及应用岗位说明

10. 物流业务成本核算流程

物流业务的成本核算程序是指将物流业务生产经营过程中所发生的费用计入物流业务成本的会计核算过程。核算办法结合物流企业的成本核算对象的确定思路，采用“品种法下的订单法”设计了成本核算程序如图 1-9 所示。

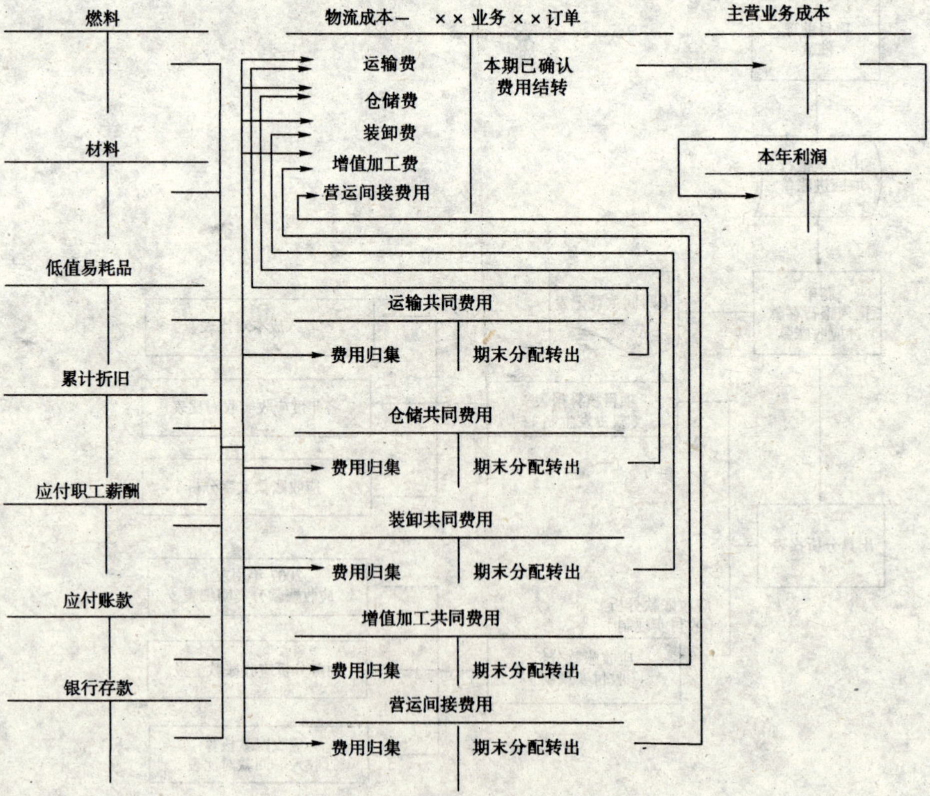

图 1-9　物流企业物流业务的成本核算流程

第二章 DIERZHANG 公司财务制度

第一节 财务信息保密制度

财务信息保密制度制定的原则是:不该说的不说、不该询问的不询问、不该听的不听、不该提供的不提供、不多提供的坚决不多提供。

公司财务信息数据属于商业秘密,未经许可,公司任何人不得向外披露。

公司财务信息数据包括:财务收支计划或预算和重要经济合同、财务报表、现金流量情况、公司经营状况、获利状况、投资状况、工资管理状况、员工福利待遇状况(包括员工社会保险、养老保险、工伤保险等)等。

(一)公司财务信息数据的提供对象

1. 外部使用者

外部使用者包括:投资者(包括现在和潜在的投资者)、贷款人(包括银行、非金融机构及其他提供贷款的单位和个人)、政府部门(包括工商、税务、财政、统计等)和其他外部使用者(包括企业客户及有业务关系的单位和个人)。

2. 内部使用者

内部使用者包括公司全体员工;公司董事会、监事会及其成员。

(二)向各类使用人提供的财务信息数据种类

(1)定期向各部门经理提供的财务报表,包括月(季、年)度财务报表、本部门财务收支计划或预算和重要经济合同等;

(2)定期向一般人员提供的与本人业务活动有关的财务数据,如往来款项、业务收入、本人工资、福利待遇等;

(3)定期向人事管理部门提供的工资管理、员工待遇等相关财务数据;

(4)定期向公司领导提供的财务报表及本人主管的业务部门有关财务数据;

(5)定期向主管财务的领导提供的全部财务数据;

(6)定期向公司董事会、监事会及其成员提供全部的财务数据;

(7)定期向外部使用者提供的相关数据。

(三)对违反规定提供财务数据的处罚

(1)对违反规定向外部使用者擅自提供或向企业内部使用者超范围提供财务数据信息的

直接财务人员最少给予扣罚2个月的工资乃至开除处分，财务部门负责人扣罚2个月的工资及其他处分。

(2)财务信息数据内部使用者因工作失误等其他原因，导致将财务数据泄露的，或不该提供而提供的，对直接人员最少给予扣罚1个月的工资乃至开除处分，本部门负责人扣罚1个月的工资及其他处分。

第二节 会计档案管理办法

公司会计档案是指公司的各种会计凭证(含另外装订的原始凭证)、会计账簿、会计报表、财务收支计划或预算和重要经济合同、移交清册、电算化会计档案(包括磁性介质或光盘存储的会计数据)。

会计档案管理办法为：

(1)会计凭证按月立卷，每本一卷。立卷时，将记账凭证按时间和顺序号装订成册，在装订前剔除金属物，每册凭证封面的内容要填写齐全，盖齐名章；装订的顺序是封面、销号单、记账凭证汇总表、记账凭证(含附的原始凭证)，抽出凭证登记表、封底。

(2)会计账簿按年立卷，每本一卷，订本账簿应保持原来面目，活页账簿除允许跨年度使用以外，应撤出空白账页，编写页号，按年装订成册，同时加贴封面，填列单位名称、账户名称、总计页数、所属年度并有登记账簿人员签章。

如果一个账户的账页少，可将几个账户的账页(按会计科目顺序)分别加具封面合订一本，然后再加具总封面，并注明账簿启用单位、年度、各账户名称、本账户页数、总计页数。

(3)会计报表按年立卷。立卷时要按保管期限分组立卷，根据会计制度规定的表号顺序装订成册。对于各个管理处及监控中心的会计报表，同样按此要求装订；会计报表装订时同时加具封页合编号。

(4)会计档案采取年度一个类别及保管期限排列的方法，选用年度编流水号；会计档案要填写案卷目录。

(5)会计档案形成以后，在财务部门保管一年(但每年向档案部门移交案卷目录一份)，期满后半年内计划财务部门将会计档案移交综合事务部。

办公室接收会计档案原则上应当保持原案卷的装订，个别需要拆封重新整理的，应当会同计划财务部门和经办人员共同拆封整理以分清责任。

公司财务部门经办的有关财务工作方针、政策、计划、工作总结、报告等文件资料，不属于会计档案，应按照文书档案管理办法管理。

(6)期满后，财务部门移交会计档案时，会计档案移交清册应具备的内容包括：档案所属年度、类别、名称、册数、编号、规定保管期限、需要说明的问题，以及监交人、移交人、造册人的签章。

(7)财务部、办公室都设立专柜管理会计档案，做到管理科学、保管妥善、系统排列，存放有序。

(8)调阅会计档案，要严格办理审批手续。

本单位人员调阅会计档案，要经财务部负责人同意，外单位人员调阅会计档案，要有正式介绍信，经公司总经理批准后，要详细登记调阅人员的姓名和工作单位，调阅理由，归还日期等。

调阅人员一般不得将会计档案携带外出，需要复制的，要经公司总经理同意，查阅时不得私自在会计档案上勾画，不得拆散原卷册、不得抽取更换。

(9)会计档案的保管期限：

根据有关规定，会计档案保管期限分为永久、定期两类。

(10)会计档案的保管期满要销毁时，由会计档案管理人员提出意见，由计财部负责人严格审查，编制会计档案销毁清册后，经总经理审查同意，报有关部门批准，方可销毁。销毁时应由公司总经理或财务总监委托其他领导以及计财部共同派员监销，并在销毁清单上签名或盖章。未经有关部门批准销毁的会计档案，严禁自行销毁。对于其未了结债权、债务的原始凭证，应单独抽出，另行立卷，由档案管理部门保管到结清债务、债权为止；工程建设会计档案在建设期间不得销毁。

(11)由于单位人事的变动，会计档案交接时，由移交人办理交接手续，并由监交人、移交人、接管人签字或盖章。

(12)撤销、合并单位和建设单位完工后的会计档案应随同单位的全部档案一并移交指定单位，并按规定办理交接手续。

(13)公司分设新单位时，由老单位依据账面数据编制财务移交表，双方签字后，作为新单位设账依据，原凭证、账册等会计资料必须留在原单位。

第三节　会计基础规范

为加强公司会计基础工作的管理，建立规范化的会计工作秩序，提高会计工作质量，根据财政部印发的《会计基础工作规范》，结合公司会计基础工作的实际情况特做如下规定：

一、对原始凭证的规定

(一)原始凭证内容的要求

(1)应具备凭证名称，编制日期，填制凭证单位名称或填制人姓名，经办人的签名或盖章，接受单位名称和经济业务内容，数量单价、金额等；

(2)除国家允许用票单位自行确定或印制的票据(如邮政、电信、铁路、公路、航空等部门的票据)外，其余的外来原始凭证均应套印有县(市)以上税务机关、发票监制章或财政机关票据监制章；

(3)自制对内的原始凭证，应注明同该项经济业务有关的经营计划、经济合同和预算项目等内容，并连续编号，号码印(或填写)在凭证的左上角；

(4)对外使用的原始凭证应按税务机关或财政机关的规定套印票据监制章。

(二)对原始凭证的签发或填制的要求

(1)对外单位取得的原始凭证，必须盖有填制单位的公章。

(2)从个人取得的原始凭证，必须有填制人员的签名或盖章。

(3)自制的原始凭证必须有经办单位负责人或其他指定的人员签名或盖章。

(4)对外开出的原始凭证,必须加盖本单位财务公章。

(5)凡填有大写或小写金额的原始凭证,大写与小写金额必须相符。

(6)凡一式几联的原始凭证,应当注明每联的用途,其中只能有一联作为报销凭证,而且必须用双面复写纸套写,并连续编号。作废时应加盖"作废"戳记,连同存根一起保存,不得销毁。

(7)职工公出借款条必须附在记账凭证之后,公出报销后,凭其报销金额冲抵原借款。报销金额小于原借款金额由报销人归还差额时,应另开收据或退还借据副本,不得退还借据。

(8)单位的某项开支如需与其他单位共用一张原始凭证时,可将支付款项单位开出的"原始凭证分割单"作为外来原始凭证,凭以结算。"原始凭证分割单"亦应具备原始凭证的内容和相应的签发手续。

(9)外来或自制的原始凭证,属于由出纳收入或支付款项的,应由收款人或领款人签名,由出纳人员分别加盖"现金收讫""转账收讫"和"现金付款""转账付款"戳记;属于购入实物的,应同时附有由验收入库人员开出的"验收单",不需入库而直接领用的必须由领用人签注用途和姓名;需要注销或作废的,由会计人员(出纳除外)加盖"注销"和"作废"戳记。

(10)经过上级批准的经济业务,应将批准文件作为原始凭证附件,如果批准文件需要单位归档,应在凭证上注明批准机关名称,日期和文件字号。

二、对记账凭证的规定

(一)对记账凭证内容的规定

记账凭证(除要更正、结账和预提费用、待摊费用等记账凭证可以不附原始凭证外)所列金额,必须与所附原始凭证的金额一致,如遇一张原始凭证发生的经济事项较多,涉及两张以上记账凭证时,可在原始凭证上注明本记账凭证的金额和所涉及的其他记账凭证的字号及金额等;同时,应在未附原始凭证的其他记账凭证上将原始凭证附入的记账凭证编号注明,以便查找。

记账凭证所附原始凭证较多,不便于装订的可采用"特种原始凭证汇总表",将其数量、金额、事由,付款或收款方式、原始凭证账数,装订保管等汇总填列一式二份,一份与原始凭证一同装订作封面,另一份附入有关记账凭证内,面积较小的(如火车票/汽车票等)应通过整理,整齐地粘贴在"附件粘贴单"上,面积超过记账凭证的,应折叠(略小于记账凭证)附入有关记账凭证。

记账凭证附件张数的计算,一般应以所附原始凭证的自然张数为准。凡是与记账凭证中的经济业务记录有关的凭证,如果记账凭证附有原始凭证汇总表,应该把所附的原始凭证和原始凭证汇总表的张数计入附件张数之内;差旅费、交通费中零散车票,如粘贴在"附件粘贴单"上,则作为一张附件计算,记账凭证应按现金、银行、转账三类凭证逐日按顺序编号,凡一笔经济事项需填制两张以上记账凭证的,记账凭证的编号应加上分号,如2号凭证有三张,则应分别为,$2\frac{1}{3}$,$2\frac{2}{3}$,$2\frac{3}{3}$。

为便于当月的凭证编号不重不漏,记账凭证应使用"凭证销号单",月终将"凭证销号单"与有关记账凭证一并装订。

填制记账凭证时如果发生错误,应当重新填制。已经登记入账的记账凭证在当年发生错误的可以用红字注销法进行更正;在会计科目应用上没有错误,只是金额错误的情况下,也可以按正确数字同错误数字之间的差额,另编一张调整记账凭证。发现以前年度的记账凭证有错误的,应当填制一张更正的记账凭证,不能使用红字更正法。填制记账凭证的摘要应与原始凭证的内容一致,能正确反映经济业务的主要内容,表述简短精练,应能使阅读的人通过摘要就能够了解该项经济业务的性质、特征,判断出会计分录的正确与否,一般不必要再去翻阅原始凭证或询问有关人员。

从外单位取得的原始凭证如有遗失、被盗等情况,应注明原始凭证的号码签发的日期、金额,内容等,由经办单位负责人批准后,才能代替原始凭证,如果确实无法取得证明的,如火车、轮船。飞机票等凭证,应由当事人写出详细情况,出具证明经单位领导或会计主管批准签字后,代作原始凭证。

三、会计账簿的规定

会计账簿包括总账、日记账、明细账三种,还包括备查簿、卡片等辅助账。

账簿由封面、封底、启用表、目录、账页组成。

会计账簿封面要填写账簿名称、使用单位和使用年度标志。启用表应填写使用单位名称、账簿编号、账簿页数、启用日期、经管人员、会计负责人、移交人、接交人、监交人,交接日期和粘贴印花税等内容的栏目。

目录应具有账户名称和账户页次两个内容。会计账簿用时,应在封面上写明账簿名称和使用单位全称,所属年度,填写启用表,并加盖财务公章,并按账户设置情况填写目录。

四、会 计 报 表

会计报表应经单位负责人、财务部负责人审阅盖章(及签字)后加盖单位公章,才能报出。

单位编制的月、季、年度会计报表均应按表号顺序加封面进行装订,装订的顺序是:会计报表封面、财务情况说明书及附表列资料及编表说明、会计报表、封底。

年度终了,应将各月、季的会计报表分别合并装订成册,加盖封面。各期的报表均按加具封面。各期的报表均按编报时间先后顺序装订。

公司已经编制完毕,但尚未报出的会计报表,经审核发现政策性方面的错误,应按政策规定调整账务后,重新填制;属于技术方面的错误,应根据实际情况,通过调整账务或重新计算或重抄等方法改正后重新填报,待完全改正后报出;对于已经报出的会计报表,应根据错误的原因按前述方法修改,数字错误两处以上的,除留用的要修改外还应书面通知报送单位修改,错误在两处以上的,应重新填报;年终决算经上报审批后改正的错误,应根据决算批复意见,并按照会计制度的规定,进行相应的账务处理后予以调整,调整结果应抄报原报送单位,单位不得随意调整报出的会计报表。

第四节　备用金管理办法

根据《企业会计制度》及有关财务规定,结合公司实际情况,特制定易通交通信息发展有限公司(简称易通公司,下同)备用金管理办法及其内部控制制度暂行规定。

第一条 本办法所称的备用金,是指因公司正常经营活动的需要或其他原因需要而临时借支的现金,包括:

(1)各办事处的周转金;

(2)各库房正常经营活动所需的周转金;

(3)公司各部门正常经营活动所预支、预借的现金;

(4)职工因私临时借支;

(5)其他正常经营活动所需的周转金。

本办法所指的现金包括现金、银行存款等。

第二条 公司应按照公司章程及内部有关规定,严格控制备用金非正常发生额。对公司正常经营活动发生的备用金支出,公司各部门及各级领导要严格按照公司财务制度等内部管理规定中的规定程序和审批手续进行审批,不得越权审批。

借支程序:

(1)由借支人填写借款单或请款单。必须写明借款事由和时间,借款单与请款单必须是财务部规定的样式。

(2)按公司审批权限的有关规定经相关领导签字审批;审批有效期自签字日起 3 日内有效。

(3)由借支人本人持审批后的借款单或请款单到财务部或库房财务员处借支。所有借款单或请款单,必须由借支人亲笔签署借支人姓名和时间,并由签字人对该借款的返还或报销负责,不得有代借、代领现象。

审批权限:

(1)金额在 3 万元以上的,由财务负责人初审,总经理审批;

(2)金额在 3 万元以下的,由财务负责人初审,各主管经理审批;

(3)职工因私临时借支,由总经理审批;

(4)各办事处的周转金借支,执行《各地办事处财务管理办法》的有关规定,当月每次借支(即汇款)金额不必再行审批;

(5)公司审批权限规定有其他要求的,按公司审批权限的规定执行。

第三条 备用金管理办法:

1. 各办事处的周转金借支办法

办事处周转金的借支,由公司驻外管理中心主管统一管理,并采取总额核定、分次按需借支、适度留余、月底报账的方法,执行《各地办事处财务管理办法》的有关规定。

即由各办事处按经营活动的预期拟定各月备用总额,报公司驻外管理中心主管核定,按审批权限的要求汇总审批后交财务室存档。

根据办事处经营活动的实际情况,办事处及公司驻外管理中心主管根据需要共同拟定每次需要的资金,由驻外管理中心主管直接通知财务部汇款。原则上每月汇款的总额不得超过核定的额度,超过的部份或者临时追加的周转金,由驻外管理中心主管或当事人按借支程序及审批权限的要求填写借款单或请款单借支。

办事处收款人的规定:办事在银行以分支机构名义设有账户的,直接汇款至银行账户;没有银行账号的，由公司运营部指定办事处人员的个人存折户作为收款账户，该账户及其变更统一由驻外管理中心主管管理并书面告之财务部。

各办事处应于每月末根据公司《各地办事处财务管理办法》的规定填制凭证，由驻外管理中心主管按规定统一审批后，报财务部进行账务处理。

2. 各库房正常经营活动所需周转金的借支办法

(1)各库房正常经营活动所需的周转金，考虑到库房的实际情况，由公司指定库房财务员统一管理，并采取总额控制，年终清算的方法。

(2)库房财务员可以根据库房实际经营情况，核定周转金总额，根据审批权限及借支程序的规定，一次性借支作为周转金。

(3)库房财务员根据公司有关费用报销的规定对库房业务报销后，到财务部报销并支取现金，以保证周转金稳定在核定的金额上。

(4)库房人员因正常经营活动需要向库房财务员借支现金时，在执行上述借支程序审批权限的要求审批后，由库房财务员直接给付现金。库房财务员可以将该笔借款在当月到财务部报销，并由财务部按第三条第三节的相关规定管理该笔借款。库房财务员也可以按下述规定管理该笔现金：

若借款时间发生在该月的10日(含10日)以前，借款人应在月底前报销该笔借款，如不能报销的，应向库房财务员解释原因，报请主管经理批准后，可以延后，但必须在下一月内归还或报销该笔借款。

若借款时间发生在该月的10日以后，借款人应在下一月底前报销该笔借款。如不能报销的，应向库房财务员解释原因，报请主管经理批准后，可以延后，但必须在第三月内归还或报销该笔借款。

借款人在超过上述还款期内还不能归还或报销该笔借款时，报请主管经理、财务负责人批准后，库房财务员应及时将该笔借款向财务部报销，由财务部进行账务处理，并从当月开始从借款人工资中一次或分次扣除。特殊情况经主管经理批准后方可借支。

借款人存在两笔借款超过还款期还未能到财务部还款时，不得再继续借款，特殊情况必须报请总经理批准。

(5)库房财务员必须随时掌握并预期周转金总额的变化情况，及时申请增加周转金或退回多出的周转金，以保障公司正常的经营活动和现金的安全及周转。

(6)年终，由财务部对指定人员的周转金进行盘库。

(7)指定人员必须在公司规定的范围内使用周转金，并保证周转金的安全性和使用的真实性。

3. 公司各部门正常经营活动的备用借支

(1)根据公司实际经营活动的需要，公司各部当事人可以按备用借支的程序及审批权限的规定到财务部借支现金。

(2)在经营业务完成后，借款人必须及时按公司有关的报销程序到财务部报销。

(3)有关还款的规定是：

若借款时间发生在该月的10日(含10日)以前，借款人应在月底前报销该笔借款。如不能报销的，应向财务部解释原因，经财务负责人批准后可以延后，但必须在下一月内报销该笔借款。

若借款时间发生在该月的10日以后，借款人应在下一月底前报销该笔借款。如不能报销的，应向财务部解释原因，经主管经理、财务负责人批准后可以延后，但必须在第三月内报销该笔借款。

借款人超过上述规定的还款期还未能归还或报销借款时，经请示总经理、财务负责人后，由财务部从借款人工资中根据金额大小一次或分次扣除，在扣除全部借款之前，财务部有权拒绝该借款人的其他借款，特殊情况经总经理批准后方可借支。

借款人存在两笔借款超过还款期还未能到财务部还款时，不得再继续借款，特殊情况必须报请总经理批准。

如因实际情况还款时间比较长的，应在借款单或请款单上注明，但最长还款或报销时间不得超过三个月（从当月的下月算起）。

4. 职工因私临时借支

考虑到职工的实际情况，在按上述规定的借支程序及审批权限的要求审批后，由职工本人到财务部借支，他人不得代领。

若借款人不能在当月归还借款的，从借款人当月工资中一次或分次扣除。

第四条 借款安全的有关规定：

（1）对于借款人借支现金的安全，采取主管经理负责制。

（2）借款人离职或失踪的，由主管经理负责指定人员承担该笔借款的经济与行政责任。

（3）借款人离职或失踪等特殊原因造成该笔经济业务无法继续完成或借款无法追回，在全额扣除借款人当月工资后超出的部分，由主管经理负责追回；如不能追回的，报请总经理批准后，根据借款情况由财务部进行账务处理，并按规定追究相关人员的经济与行政责任。

第五条 会计处理方法：

（1）在备用金科目下按借款人姓名及办事处名称设置明细科目核算；

（2）财务部出纳应做好备用金的管理工作，及时要求借款人还款，每季度应按明细科目编制备用金余额明细表，并报公司总经理及财务负责人；备用金异常情况应及时通知公司财务负责人及相关主管经理。

（3）所有借款单及请款单，在付款及签字后由出纳加盖“现金付讫”或“银行付讫”章；在归还或报销后借款及请款单据不得退回给借款人，由出纳加盖“注销”章或注明“款已收回”字样并签名及日期后，作为附件做入凭证中保存。

（4）如发生不能追回借款的情况，由相关的主管理经理填写“备用金销账说明”，经总经理、财务负责人批准后，记入管理费用科目或其他相关科目。

第六条 借款人应保证借款在规定的的范围内使用，不得挪用款项，不得以借款的名义的套取公司现金，一经发现，将按照公司法、公司章程等有关规定，追究有关人员的行政或经济责任，触犯刑律的送交司法机关依法处理。

第七条 本办法涉及公司其他相关规定的，执行该相关规定。

第五节 发票管理办法

在税务所购买的发票均由公司财务部门统一管理,并设专门的财务人员进行日常管理。

财务部专设管理公司发票的人员,负责公司发票的日常管理工作。其中包括以下几个方面:

(1)公司发票由该人员负责统一管理,统一使用。如无特殊情况,不得由其他人员替代发票的管理和使用工作。

(2)公司人员需要开具发票时,由该人员负责开具发票。需要开具发票的人员需要提供开具发票的相关的依据,开具发票人员负责对其提供的依据进行审核,审核无误后,需由相关领导签字确认,确认后由开发票管理人员进行开票。如需要开票人员所提供的相关依据与开具发票内容不符时,需说明不符原因,如没有任何原因,该人员有权拒绝开具发票。

(3)开具发票时,由开票人员用专门的发票打印机打印,发票不得用其他方式开具,需开具发票人有权拒绝不符合要求的发票。开具发票后,开票人确认无误后,在专门的发票登记簿上签字,并在开具发票几联上签字(给客户联除外)。发票开具后,需开具发票人负责发票所开款项的收回。

(4)发票管理人员负责对日常开出的发票进行跟踪管理,督促开发票的人员及时收回款项。不能及时收回的,开发票的人员需说明原因,并及时收回款项。对不能收回的款项,由需开具发票人负责。

(5)发票管理人员对收回的作废的发票和错票,应及时在发票系统中进行冲销,避免错开、重开的情况发生。

(6)发票管理人员月末应对所开具的发票进行核对,并检查发票号是否连续,有无发票丢失的情况。如有发票丢失情况发生,需由发票管理人员说明原因,并做相应处罚。

发票使用完后,发票管理人员方可在财务部领用发票,领用时应办理相关手续。

发票管理人员应认真,负责的做好发票日常的管理和使用工作,对已经使用过的和未使用过的发票分开管理,对已经开出的发票进行登记、留存、存档,以便日后随时查看。

第三章 DISANZHANG 主要凭证样式

第一节　取得或自制凭证样式

一、取得原始凭证样式

取得原始凭证样式见图 3-1。

（　　）费用报销单

单位：　　　　　　　　　年　　　月　　　日　　　　　　　　第　　　号

301—23

12×21厘米

摘　　要			
金　　额	人民币（大写） ¥		
附单据张数		领款人签章	

审批人　　　　审核　　　　证明或验收　　　　经手

图 3-1　取得原始凭证样式

二、自制费用报销凭证样式

自制费用报销凭证样式见图 3-2～图 3-10。

易通物流接待客户用餐审批单

年　月　日

经办人：	来客单位及人数：	
陪餐人员姓名：		
用餐标准(限额)		
部门经理签字：	主管领导签字：	财务审核
注：①一单一签；②凡是报销人员(包括公司领导)要亲自填单报销，不能让他人代劳，否则财务不予报销。		

图　3-2

易通物流市内交通费报销单

年　　月　　日　　　　　　附单据张数　　　张

报销人：		乘车原因：	
起止地点：			打车日期：
车费金额（大写）		（小写）	
公司领导签字：	部门经理签字：	财务审核签字：	证明或验收人签字：

图　3-3

差旅费报销单

丙式—104（B）12×21厘米（麦）

部门＿＿＿＿＿＿＿＿　　　　　年　　　月　　　日

出差人										出差事由					
出发				到达				交通	交通费		出差补贴		其他费用		
月	日	时	地点	月	日	时	地点	工具	单据张数	金额	天数	金额	项目	单据张数	金额
													住宿费		
													市内车费		
													邮电费		
													办公用品费		
													不买卧铺补贴		
													其他		
合计															
报销总额	人民币（大写）								予借旅费	¥			补领金额	¥	
													退还金额	¥	

附件　　张

主管　　　　　　审核　　　　　　出纳　　　　　　领款人

图　3-4

借款单

丙式－107（A）　12×21厘米（W）

资金性质＿＿＿＿＿＿＿＿　　　　　　　　年　　月　　日

借款单位：		
借款理由：		
借款数额：人民币（大写）　　¥＿＿＿＿＿		
本单位负责人意见　　借款人（签章）		
机关首长批示：	会计主管人员核批：	付款记录： 年　　月　　日以第　　　号 支标或现金支出凭单付给

图　3-5

支票领用登记单

年　月　日

301—108　11×20.8厘米（密）

支票号	密码	收款单位	用途	支票限额	报销日期
领导批示：			领用人签字		

财务主管　　出纳　　会计

图 3-6

请款申请单

部门：　　年　月　日

请款人		请款金额		批准金额	
事由					
部门经理审批		审核人			领款人
经理审批		总经理审批			财务审批

图 3-7

应付运费对账单

供应商名称(签章)：　　年　月　　共　页,第　页

日期	易通运输单号	目的地	货物名称	件数	金额	代收金额	备注
合计							

制表人(手写)：　　联系电话：　　制表日期：

图 3-8

赔款专用请款单

所属部门：　　年　月　日

请款人		请款金额		审批金额	
事由					
责任认定	（含该批货品的损失分担情况的说明）				
经办人		货物承运单位		领款人	
项目负人		资源采购管理审批		分管领导审批	
分公司总经理审批		公司总经理审批		财务主管审批	

图 3-9

赔款专用报销单

所属部门：　　　　　　　　　　　　　　　　　　　　年　月　日

责任认定说明	（含该批货品的损失分担情况的说明）				
领款人		金额大写		金额小写	
经办人		货物承运单位		领款人	
项目负责人		资源采购管理审批		分管领导审批	
分公司总经理审批		公司总经理审批		财务主管审批	

图　3-10

第二节　管理会计报表

自制管理会计报表样式见表3-1～表3-13。

××办事处2006年3月份资金余额报表　　　　表3-1

2006年2月21日至2006年3月20日

序号	项　目	上月批准数	本月数	××项目	批准数	备　注
	上期余额					
	一、收入资金					
1	公司拨入					
	现金					
	银行存款					
	汇合作方					
2	自组创收					
3	代收运费					
4	其他收入					
5	前期收入					
6	其他应付款					
	二、支出合计					
1	城间运输费					
	散货运费					
	整车运费					

续上表

序号	项　目	上月批准数	本月数	××项目	批准数	备　注
2	市内配送费					
	配送费					
	提货费					
3	包车费用					
	包车成本					
	包车费用					
4	仓储费					
	仓库租金					
	装卸费					
	其他费用					
5	办公费					
6	房租水电费					
7	业务招待费					
8	商务事故费					
9	差旅费					
10	市内交通费					
11	工资、福利费					
12	通讯费					
	手机话费					
	座机话费					
	IP 话费					
13	宣传广告费					
14	车辆支出					
	汽柴油费					
	过路过桥费					
	维护保养费					
15	业务代办费					
16	业务信息费					
17	代付运费					
18	其他					
	资金余额					

批审：　　审核：　　　　部门主管：　　制表人：

××办事处3月份经济效益核算 表3-2

2006年2月21日至2006年3月20日

营业收入						营业支出					
		本期		累计				本期		累计	
项　　目	行次	应收	实收	应收	实收	项　　目	行次	应支	实支	应支	实支
一、物流服务收入	n1					二、物流服务成本	n35				
1.办事处自创收入	n2					1.城间运输费	n36				
××项目	n3					××项目	n37				
××项目	n4					××项目	n38				
×××项目	n5					××项目	n39				
2.指令业务收入	n6					2.市内配送费	n40				
××项目	n7					××项目	n41				
×××项目	n8					××项目	n42				
×××项目	n9					3.包车费用	n43				
3.仓储收入	n10					包车租金	n44				
××项目	n11					包车费用	n45				
×××项目	n12					4.仓储费	n46				
×××项目	n13					仓库租金	n47				
4.其他收入	n14					装卸费	n48				
×××	n15					其他费用	n49				
×××	n16					5.办公费	n50				
×××	n17					6.库房租凭费	n51				
	n18					7.业务招待费	n52				
5.公司内配送收入	n19					8.商务事故费	n53				
××项目	n20					9.差旅费	n54				
×××项目	n21					10.交通费	n55				
×××项目	n22					11.工资、福利费	n56				
	n23					12.通讯费	n57				
	n24					手机话费	n58				
	n25					座机话费	n59				
	n26					IP话费	n60				
	n27					13.提货费	n61				
	n28					14.宣传广告费	n62				
	n29					15.业务代办费	n63				
	n30					16.业务信息费	n64				
	n31					17.税费	n65				
	n32					18.其他	n66				
合计	n33					19.公司内配送支出	n67				
毛利	n34					合计	n68				
日期：							制表人：				

××办事处2006年3月项目核算报表 表3-3

2006年2月21日至2006年3月20日

序号	项　目	核算项目核算						项目合计	备注
		×××项目	×××项目	×××项目	×××项目	×××项目	×××项目		
1	一、部门控制成本								
2	变动成本								
3	(一)业务开发成本								
4	交通费								
5	业务招待费								
6	差旅费								
7	宣传广告费								
8	业务代办费								
9	业务信息费								
10	其他								
11	(二)业务用物耗费								
12	办公邮费物耗费								
13	办公用房租赁费								
14	手机话费								
15	座机话费								
16	IP电话费								
17	绳带纸费								
18	片票印制费								
19	手续费								
20	(三)车辆支出								
21	修理保养费								
22	停过路桥费								
23	装卸费用								
24	汽柴油费								
25	养路费								
26	车辆保险费								
27	配送费								

续上表

序号	项　目	核算项目核算						项目合计	备注
		×××华项目	×××项目	×××项目	×××项目	×××项目	×××项目		
28	二、固定成本								
29	(一)直接人工成本								
30	(二)公司控制成本摊销								
31	内部成本小计								
32	三、运输成本								
33	本地运费								
34	包车费用								
35	汽柴油费								
36	路桥费								
37	提货费								
38	配送费								
39	其他								
40	四、仓储成本								
41	库房租赁费								
42	出入库费								
43	包装成本								
44	水电费								
45	装卸费								
46	外部成本小计								
47	成本合计								
48	五、收入合计								
49	运输收入								
50	仓储收入								
51	外部配送收入								
52	内部配送收入								
53	其他收入								
54	营业税及附加								
55	总成本								
56	部门利润	0.00	0.00	0.00	0.00	0.00	0.00		

××办事处×月份配送货物确认书

表 3-4

年 月 日至 年 月 日

序号	起运地	发货单位	配送时间	收货单位	配送方式	货品名称	数量(件)	单价	合价	备注(货运单号)
	合计									

××办事处×月份代收代付明细表

表 3-5

年 月 日至 年 月 日

代收运费(含收入)							代付运费						
序号	被委托收款单位	客户(付款人)	金额		货运单号	备注	序号	被委托付款单位	承运商(收款人)	货运单号	金额		备注
			应收	实收							应付	实付	
1		上期结转					1		上期结转				
2							2						
3							3						
4							4						
5							5						
6							6						
7							7						
8							8						
9							9						
10							10						
11							11						
12							12						
13							13						
14							14						
15							15						
16							16						
17							17						
18							18						
19							19						
20		结转下期					20		结转下期				

××办事处×月份工作量明细表

表 3-6

年　月　日至　　年　月　日

序列	运单号	日期	发货单位	运地	收货单位	收货人	货物品名	承运商	货物件数	吨/方	应收金额	应付金额	毛利润	装卸费	备注

银行存款使用情况月报表

表 3-7

年　　　月

办事处名称：　　　　　　　　　　　　　　　　　　　　　　　　单位:元

开户银行名称：　　　　　　　　开户行账号：

日期	凭证号	支票号	摘要	借方	贷方	余额	备　注
			上月余额				
			本月发生额				
			累　计				

办事处主管：　　　　　　　　　　　　　　　　　　　　　　　　制表：

拨款往来月报表

表 3-8

年　　月

办事处名称：　　　　　　　　　　　　　　　　　　　　单位：元

上月拨款余额	本期拨款金额	本期实际支出金额	本期末累计拨款余额	备注
				其中：银行存款/现金
合计				

办事处主管：　　　　　　　　　　　　　　　　　　　　制表：

现金使用情况月报表

表 3-9

年　　月

办事处名称：　　　　　　　　　　　　　　　　　　　　单位：元

日期	摘　要	借方	贷方	余额	备　注
	上月余额				
	本月发生额				
	累　计				

办事处主管：　　　　　　　　　　　　　　　　　　　　制表：

收入明细表

表3-10

年　月　日

编制单位：办事处　　　　单位：元

序号	项　目	本月金额	备　注
1	公司拨入		
2	自组创收		
3	代收运费		
4	利息收入		
5	收回垫付的款项		
6	其他收入		
	合计		

制表：

成本明细表

表3-11

年　月　日

编制单位：办事处　　　　单位：元

序号	项　目	本月金额	备注	序号	项　目	本月金额	备注
1	散货运费			16	工资、福利费		
2	整车运费			17	手机话费		
3	配送费			18	座机话费		
4	提货费			19	IP话费		
5	包车费用			20	宣传广告费		
6	包车成本			21	汽柴油费		
7	仓库租金			22	过路过桥费		
8	装卸费			23	维护保养费		
9	办公费			24	养路费		
10	办公室房租费			25	业务信息费		
11	水电费			26	代付运费		
12	业务招待费			27	其他		
13	商务事故费			合　计			
14	差旅费						
15	市内交通费						

制　表：

预 算 明 细 表

表 3-12

年　月　日

编制单位：　　　　　　　　　　　　　　　　　　　　　　　　单位：元

序号	项　　目	本月预算金额	本月批准数	备　注
1	城间运输费			
	散货运费			
	整车运费			
2	市内配送费			
	配送费			
	提货费			
3	包车费用			
	包车成本			
	包车费用			
4	仓储费			
	仓库租金			
	装卸费			
	其他费用			
5	办公费			
6	房租水电费			
7	业务招待费			
8	商务事故费			
9	差旅费			
10	市内交通费			
11	工资、福利费			
12	通讯费			
	手机话费			
	座机话费			
	IP 话费			
13	宣传广告费			
14	车辆支出			
	汽柴油费			
	过路过桥费			
	维护保养费			
15	业务代办费			
16	业务信息费			
17	代付运费			
18	其他			
	预算合计			

制表：

银行存款余额调整表

表 3-13

开户单位名称：　　　　　　　　开户单位账号：

编制单位：　　　　　　　　年　月　日　　　　　　　　单位：元

企业账面余额：						银行账面余额：			
加:企业未收,银行已收			减:企业未付,银行已付			加:银行未收,企业已收		减:银行未付,企业已付	
摘　要	年 月 日	金 额	年 月 日	支票号	金 额	年 月 日	金 额	年 月 日	金 额
合　计			合　计			合　计		合　计	
调整后余额：						调整后余额：			

主管：　　　　　　　　审核：　　　　　　　　制表：

第四章 DISIZHANG 实训案例

第一节　公司发生的会计分录

公司采用 Excel 编制会计分录，在 2008 年 2 月份发生的经济业务如表 4-1 所示：

表 4-1

日期	凭证种类	凭证号	摘　　要	科目代码	借方	贷方	制单人
2008-02-01	记	0001	付晋阳彩虹 2007 年 12 月运费	400103010101	19794	0	刘惠珍
2008-02-01	记	0001	付晋阳彩虹 2007 年 12 月运费	400103010101	99948.63	0	刘惠珍
2008-02-01	记	0001	付晋阳彩虹 2007 年 12 月运费	100202	0	119742.63	刘惠珍
2008-02-01	记	0002	付孔令爱报 2008 年 1 月好丽友运费	400103010102	43200	0	刘惠珍
2008-02-01	记	0002	付孔令爱报 2008 年 1 月好丽友运费	100204	0	21700	刘惠珍
2008-02-01	记	0002	付孔令爱报 2008 年 1 月好丽友运费	100204	0	21500	刘惠珍
2008-02-01	记	0003	付孔令爱报 2008 年 1 月好丽友运费	400103010102	83500	0	刘惠珍
2008-02-01	记	0003	付孔令爱报 2008 年 1 月好丽友运费	100204	0	40000	刘惠珍
2008-02-01	记	0003	付孔令爱报 2008 年 1 月好丽友运费	100204	0	43500	刘惠珍
2008-02-01	记	0004	付孙升 2007 年 12 月好丽友运费	400103010101	150000	0	刘惠珍
2008-02-01	记	0004	付孙升 2007 年 12 月好丽友运费	100202	0	150000	刘惠珍
2008-02-01	记	0004	付孙升 2008 年 1 月嘉里大通运费	400103010101	44778	0	刘惠珍
2008-02-01	记	0004	付孙升 2008 年 1 月嘉里大通运费	100202	0	44778	刘惠珍
2008-02-01	记	0005	付远成 2007 年 12 月 2008 年 1 月运费	400103010101	17751	0	刘惠珍
2008-02-01	记	0005	付远成 2007 年 12 月 2008 年 1 月运费	400103010101	213	0	刘惠珍
2008-02-01	记	0005	付远成 2007 年 12 月 2008 年 1 月运费	400103010101	1700	0	刘惠珍
2008-02-01	记	0005	付远成 2007 年 12 月 2008 年 1 月运费	100202	0	19664	刘惠珍
2008-02-01	记	0006	付营口津伟物流 2007 年 12 月运费	4001030301	378740	0	刘惠珍
2008-02-01	记	0006	付营口津伟物流 2007 年 12 月运费	100202	0	50000	刘惠珍
2008-02-01	记	0006	付营口津伟物流 2007 年 12 月运费	100202	0	328740	刘惠珍
2008-02-01	记	0006	付营口津伟物流 2007 年 12 月运费手续费	40010305	35	0	刘惠珍

续上表

日期	凭证种类	凭证号	摘　　要	科目代码	借方	贷方	制单人
2008-02-01	记	0006	付营口津伟物流2007年12月运费手续费	100202	0	35	刘惠珍
2008-02-01	记	0007	付沈阳潘士奇2008年1月配送费	400103010202	12765	0	刘惠珍
2008-02-01	记	0007	付沈阳潘士奇2008年1月配送费	100202	0	12765	刘惠珍
2008-02-01	记	0008	付办事处拨款—新疆	12310309	45000	0	李莉
2008-02-01	记	0008	付办事处拨款—新疆	100204	0	45000	李莉
2008-02-01	记	0008	付办事处拨款—新疆	12310319	40000	0	李莉
2008-02-01	记	0008	付办事处拨款—新疆	100204	0	40000	李莉
2008-02-01	记	0008	付办事处拨款—兰州	12310320	5000	0	李莉
2008-02-01	记	0008	付办事处拨款—兰州	100204	0	5000	李莉
2008-02-01	记	0008	付办事处拨款—山西	12310308	3000	0	李莉
2008-02-01	记	0008	付办事处拨款—山西	100203	0	3000	李莉
2008-02-01	记	0009	付太原市御通仓储物流公司2008年1月至6月仓储费	280101	49441.2	0	李莉
2008-02-01	记	0009	付太原市御通仓储物流公司2008年1月至6月仓储费	100202	0	49441.2	李莉
2008-02-01	记	0010	付中铁二十局西安办事处2007年10~11月仓储费	280101	33400	0	李莉
2008-02-01	记	0010	付中铁二十局西安办事处2007年10~11月办公室租金	280101	1200	0	李莉
2008-02-01	记	0010	付中铁二十局西安办事处2007年10~11月火车及到达包干等费	4001030202	34294.9	0	李莉
2008-02-01	记	0010	付中铁二十局西安办事处2007年10~11月仓储费	100202	0	68894.9	李莉
2008-02-01	记	0011	银行转款	100203	300000	0	李莉
2008-02-01	记	0011	银行转款	100202	0	300000	李莉
2008-02-01	记	0012	网企卡转款	100204	100000	0	李莉
2008-02-01	记	0012	网企卡转款	100203	0	100000	李莉
2008-02-01	记	0013	付办事处拨款—北京办	12310301	35000	0	李莉
2008-02-01	记	0013	付办事处拨款—北京办	100204	0	35000	李莉
2008-02-01	记	0013	付办事处拨款—上海办	12310303	12000	0	李莉
2008-02-01	记	0013	付办事处拨款—上海办	100204	0	12000	李莉
2008-02-01	记	0013	付办事处拨款—广州办	12310304	6000	0	李莉
2008-02-01	记	0013	付办事处拨款—广州办	100204	0	6000	李莉
2008-02-01	记	0013	付办事处拨款—沈阳办	12310305	16000	0	李莉

续上表

日期	凭证种类	凭证号	摘　　要	科目代码	借方	贷方	制单人
2008-02-01	记	0013	付办事处拨款—沈阳办	100204	0	16000	李莉
2008-02-01	记	0013	付办事处拨款—新疆办	12310309	10000	0	李莉
2008-02-01	记	0013	付办事处拨款—新疆办	100204	0	10000	李莉
2008-02-01	记	0013	付办事处拨款—北京办	12310301	4200	0	李莉
2008-02-01	记	0013	付办事处拨款—北京办	100204	0	4200	李莉
2008-02-01	记	0013	付办事处拨款—武汉办	12310306	8000	0	李莉
2008-02-01	记	0013	付办事处拨款—武汉办	100203	0	8000	李莉
2008-02-01	记	0013	付办事处拨款—西安办	12310307	12000	0	李莉
2008-02-01	记	0013	付办事处拨款—西安办	100203	0	12000	李莉
2008-02-01	记	0013	付办事处拨款—天津办	12310302	27000	0	李莉
2008-02-01	记	0013	付办事处拨款—天津办	100203	0	27000	李莉
2008-02-01	记	0013	付办事处拨款—山西办	12310308	4000	0	李莉
2008-02-01	记	0013	付办事处拨款—山西办	100203	0	4000	李莉
2008-02-01	记	0014	银行提现	1001	40000	0	李莉
2008-02-01	记	0014	银行提现	1001	216456	0	李莉
2008-02-01	记	0014	银行提现	100203	0	40000	李莉
2008-02-01	记	0014	银行提现	100203	0	216456	李莉
2008-02-01	记	0015	收北海粮油天津 2008 年 1 月运费	100202	28222.5	0	范晓倩
2008-02-01	记	0015	收北海粮油天津 2008 年 1 月运费	112201	0	28222.5	范晓倩
2008-02-01	记	0016	收中粮食品营销沈阳分公司 2007 年 8 月哈尔滨运费	100202	11941.43	0	范晓倩
2008-02-01	记	0016	收中粮食品营销沈阳分公司 2007 年 8 月哈尔滨运费	112201	0	11941.43	范晓倩
2008-02-01	记	0017	收基伊埃电力冷却 2007 年 12 月运费	100202	226200	0	范晓倩
2008-02-01	记	0017	收基伊埃电力冷却 2007 年 12 月运费	112201	0	226200	范晓倩
2008-02-01	记	0018	付沈阳零散 2008 年 1 月运费	400103010102	60000	0	刘惠珍
2008-02-01	记	0018	付沈阳零散 2008 年 1 月运费	400103010102	120000	0	刘惠珍
2008-02-01	记	0018	付沈阳零散 2008 年 1 月运费	1001	0	60000	刘惠珍
2008-02-01	记	0018	付沈阳零散 2008 年 1 月运费	1001	0	120000	刘惠珍
2008-02-01	记	0019	付办事处拨款—北京	12310301	9200	0	李莉
2008-02-01	记	0019	付办事处拨款—北京	100204	0	9200	李莉
2008-02-01	记	0020	李锋报北京清远时代公司 2008 年网络服务费	180104	58000	0	李莉
2008-02-01	记	0020	李锋报北京清远时代公司 2008 年网络服务费	100202	0	58000	李莉

续上表

日期	凭证种类	凭证号	摘　　要	科目代码	借方	贷方	制单人
2008-02-01	记	0021	唐少鹏报交通费	41010202	81	0	李莉
2008-02-01	记	0021	唐少鹏报交通费	1001	0	81	李莉
2008-02-02	记	0022	付零散—广州好丽友运费	400103010102	66456	0	刘惠珍
2008-02-02	记	0022	付零散—广州好丽友运费	1001	0	38173	刘惠珍
2008-02-02	记	0022	付零散—广州好丽友运费	1001	0	28283	刘惠珍
2008-02-02	记	0023	银行转款	100203	120000	0	李莉
2008-02-02	记	0023	银行转款	100202	0	120000	李莉
2008-02-02	记	0024	银行提现	1001	321407.01	0	李莉
2008-02-02	记	0024	银行提现	100203	0	321407.01	李莉
2008-02-02	记	0025	银行提现	1001	150000	0	李莉
2008-02-02	记	0025	银行提现	100201	0	120000	李莉
2008-02-02	记	0025	银行提现	100201	0	30000	李莉
2008-02-02	记	0026	费连才报礼品费	560203	9000	0	李莉
2008-02-02	记	0026	费连才报礼品费	100202	0	9000	李莉
2008-02-02	记	0027	付立信捷达 2008 年 1 月运费	400103010102	47218	0	刘惠珍
2008-02-02	记	0027	付立信捷达 2008 年 1 月运费	100202	0	47218	刘惠珍
2008-02-02	记	0028	付圣通 2008 年 2 月武汉雀巢运费	400103010102	55500	0	刘惠珍
2008-02-02	记	0028	付圣通 2008 年 2 月武汉雀巢运费	100202	0	55500	刘惠珍
2008-02-02	记	0029	付马艳伟报 2008 年 2 月飞利浦运费	400103010101	1086	0	刘惠珍
2008-02-02	记	0029	付马艳伟报 2008 年 2 月飞利浦运费	1001	0	1086	刘惠珍
2008-02-02	记	0030	付零散—广州好丽友运费	400103010102	200000	0	刘惠珍
2008-02-02	记	0030	付零散—广州好丽友运费	1001	0	40000	刘惠珍
2008-02-02	记	0030	付零散—广州好丽友运费	1001	0	160000	刘惠珍
2008-02-02	记	0031	王志华报 12 月手机话费	5601020601	160	0	李莉
2008-02-02	记	0031	王志华报 12 月手机话费	5601020601	40	0	李莉
2008-02-02	记	0031	王志华报 12 月手机话费	1001	0	200	李莉
2008-02-02	记	0031	韩永亮报 1 月手机话费	5601020601	100	0	李莉
2008-02-02	记	0031	韩永亮报 1 月手机话费	1001	0	100	李莉
2008-02-02	记	0032	马艳伟报飞利浦礼品	56010203	235	0	李莉
2008-02-02	记	0032	马艳伟报飞利浦礼品	1001	0	235	李莉
2008-02-02	记	0033	田春青报 1 月手机话费	400101020601	400	0	李莉
2008-02-02	记	0033	田春青报 1 月手机话费	1001	0	400	李莉
2008-02-02	记	0034	梅景荣报 1 月手机话费	5601030601	100	0	李莉
2008-02-02	记	0034	梅景荣报 1 月手机话费	1001	0	100	李莉

续上表

日期	凭证种类	凭证号	摘　　要	科目代码	借方	贷方	制单人
2008-02-03	记	0035	收 ABB—苏州中兴联 2007 年 6 月运费	100201	20000	0	范晓倩
2008-02-03	记	0035	收 ABB—苏州中兴联 2007 年 6 月运费	112201	0	20000	范晓倩
2008-02-03	记	0036	付零散—设备运费	112301	12000	0	刘惠珍
2008-02-03	记	0036	付零散—设备运费	1001	0	12000	刘惠珍
2008-02-03	记	0037	付大连北海 2008 年 1 月配送费	400103010202	23639.2	0	刘惠珍
2008-02-03	记	0037	付大连北海 2008 年 1 月配送费	100204	0	23639.2	刘惠珍
2008-02-03	记	0038	付工资	22110101	214959.72	0	李莉
2008-02-03	记	0038	付工资	100201	0	214959.72	李莉
2008-02-03	记	0038	付餐补	22110101	220	0	李莉
2008-02-03	记	0038	付餐补	1001	0	220	李莉
2008-02-03	记	0038	付银行手续费	560302	1	0	李莉
2008-02-03	记	0038	付银行手续费	100201	0	1	李莉
2008-02-03	记	0039	付库房人员工资	22110102	117355.83	0	李莉
2008-02-03	记	0039	付库房人员工资—高永峰待兑现	221108	0	1190	李莉
2008-02-03	记	0039	付库房人员工资—刘志威待兑现	221108	0	1560.8	李莉
2008-02-03	记	0039	付库房人员工资	1001	0	114605.03	李莉
2008-02-03	记	0039	付办事处人员工资	22110102	15362.04	0	李莉
2008-02-03	记	0039	付办事处人员工资—李东	100204	0	1008.25	李莉
2008-02-03	记	0039	付办事处人员工资—吴守卫	100204	0	1496.45	李莉
2008-02-03	记	0039	付办事处人员工资—黄子冬	100204	0	2016.1	李莉
2008-02-03	记	0039	付办事处人员工资—王洪军	100204	0	1675.52	李莉
2008-02-03	记	0039	付办事处人员工资—赵宇虹	100204	0	779.5	李莉
2008-02-03	记	0039	付办事处人员工资—徐斌	100204	0	1058.25	李莉
2008-02-03	记	0039	付办事处人员工资—宋海宪	100204	0	1525.45	李莉
2008-02-03	记	0039	付办事处人员工资—杜东亮	100204	0	1889.32	李莉
2008-02-03	记	0039	付办事处人员工资—孔令才	100204	0	986	李莉
2008-02-03	记	0039	付办事处人员工资—周连魁	100204	0	1901.2	李莉
2008-02-03	记	0039	付办事处人员工资—赵佳明	100204	0	1026	李莉
2008-02-03	记	0039	付实习生补助	22110102	5305	0	李莉
2008-02-03	记	0039	付实习生补助	1001	0	5305	李莉
2008-02-03	记	0040	银行提现	1001	10000	0	李莉
2008-02-03	记	0040	银行提现	100203	0	10000	李莉
2008-02-03	记	0041	付奖金	22110101	135900	0	李莉

续上表

日期	凭证种类	凭证号	摘　　要	科目代码	借方	贷方	制单人
2008-02-03	记	0041	付奖金	1001	0	135900	李莉
2008-02-03	记	0042	刘丽君报邮寄费	560205	56	0	李莉
2008-02-03	记	0042	刘丽君报邮寄费	1001	0	56	李莉
2008-02-03	记	0043	盛若波报送货押车住宿费	56010204	438	0	李莉
2008-02-03	记	0043	盛若波报送货押车住宿费	1001	0	438	李莉
2008-02-03	记	0043	盛若波报业务招待费	56010203	390	0	李莉
2008-02-03	记	0043	盛若波报业务招待费	1001	0	390	李莉
2008-02-03	记	0044	盛若波报 12 月手机话费	5601020601	100	0	李莉
2008-02-03	记	0044	盛若波报 12 月手机话费	5601020601	100	0	李莉
2008-02-03	记	0044	盛若波报 12 月手机话费	1001	0	200	李莉
2008-02-03	记	0045	付郭文侠 1 月工资	22110102	700	0	李莉
2008-02-03	记	0045	付郭文侠 1 月工资	1001	0	700	李莉
2008-02-03	记	0046	艾红枫报汽油费	56020704	500	0	李莉
2008-02-03	记	0046	艾红枫报汽油费	1001	0	500	李莉
2008-02-04	记	0047	收招商证券账户转款	100201	1400000	0	李莉
2008-02-04	记	0047	收招商证券账户转款	101502	0	1400000	李莉
2008-02-04	记	0048	付银行询证函手续费	560302	400	0	李莉
2008-02-04	记	0048	付银行询证函手续费	100201	0	400	李莉
2008-02-04	记	0049	银行转款	100202	600000	0	李莉
2008-02-04	记	0049	银行转款	100201	0	600000	李莉
2008-02-04	记	0050	银行转款	100203	100000	0	李莉
2008-02-04	记	0050	银行转款	100202	0	100000	李莉
2008-02-04	记	0051	网企卡转款	100204	80000	0	李莉
2008-02-04	记	0051	网企卡转款	100203	0	80000	李莉
2008-02-04	记	0052	收北海粮油退回物流保证金	100202	500000	0	李莉
2008-02-04	记	0052	收北海粮油退回物流保证金	12310101	0	500000	李莉
2008-02-04	记	0053	付北海粮油物流保证金	12310101	500000	0	李莉
2008-02-04	记	0053	付北海粮油物流保证金	100202	0	500000	李莉
2008-02-04	记	0053	付汇款手续费	40010305	15	0	李莉
2008-02-04	记	0053	付汇款手续费	100202	0	15	李莉
2008-02-04	记	0054	付办事处拨款—北京	12310301	20000	0	李莉
2008-02-04	记	0054	付办事处拨款—北京	12310301	30000	0	李莉
2008-02-04	记	0054	付办事处拨款—北京	100204	0	20000	李莉
2008-02-04	记	0054	付办事处拨款—北京	100204	0	30000	李莉
2008-02-04	记	0055	付恒久物流 2007 年 12 月运费	400103010101	92400	0	刘惠珍

续上表

日期	凭证种类	凭证号	摘　要	科目代码	借方	贷方	制单人
2008-02-04	记	0055	付恒久物流2007年12月运费	100201	0	92400	刘惠珍
2008-02-04	记	0056	付上海东来2007年12月运费	400103010101	115185	0	刘惠珍
2008-02-04	记	0056	付上海东来2007年12月运费	100201	0	115185	刘惠珍
2008-02-04	记	0057	付宝来2007年12至2008年1月运费	400103010101	267258	0	刘惠珍
2008-02-04	记	0057	付宝来2007年12至2008年1月运费	100202	0	267258	刘惠珍
2008-02-04	记	0057	付宝来2007年12至2008年1月运费手续费	40010305	95	0	刘惠珍
2008-02-04	记	0057	付宝来2007年12至2008年1月运费手续费	100202	0	70	刘惠珍
2008-02-04	记	0057	付宝来2007年12至2008年1月运费手续费	100202	0	25	刘惠珍
2008-02-04	记	0057	付盛丰2007年12至2008年1月运费	400103010101	264792.95	0	刘惠珍
2008-02-04	记	0057	付盛丰2007年12至2008年1月运费代收款	220501	0	6016	刘惠珍
2008-02-04	记	0057	付盛丰2007年12至2008年1月运费	100201	0	258776.95	刘惠珍
2008-02-04	记	0058	收中粮食品营销9~11月机场库运费等	100202	196093.56	0	范晓倩
2008-02-04	记	0058	收中粮食品营销9~11月机场库运费等	112201	0	196093.56	范晓倩
2008-02-04	记	0059	收西安豪特电力2007年8至11月运费	100202	40000	0	范晓倩
2008-02-04	记	0059	收西安豪特电力2007年8至11月运费	112201	0	40000	范晓倩
2008-02-04	记	0060	收湖北政府采购中心退保证金	100202	10000	0	李莉
2008-02-04	记	0060	收湖北政府采购中心退保证金	12310102	0	10000	李莉
2008-02-05	记	0061	付办事处拨款—新疆	12310309	30000	0	李莉
2008-02-05	记	0061	付办事处拨款—新疆	100204	0	30000	李莉
2008-02-05	记	0061	付办事处拨款—新疆	12310319	20000	0	李莉
2008-02-05	记	0061	付办事处拨款—新疆	100204	0	20000	李莉
2008-02-05	记	0062	邵淼报购办公用品	141205	3777	0	李莉
2008-02-05	记	0062	邵淼报购办公用品	100202	0	3777	李莉
2008-02-05	记	0063	银行提现	1001	5000	0	李莉
2008-02-05	记	0063	银行提现	100203	0	5000	李莉
2008-02-05	记	0064	付李莉刘惠珍报交通费	560202	58	0	李莉
2008-02-05	记	0064	付李莉刘惠珍报交通费	1001	0	58	李莉

续上表

日期	凭证种类	凭证号	摘　　要	科目代码	借方	贷方	制单人
2008-02-05	记	0065	单君报邮寄费	56010305	26	0	李莉
2008-02-05	记	0065	单君报邮寄费	1001	0	26	李莉
2008-02-05	记	0066	单君报天津住宿费	56010304	150	0	李莉
2008-02-05	记	0066	单君报天津汽油费	5601030704	150	0	李莉
2008-02-05	记	0066	单君报天津路桥费	5601030702	13	0	李莉
2008-02-05	记	0066	单君报天津费用	1001	0	313	李莉
2008-02-13	记	0067	付税金	2221020101	47488.49	0	李莉
2008-02-13	记	0067	付税金	2221020203	13610.61	0	李莉
2008-02-13	记	0067	付税金	22210301	3324.2	0	李莉
2008-02-13	记	0067	付税金	22210304	952.74	0	李莉
2008-02-13	记	0067	付税金	22210401	1424.65	0	李莉
2008-02-13	记	0067	付税金	22210404	408.32	0	李莉
2008-02-13	记	0067	付税金	222106	11954.25	0	李莉
2008-02-13	记	0067	付税金	100202	0	79163.26	李莉
2008-02-13	记	0068	银行转款	100203	200000	0	李莉
2008-02-13	记	0068	银行转款	100202	0	200000	李莉
2008-02-13	记	0069	网企卡转款	100204	150000	0	李莉
2008-02-13	记	0069	网企卡转款	100203	0	150000	李莉
2008-02-13	记	0070	收北京 ABB2007 年 6～12 月仓储 12 月运费	100202	154916.25	0	范晓倩
2008-02-13	记	0070	收北京 ABB2007 年 6～12 月仓储	112201	0	148955.8	范晓倩
2008-02-13	记	0070	收北京 ABB2007 年 12 月运费	112201	0	2704.7	范晓倩
2008-02-13	记	0070	收北京 ABB2007 年 12 月运费	112201	0	3255.75	范晓倩
2008-02-13	记	0071	付社保中心 1 月各项保险费	2211050101	33599.72	0	李莉
2008-02-13	记	0071	付社保中心 1 月各项保险费	2211050301	2362.31	0	李莉
2008-02-13	记	0071	付社保中心 1 月各项保险费	2211050401	586.31	0	李莉
2008-02-13	记	0071	付社保中心 1 月各项保险费	2211050501	797.32	0	李莉
2008-02-13	记	0071	付社保中心 1 月各项保险费	100202	0	37345.66	李莉
2008-02-13	记	0071	付社保中心 2 月医疗保险费	2211050201	21614.8	0	李莉
2008-02-13	记	0071	付社保中心 2 月医疗保险费	100202	0	21614.8	李莉
2008-02-13	记	0072	分配职工工资	4101060101	9500	0	康丽萍
2008-02-13	记	0072	分配职工工资	4101060102	440	0	康丽萍
2008-02-13	记	0072	分配职工工资	56020101	16200	0	康丽萍
2008-02-13	记	0072	分配职工工资	56020102	880	0	康丽萍
2008-02-13	记	0072	分配职工工资	56020101	12000	0	康丽萍

续上表

日期	凭证种类	凭证号	摘　要	科目代码	借方	贷方	制单人
2008-02-13	记	0072	分配职工工资	56020102	870	0	康丽萍
2008-02-13	记	0072	分配职工工资	12310401	1200	0	康丽萍
2008-02-13	记	0072	分配职工工资	12310401	1200	0	康丽萍
2008-02-13	记	0072	分配职工工资	4101010101	9000	0	康丽萍
2008-02-13	记	0072	分配职工工资	4101010102	190	0	康丽萍
2008-02-13	记	0072	分配职工工资	4101010101	38587.95	0	康丽萍
2008-02-13	记	0072	分配职工工资	4101010102	2110	0	康丽萍
2008-02-13	记	0072	分配职工工资	4101020101	7900	0	康丽萍
2008-02-13	记	0072	分配职工工资	4101020102	840	0	康丽萍
2008-02-13	记	0072	分配职工工资	400101020101	9000	0	康丽萍
2008-02-13	记	0072	分配职工工资	400101020102	200	0	康丽萍
2008-02-13	记	0072	分配职工工资	400101020101	10200	0	康丽萍
2008-02-13	记	0072	分配职工工资	400101020102	940	0	康丽萍
2008-02-13	记	0072	分配职工工资	400101020101	6642.39	0	康丽萍
2008-02-13	记	0072	分配职工工资	400101020102	530	0	康丽萍
2008-02-13	记	0072	分配职工工资	400101020101	7000	0	康丽萍
2008-02-13	记	0072	分配职工工资	400101020102	220	0	康丽萍
2008-02-13	记	0072	分配职工工资	400101020101	5770.38	0	康丽萍
2008-02-13	记	0072	分配职工工资	400101020102	420	0	康丽萍
2008-02-13	记	0072	分配职工工资	400101020101	8300	0	康丽萍
2008-02-13	记	0072	分配职工工资	4101020101	500	0	康丽萍
2008-02-13	记	0072	分配职工工资	400101020102	660	0	康丽萍
2008-02-13	记	0072	分配职工工资	5601010101	7000	0	康丽萍
2008-02-13	记	0072	分配职工工资	5601010102	220	0	康丽萍
2008-02-13	记	0072	分配职工工资	5601030101	35953.99	0	康丽萍
2008-02-13	记	0072	分配职工工资	5601030102	2370	0	康丽萍
2008-02-13	记	0072	分配职工工资	5601020101	37634.78	0	康丽萍
2008-02-13	记	0072	分配职工工资	5601020102	2805	0	康丽萍
2008-02-13	记	0072	分配职工工资	400101020101	4700	0	康丽萍
2008-02-13	记	0072	分配职工工资	400101020102	430	0	康丽萍
2008-02-13	记	0072	分配职工工资	400102010101	3351.99	0	康丽萍
2008-02-13	记	0072	分配职工工资	400102010102	620	0	康丽萍
2008-02-13	记	0072	分配职工工资	22110101	30706.76	0	康丽萍
2008-02-13	记	0072	分配职工工资	12310401	0	500	康丽萍
2008-02-13	记	0072	分配逄诗铭各项保险及住房公积金	221106	0	2033.52	康丽萍

续上表

日期	凭证种类	凭证号	摘　　要	科目代码	借方	贷方	制单人
2008-02-13	记	0072	分配逄诗铭企业年金	22110506	0	209	康丽萍
2008-02-13	记	0072	分配费连才各项保险及住房公积金	221106	0	2033.52	康丽萍
2008-02-13	记	0072	分配费连才企业年金	22110506	0	185	康丽萍
2008-02-13	记	0072	分配艾红枫各项保险及住房公积金	221106	0	1510.82	康丽萍
2008-02-13	记	0072	分配艾红枫企业年金	22110506	0	160	康丽萍
2008-02-13	记	0072	分配康丽萍各项保险及住房公积金	221106	0	669.51	康丽萍
2008-02-13	记	0072	分配康丽萍企业年金	22110506	0	63	康丽萍
2008-02-13	记	0072	分配贾莹各项保险及住房公积金	221106	0	789.48	康丽萍
2008-02-13	记	0072	分配贾莹企业年金	22110506	0	90	康丽萍
2008-02-13	记	0072	分配职工工资	2211050104	0	6065.6	康丽萍
2008-02-13	记	0072	分配职工工资	2211050203	0	2233.3	康丽萍
2008-02-13	记	0072	分配职工工资	2211050205	0	171	康丽萍
2008-02-13	记	0072	分配职工工资	2211050303	0	363.3	康丽萍
2008-02-13	记	0072	分配职工工资	222106	0	14129.71	康丽萍
2008-02-13	记	0072	分配职工工资	22110101	0	245886.48	康丽萍
2008-02-13	记	0073	李锋报湖南出差手机话费	4101020601	200	0	李莉
2008-02-13	记	0073	李锋报湖南出差手机话费	1001	0	200	李莉
2008-02-13	记	0073	李锋报中南林大投标材料费	41010205	670	0	李莉
2008-02-13	记	0073	李锋报中南林大投标材料费	1001	0	670	李莉
2008-02-13	记	0074	李锋报长沙差费	41010204	2677.1	0	李莉
2008-02-13	记	0074	李锋报长沙差费还现金	1001	322.9	0	李莉
2008-02-13	记	0074	李锋报长沙差费还借款	12310401	0	3000	李莉
2008-02-13	记	0075	艾红枫报2月汽油费	56020704	801	0	李莉
2008-02-13	记	0075	艾红枫报2月汽油费	1001	0	801	李莉
2008-02-14	记	0076	费连才报汽油费	56020704	2639	0	李莉
2008-02-14	记	0076	费连才报路桥费	56020702	239	0	李莉
2008-02-14	记	0076	费连才报路桥费汽油费还借款	12310401	0	2878	李莉
2008-02-14	记	0077	常明报1月手机话费	400101020601	150	0	李莉
2008-02-14	记	0077	常明报1月手机话费	1001	0	150	李莉
2008-02-14	记	0077	马士顺报1月手机话费	400101020601	300	0	李莉
2008-02-14	记	0077	马士顺报1月手机话费	1001	0	300	李莉
2008-02-14	记	0078	王荣报业务招待费	560203	838	0	李莉
2008-02-14	记	0078	王荣报业务招待费	1001	0	246	李莉
2008-02-14	记	0078	王荣报业务招待费	1001	0	362	李莉
2008-02-14	记	0078	王荣报业务招待费	1001	0	230	李莉

续上表

日期	凭证种类	凭证号	摘　　要	科目代码	借方	贷方	制单人
2008-02-14	记	0079	王荣报交通费	560202	55	0	李莉
2008-02-14	记	0079	王荣报交通费	1001	0	55	李莉
2008-02-14	记	0079	王荣报 1 月手机话费	56020601	686	0	李莉
2008-02-14	记	0079	王荣报 1 月手机话费	1001	0	686	李莉
2008-02-14	记	0080	王荣报苏 LF 车路桥费	56020702	32.5	0	李莉
2008-02-14	记	0080	王荣报苏 LF 车路桥费	1001	0	32.5	李莉
2008-02-14	记	0080	王荣报邮寄费	560205	178	0	李莉
2008-02-14	记	0080	王荣报邮寄费	1001	0	178	李莉
2008-02-15	记	0081	付办事处拨款北海—天津	12310302	40000	0	李莉
2008-02-15	记	0081	付办事处拨款北海—天津	100203	0	40000	李莉
2008-02-15	记	0081	付办事处拨款北海—沈阳	12310305	30000	0	李莉
2008-02-15	记	0081	付办事处拨款北海—沈阳	100204	0	30000	李莉
2008-02-15	记	0081	付办事处拨款—上海	12310303	30000	0	李莉
2008-02-15	记	0081	付办事处拨款—上海	100204	0	30000	李莉
2008-02-15	记	0082	张静报工商大学礼品费	41010203	1080	0	李莉
2008-02-15	记	0082	张静报工商大学礼品费	1001	0	1080	李莉
2008-02-15	记	0082	张静报 1 月手机话费	4101020601	100	0	李莉
2008-02-15	记	0082	张静报 1 月手机话费	1001	0	100	李莉
2008-02-15	记	0083	唐少鹏报 1 月手机话费	4101020601	100	0	李莉
2008-02-15	记	0083	唐少鹏报 1 月手机话费	1001	0	100	李莉
2008-02-15	记	0083	唐少鹏报邮寄费	41010205	21	0	李莉
2008-02-15	记	0083	唐少鹏报邮寄费	1001	0	21	李莉
2008-02-15	记	0084	分配分支机构工资	400102020101	17161.5	0	康丽萍
2008-02-15	记	0084	分配分支机构工资	400102020102	2552	0	康丽萍
2008-02-15	记	0084	分配分支机构工资	400102030101	9959	0	康丽萍
2008-02-15	记	0084	分配分支机构工资	400102030102	1290	0	康丽萍
2008-02-15	记	0084	分配分支机构工资	400102070101	8458.7	0	康丽萍
2008-02-15	记	0084	分配分支机构工资	400102070102	1472.5	0	康丽萍
2008-02-15	记	0084	分配分支机构工资	400102040101	3271	0	康丽萍
2008-02-15	记	0084	分配分支机构工资	400102040102	410	0	康丽萍
2008-02-15	记	0084	分配分支机构工资	400102060101	7541	0	康丽萍
2008-02-15	记	0084	分配分支机构工资	400102060102	801	0	康丽萍
2008-02-15	记	0084	分配分支机构工资	400102050101	14023.5	0	康丽萍
2008-02-15	记	0084	分配分支机构工资	400102050102	2536.5	0	康丽萍
2008-02-15	记	0084	分配分支机构工资	400102080101	3725	0	康丽萍

续上表

日期	凭证种类	凭证号	摘　　要	科目代码	借方	贷方	制单人
2008-02-15	记	0084	分配分支机构工资	400102080102	688.5	0	康丽萍
2008-02-15	记	0084	分配分支机构工资	400102090101	8725	0	康丽萍
2008-02-15	记	0084	分配分支机构工资	400102090102	1243.75	0	康丽萍
2008-02-15	记	0084	分配分支机构工资	400102100101	368.05	0	康丽萍
2008-02-15	记	0084	分配分支机构工资	400102100102	59.5	0	康丽萍
2008-02-15	记	0084	分配分支机构工资	400102100101	2627	0	康丽萍
2008-02-15	记	0084	分配分支机构工资	400102100102	532	0	康丽萍
2008-02-15	记	0084	分配分支机构工资	400102100101	1416	0	康丽萍
2008-02-15	记	0084	分配分支机构工资	400102100102	263.5	0	康丽萍
2008-02-15	记	0084	分配分支机构工资	400102100101	516	0	康丽萍
2008-02-15	记	0084	分配分支机构工资	400102100102	263.5	0	康丽萍
2008-02-15	记	0084	分配分支机构工资	400102100101	1425	0	康丽萍
2008-02-15	记	0084	分配分支机构工资	400102100102	266	0	康丽萍
2008-02-15	记	0084	分配分支机构工资	400102100101	1650	0	康丽萍
2008-02-15	记	0084	分配分支机构工资	400102100102	416.5	0	康丽萍
2008-02-15	记	0084	分配分支机构工资	400102100101	2725	0	康丽萍
2008-02-15	记	0084	分配分支机构工资	400102100102	442	0	康丽萍
2008-02-15	记	0084	分配分支机构工资	400102100101	3167.5	0	康丽萍
2008-02-15	记	0084	分配分支机构工资	400102100102	527	0	康丽萍
2008-02-15	记	0084	分配分支机构扣款	22110102	5982.38	0	康丽萍
2008-02-15	记	0084	分配分支机构工资—养老保险	2211050104	0	1013.6	康丽萍
2008-02-15	记	0084	分配分支机构工资—失业保险	2211050303	0	361	康丽萍
2008-02-15	记	0084	分配分支机构工资—基本医疗保险	2211050203	0	60.2	康丽萍
2008-02-15	记	0084	分配分支机构工资—大额互助	2211050205	0	30	康丽萍
2008-02-15	记	0084	分配分支机构工资—个人所得税	222106	0	1097.58	康丽萍
2008-02-15	记	0084	分配分支机构工资—留存补助	221107	0	3420	康丽萍
2008-02-15	记	0084	分配分支机构工资	22110102	0	100523.5	康丽萍
2008-02-15	记	0085	分配实习人员工资	5601030102	420	0	康丽萍
2008-02-15	记	0085	分配实习人员工资	5601030101	500	0	康丽萍
2008-02-15	记	0085	分配实习人员工资	400102010102	1860	0	康丽萍
2008-02-15	记	0085	分配实习人员工资	400102010101	2525	0	康丽萍
2008-02-15	记	0085	分配实习人员工资	400102020102	2450	0	康丽萍
2008-02-15	记	0085	分配实习人员工资	400102020101	2000	0	康丽萍
2008-02-15	记	0085	分配实习人员工资	400102070102	580	0	康丽萍
2008-02-15	记	0085	分配实习人员工资	400102070101	500	0	康丽萍

续上表

日期	凭证种类	凭证号	摘　　要	科目代码	借方	贷方	制单人
2008-02-15	记	0085	分配实习人员工资	22110102	0	10835	康丽萍
2008-02-15	记	0085	分配保洁员工资	400101020101	700	0	康丽萍
2008-02-15	记	0085	分配保洁员工资	22110102	0	700	康丽萍
2008-02-15	记	0086	付逄诗铭手机话费	4101060601	500	0	李莉
2008-02-15	记	0086	付朱军手机话费	4101060601	657.15	0	李莉
2008-02-15	记	0086	付费连才手机话费	56020601	319.58	0	李莉
2008-02-15	记	0086	付公司领导手机话费	1001	0	1476.73	李莉
2008-02-15	记	0087	预付东昌永顺货运有限公司赵振秋项目配送汽柴油费	4001030901	100000	0	郝伟
2008-02-15	记	0087	预付东昌永顺货运有限公司赵振秋项目配送汽柴油费	100201	0	100000	郝伟
2008-02-18	记	0088	刘玉凤报 1 月邮寄费	41010205	594.8	0	李莉
2008-02-18	记	0088	刘玉凤报 1 月邮寄费	41010105	20	0	李莉
2008-02-18	记	0088	刘玉凤报 1 月邮寄费	56010205	30	0	李莉
2008-02-18	记	0088	刘玉凤报 1 月邮寄费	560205	40	0	李莉
2008-02-18	记	0088	刘玉凤报 1 月邮寄费	1001	0	684.8	李莉
2008-02-18	记	0089	李国国报车辆加油费	400101010804	3600	0	李莉
2008-02-18	记	0089	李国国报车辆加油费	400101010704	3100	0	李莉
2008-02-18	记	0089	李国国报车辆加油费	400101010604	3200	0	李莉
2008-02-18	记	0089	李国国报车辆加油费叉车	400102010704	1500	0	李莉
2008-02-18	记	0089	李国国报车辆加油费—鲁 Q41888	4001030901	3000	0	李莉
2008-02-18	记	0089	李国国报车辆加油费—黑 DC6046	400102010704	600	0	李莉
2008-02-18	记	0089	李国国报车辆加油费	100202	0	15000	李莉
2008-02-18	记	0090	付办事处拨款—新疆	12310309	40000	0	李莉
2008-02-18	记	0090	付办事处拨款—新疆	100204	0	40000	李莉
2008-02-18	记	0090	付办事处拨款—沈阳	12310305	30000	0	李莉
2008-02-18	记	0090	付办事处拨款—沈阳	100204	0	30000	李莉
2008-02-18	记	0091	低值易耗品摊销	4001020109	2366.52	0	康丽萍
2008-02-18	记	0091	低值易耗品摊销	141202	0	166.52	康丽萍
2008-02-18	记	0091	低值易耗品摊销	141201	0	683.33	康丽萍
2008-02-18	记	0091	低值易耗品摊销	141201	0	1516.67	康丽萍
2008-02-18	记	0092	付金马昊运 2008 年 1 月好丽友运费	400103010101	30000	0	刘惠珍
2008-02-18	记	0092	付金马昊运 2008 年 1 月好丽友运费	100202	0	30000	刘惠珍
2008-02-18	记	0093	转汽油费分摊—2008 年 1 月	4101060704	1089	0	康丽萍
2008-02-18	记	0093	转汽油费分摊—2008 年 1 月	4101010704	1038	0	康丽萍

续上表

日期	凭证种类	凭证号	摘　　要	科目代码	借方	贷方	制单人
2008-02-18	记	0093	转汽油费分摊—2008 年 1 月	400101020704	1255	0	康丽萍
2008-02-18	记	0093	转汽油费分摊—2008 年 1 月	56020704	1220	0	康丽萍
2008-02-18	记	0093	转汽油费分摊—2008 年 1 月	400101020704	1161	0	康丽萍
2008-02-18	记	0093	转汽油费分摊—2008 年 1 月	5601010704	1200	0	康丽萍
2008-02-18	记	0093	转汽油费分摊—2008 年 1 月	5601020704	670	0	康丽萍
2008-02-18	记	0093	转汽油费分摊—2008 年 1 月	400102010704	817	0	康丽萍
2008-02-18	记	0093	转汽油费分摊—2008 年 1 月	56020704	556	0	康丽萍
2008-02-18	记	0093	转汽油费分摊—2008 年 1 月	4101010704	300	0	康丽萍
2008-02-18	记	0093	转汽油费分摊—2008 年 1 月	5601020704	300	0	康丽萍
2008-02-18	记	0093	转汽油费分摊—2008 年 1 月	5601030704	961	0	康丽萍
2008-02-18	记	0093	转汽油费分摊—2008 年 1 月	4101010704	322	0	康丽萍
2008-02-18	记	0093	转汽油费分摊—2008 年 1 月	56020704	321	0	康丽萍
2008-02-18	记	0093	转汽油费分摊—2008 年 1 月	400102010704	321	0	康丽萍
2008-02-18	记	0093	转汽油费分摊—2008 年 1 月	5601020704	30	0	康丽萍
2008-02-18	记	0093	转汽油费分摊—2008 年 1 月	180102	0	11561	康丽萍
2008-02-18	记	0094	计提亦庄办公区 2008 年 2 月待交华北高速水电费	41010610	454.45	0	康丽萍
2008-02-18	记	0094	计提亦庄办公区 2008 年 2 月待交华北高速水电费	560210	1818.2	0	康丽萍
2008-02-18	记	0094	计提亦庄办公区 2008 年 2 月待交华北高速水电费	41010110	454.55	0	康丽萍
2008-02-18	记	0094	计提亦庄办公区 2008 年 2 月待交华北高速水电费	41010110	5000.05	0	康丽萍
2008-02-18	记	0094	计提亦庄办公区 2008 年 2 月待交华北高速水电费	41010210	1818.2	0	康丽萍
2008-02-18	记	0094	计提亦庄办公区 2008 年 2 月待交华北高速水电费	560210	454.55	0	康丽萍
2008-02-18	记	0094	计提亦庄办公区 2008 年 2 月待交华北高速水电费	28010201	0	10000	康丽萍
2008-02-18	记	0095	银行转款	100203	100000	0	李莉
2008-02-18	记	0095	银行转款	100202	0	100000	李莉
2008-02-18	记	0096	网企卡转款	100204	100000	0	李莉
2008-02-18	记	0096	网企卡转款	100203	0	100000	李莉
2008-02-18	记	0097	付办事处拨款—北京	12310301	20000	0	李莉
2008-02-18	记	0097	付办事处拨款—北京	100204	0	20000	李莉

续上表

日期	凭证种类	凭证号	摘　　要	科目代码	借方	贷方	制单人
2008-02-18	记	0097	付办事处拨款—霸州	12310316	20000	0	李莉
2008-02-18	记	0097	付办事处拨款—霸州	100204	0	20000	李莉
2008-02-18	记	0097	付办事处拨款—天津	12310302	20000	0	李莉
2008-02-18	记	0097	付办事处拨款—天津	100203	0	20000	李莉
2008-02-18	记	0098	收天津雀巢普瑞纳2007年11月运费	100202	1158.44	0	范晓倩
2008-02-18	记	0098	收天津雀巢普瑞纳2007年11月运费	112201	0	1158.44	范晓倩
2008-02-18	记	0099	收天津雀巢普瑞纳2007年12月运费	100202	2142.05	0	范晓倩
2008-02-18	记	0099	收天津雀巢普瑞纳2007年12月运费	112201	0	2142.05	范晓倩
2008-02-18	记	0100	收大溪地辽宁分公司2007年12月运费	100202	2912	0	范晓倩
2008-02-18	记	0100	收大溪地辽宁分公司2007年12月运费	112201	0	1752	范晓倩
2008-02-18	记	0100	收大溪地辽宁分公司2007年12月运费	112201	0	560	范晓倩
2008-02-18	记	0100	收大溪地辽宁分公司2007年12月运费	112201	0	600	范晓倩
2008-02-18	记	0101	收北京图新经纬2007年11~12月运费	100202	2640	0	范晓倩
2008-02-18	记	0101	收北京图新经纬2007年11~12月运费	112201	0	2640	范晓倩
2008-02-18	记	0102	摊销2008年2月车辆保险	400101010705	275	0	康丽萍
2008-02-18	记	0102	摊销2008年2月车辆保险	400101010405	389.97	0	康丽萍
2008-02-18	记	0102	摊销2008年2月车辆保险	400101010605	275	0	康丽萍
2008-02-18	记	0102	摊销2008年2月车辆保险	400101010305	467.5	0	康丽萍
2008-02-18	记	0102	摊销2008年2月车辆保险	400101010505	280.55	0	康丽萍
2008-02-18	记	0102	摊销2008年2月车辆保险	400101010805	489.21	0	康丽萍
2008-02-18	记	0102	摊销2008年2月车辆保险	5601010705	257.17	0	康丽萍
2008-02-18	记	0102	摊销2008年2月车辆保险	400101010105	701.69	0	康丽萍
2008-02-18	记	0102	摊销2008年2月车辆保险	4101010705	396.21	0	康丽萍
2008-02-18	记	0102	摊销2008年2月车辆保险	18010305	0	275	康丽萍
2008-02-18	记	0102	摊销2008年2月车辆保险	18010308	0	389.97	康丽萍
2008-02-18	记	0102	摊销2008年2月车辆保险	18010304	0	275	康丽萍
2008-02-18	记	0102	摊销2008年2月车辆保险	18010302	0	467.5	康丽萍
2008-02-18	记	0102	摊销2008年2月车辆保险	18010301	0	280.55	康丽萍
2008-02-18	记	0102	摊销2008年2月车辆保险	18010306	0	489.21	康丽萍

续上表

日期	凭证种类	凭证号	摘　要	科目代码	借方	贷方	制单人
2008-02-18	记	0102	摊销2008年2月车辆保险	18010307	0	257.17	康丽萍
2008-02-18	记	0102	摊销2008年2月车辆保险	18010303	0	701.69	康丽萍
2008-02-18	记	0102	摊销2008年2月车辆保险	18010309	0	396.21	康丽萍
2008-02-18	记	0103	李欣报12月手机话费	5601020601	100	0	李莉
2008-02-18	记	0103	李欣报12月手机话费	1001	0	100	李莉
2008-02-18	记	0103	李欣报1月手机话费	5601020601	100	0	李莉
2008-02-18	记	0103	李欣报1月手机话费	1001	0	100	李莉
2008-02-19	记	0104	单君报1月手机话费	5601030601	100	0	李莉
2008-02-19	记	0104	单君报1月手机话费	5601030601	100	0	李莉
2008-02-19	记	0104	单君报1月手机话费	5601030601	100	0	李莉
2008-02-19	记	0104	单君报1月手机话费	1001	0	300	李莉
2008-02-19	记	0105	张运柱报业务招待费	56010203	168	0	李莉
2008-02-19	记	0105	张运柱报业务招待费	1001	0	168	李莉
2008-02-19	记	0106	张运柱报1月手机话费	5601020601	300	0	李莉
2008-02-19	记	0106	张运柱报1月手机话费	1001	0	300	李莉
2008-02-19	记	0106	张运柱报交通费	56010202	245	0	李莉
2008-02-19	记	0106	张运柱报交通费	1001	0	245	李莉
2008-02-19	记	0107	单君报汽油费	5601030704	100	0	李莉
2008-02-19	记	0107	单君报路桥费	5601030702	140	0	李莉
2008-02-19	记	0107	单君报路桥费汽油费	1001	0	240	李莉
2008-02-19	记	0107	单君报路桥费	5601030702	66	0	李莉
2008-02-19	记	0107	单君报路桥费	1001	0	66	李莉
2008-02-19	记	0108	闫雪娇报1月手机话费	5601020601	100	0	李莉
2008-02-19	记	0108	闫雪娇报1月手机话费	1001	0	100	李莉
2008-02-19	记	0109	孙文成报1月手机话费	5601030601	100	0	李莉
2008-02-19	记	0109	孙文成报1月手机话费	1001	0	100	李莉
2008-02-19	记	0110	贾莹报加油站油卡充值	180102	2029	0	李莉
2008-02-19	记	0110	贾莹报加油站油卡充值	100202	0	2029	李莉
2008-02-19	记	0111	计提华北外派人员2008年2月住房公积金	4101060109	1083	0	康丽萍
2008-02-19	记	0111	计提华北外派人员2008年2月住房公积金	400101020109	419.5	0	康丽萍
2008-02-19	记	0111	计提华北外派人员2008年2月住房公积金	56020109	2242.5	0	康丽萍

续上表

日期	凭证种类	凭证号	摘　　要	科目代码	借方	贷方	制单人
2008-02-19	记	0111	计提华北外派人员 2008 年 2 月住房公积金	221106	0	3745	康丽萍
2008-02-19	记	0112	计提华北外派人员 2008 年 2 月企业年金	4101060110	833	0	康丽萍
2008-02-19	记	0112	计提华北外派人员 2008 年 2 月企业年金	400101020110	357	0	康丽萍
2008-02-19	记	0112	计提华北外派人员 2008 年 2 月企业年金	56020110	1623	0	康丽萍
2008-02-19	记	0112	计提华北外派人员 2008 年 2 月企业年金	22110506	0	2813	康丽萍
2008-02-19	记	0113	付圣通 2007 年 12 月至 2008 年 1 月好丽友运费	112301	131835	0	刘惠珍
2008-02-19	记	0113	付圣通 2007 年 12 月至 2008 年 1 月好丽友运费	100201	0	31835	刘惠珍
2008-02-19	记	0113	付圣通 2007 年 12 月至 2008 年 1 月好丽友运费	100202	0	100000	刘惠珍
2008-02-19	记	0114	计提华北外派人员 2008 年 2 月各项保险—养老	4101060104	1804.8	0	康丽萍
2008-02-19	记	0114	计提华北外派人员 2008 年 2 月各项保险—养老	400101020104	699	0	康丽萍
2008-02-19	记	0114	计提华北外派人员 2008 年 2 月各项保险—养老	56020104	3737.8	0	康丽萍
2008-02-19	记	0114	计提华北外派人员 2008 年 2 月各项保险—养老	2211050102	0	6241.6	康丽萍
2008-02-19	记	0114	计提华北外派人员 2008 年 2 月各项保险—失业	4101060106	135.36	0	康丽萍
2008-02-19	记	0114	计提华北外派人员 2008 年 2 月各项保险—失业	400101020106	52.43	0	康丽萍
2008-02-19	记	0114	计提华北外派人员 2008 年 2 月各项保险—失业	56020106	280.34	0	康丽萍
2008-02-19	记	0114	计提华北外派人员 2008 年 2 月各项保险—失业	2211050302	0	468.13	康丽萍
2008-02-19	记	0114	计提华北外派人员 2008 年 2 月各项保险—工伤	4101060107	27.07	0	康丽萍

续上表

日期	凭证种类	凭证号	摘　　要	科目代码	借方	贷方	制单人
2008-02-19	记	0114	计提华北外派人员 2008 年 2 月各项保险—工伤	400101020107	10.49	0	康丽萍
2008-02-19	记	0114	计提华北外派人员 2008 年 2 月各项保险—工伤	56020107	56.07	0	康丽萍
2008-02-19	记	0114	计提华北外派人员 2008 年 2 月各项保险—工伤	2211050402	0	93.63	康丽萍
2008-02-19	记	0114	计提华北外派人员 2008 年 2 月各项保险—生育	4101060108	72.19	0	康丽萍
2008-02-19	记	0114	计提华北外派人员 2008 年 2 月各项保险—生育	400101020108	27.96	0	康丽萍
2008-02-19	记	0114	计提华北外派人员 2008 年 2 月各项保险—生育	56020108	149.51	0	康丽萍
2008-02-19	记	0114	计提华北外派人员 2008 年 2 月各项保险—生育	2211050502	0	249.66	康丽萍
2008-02-19	记	0114	计提华北外派人员 2008 年 2 月各项保险—医疗	4101060105	902.4	0	康丽萍
2008-02-19	记	0114	计提华北外派人员 2008 年 2 月各项保险—医疗	400101020105	349.5	0	康丽萍
2008-02-19	记	0114	计提华北外派人员 2008 年 2 月各项保险—医疗	56020105	1868.9	0	康丽萍
2008-02-19	记	0114	计提华北外派人员 2008 年 2 月各项保险—基本医疗	2211050202	0	2808.72	康丽萍
2008-02-19	记	0114	计提华北外派人员 2008 年 2 月各项保险—医疗大额	2211050204	0	312.08	康丽萍
2008-02-19	记	0115	贾莹报马桥库房 3 部电话市话通信费	400102010602	1139	0	李莉
2008-02-19	记	0115	贾莹报马桥库房 3 部电话市话通信费	1001	0	1139	李莉
2008-02-19	记	0116	付单君报 2008 年 1 月 GEA 运费	112301	10400	0	刘惠珍
2008-02-19	记	0116	付单君报 2008 年 1 月 GEA 运费	1001	0	10400	刘惠珍
2008-02-19	记	0117	贾莹报神龙小区宿舍 1 季度房租	180101	12812	0	李莉
2008-02-19	记	0117	贾莹报神龙小区宿舍 1 季度房租	1001	0	12812	李莉
2008-02-20	记	0118	银行提现	1001	15000	0	李莉
2008-02-20	记	0118	银行提现	100203	0	15000	李莉
2008-02-20	记	0119	白立宁报交通费	4001010202	45	0	李莉
2008-02-20	记	0119	白立宁报交通费	1001	0	45	李莉
2008-02-20	记	0119	白立宁报 1 月手机话费	400101020601	200	0	李莉

续上表

日期	凭证种类	凭证号	摘　　要	科目代码	借方	贷方	制单人
2008-02-20	记	0119	白立宁报1月手机话费	1001	0	200	李莉
2008-02-20	记	0120	刘惠珍报1月手机话费	400101020601	150	0	李莉
2008-02-20	记	0120	刘惠珍报1月手机话费	1001	0	150	李莉
2008-02-20	记	0121	艾冬梅报1月手机话费	5601030601	150	0	李莉
2008-02-20	记	0121	艾冬梅报1月手机话费	1001	0	150	李莉
2008-02-20	记	0122	郝伟报交通费	4001010202	137	0	李莉
2008-02-20	记	0122	郝伟报交通费	1001	0	137	李莉
2008-02-20	记	0123	郝伟报地税发票	4001010205	30	0	李莉
2008-02-20	记	0123	郝伟报地税发票	1001	0	30	李莉
2008-02-20	记	0124	伦丽敏报1月手机话费	5601030601	100	0	李莉
2008-02-20	记	0124	伦丽敏报1月手机话费	1001	0	100	李莉
2008-02-20	记	0124	路芳报1月手机话费	5601030601	50	0	李莉
2008-02-20	记	0124	路芳报1月手机话费	1001	0	50	李莉
2008-02-20	记	0125	郑秀彬报1月手机话费	5601020601	100	0	李莉
2008-02-20	记	0125	郑秀彬报1月手机话费	5601020601	100	0	李莉
2008-02-20	记	0125	郑秀彬报1月手机话费	1001	0	200	李莉
2008-02-20	记	0126	马艳伟报1月单君	5601020601	50	0	李莉
2008-02-20	记	0126	马艳伟报1月单君	1001	0	50	李莉
2008-02-20	记	0127	胡建辉报IT部活动交通费	41010202	536	0	李莉
2008-02-20	记	0127	胡建辉报IT部活动餐费礼品费	41010203	2216.54	0	李莉
2008-02-20	记	0127	胡建辉报IT部活动费用	1001	0	2752.54	李莉
2008-02-20	记	0128	胡建辉报1~2月手机话费	4101010601	200	0	李莉
2008-02-20	记	0128	胡建辉报1~2月手机话费	1001	0	200	李莉
2008-02-20	记	0129	王荣报公司领导礼品费	41010603	1512	0	李莉
2008-02-20	记	0129	王荣报公司领导礼品费	1001	0	1512	李莉
2008-02-20	记	0129	王荣报公司领导招待费	41010603	616	0	李莉
2008-02-20	记	0129	王荣报公司领导招待费	1001	0	288	李莉
2008-02-20	记	0129	王荣报公司领导招待费	1001	0	328	李莉
2008-02-20	记	0130	王荣报购办公用品	4001020105	390	0	李莉
2008-02-20	记	0130	王荣报购办公用品	4001010205	679	0	李莉
2008-02-20	记	0130	王荣报购办公用品	560205	400	0	李莉
2008-02-20	记	0130	王荣报购办公用品	41010205	23.6	0	李莉
2008-02-20	记	0130	王荣报购办公用品	141205	80.4	0	李莉
2008-02-20	记	0130	王荣报购办公用品	1001	0	1573	李莉

续上表

日期	凭证种类	凭证号	摘　　要	科目代码	借方	贷方	制单人
2008-02-20	记	0131	梁文君报分公司金马昊运库购办公家具电脑桌4个	4001020109	2000	0	李莉
2008-02-20	记	0131	梁文君报分公司金马昊运库购办公家具电脑椅4个	4001020109	400	0	李莉
2008-02-20	记	0131	梁文君报分公司金马昊运库购办公家具老板桌1个	4001020109	800	0	李莉
2008-02-20	记	0131	梁文君报分公司金马昊运库购办公家具老板椅4个	4001020109	400	0	李莉
2008-02-20	记	0131	梁文君报分公司金马昊运库购办公家具	1001	0	3600	李莉
2008-02-20	记	0132	李欣报辛克代收款—鑫红日	12310201	1880	0	李莉
2008-02-20	记	0132	李欣报辛克代收款—京诚信	12310201	9000	0	李莉
2008-02-20	记	0132	李欣报辛克代收款—京诚信	12310201	384	0	李莉
2008-02-20	记	0132	李欣报辛克代收款—天津办	12310201	7296	0	李莉
2008-02-20	记	0132	李欣报辛克代收款—东昌永顺	12310201	6000	0	李莉
2008-02-20	记	0132	李欣报辛克代收款—物华	12310201	3778	0	李莉
2008-02-20	记	0132	李欣报辛克代收款—普天	12310201	1841	0	李莉
2008-02-20	记	0132	李欣报辛克代收款	100202	0	30179	李莉
2008-02-20	记	0133	付办事处拨款—北京	12310301	5000	0	李莉
2008-02-20	记	0133	付办事处拨款—北京	100204	0	5000	李莉
2008-02-20	记	0133	付办事处拨款—新疆	12310319	30000	0	李莉
2008-02-20	记	0133	付办事处拨款—新疆	100204	0	30000	李莉
2008-02-20	记	0134	应收大溪地北京分公司2008年1月运费	112201	942.4	0	范晓倩
2008-02-20	记	0134	应收大溪地北京分公司2008年1月运费	5001010102	0	942.4	范晓倩
2008-02-20	记	0135	应收大溪地辽宁分公司2008年1月运费代垫保险费	112201	2803.2	0	范晓倩
2008-02-20	记	0135	应收大溪地辽宁分公司2008年1月运费	5001010102	0	2240	范晓倩
2008-02-20	记	0135	应收大溪地辽宁分公司2008年1月代垫保险费	50010104	0	563.2	范晓倩
2008-02-20	记	0136	应收全球国合国际2007年12月运费	112201	135546.01	0	范晓倩
2008-02-20	记	0136	应收全球国合国际2007年12月运费	5001010102	0	135546.01	范晓倩
2008-02-20	记	0137	应收嘉里大通2008年1月运费	112201	93952.06	0	范晓倩

续上表

日期	凭证种类	凭证号	摘　要	科目代码	借方	贷方	制单人
2008-02-20	记	0137	应收嘉里大通 2008 年 1 月运费	5001010111	0	93952.06	范晓倩
2008-02-20	记	0138	银行提现	1001	10000	0	李莉
2008-02-20	记	0138	银行提现	100203	0	10000	李莉
2008-02-20	记	0139	应收中粮食品营销成都分公司 2007 年 8 月西安运费等	112201	82069.28	0	范晓倩
2008-02-20	记	0139	应收中粮食品营销成都分公司 2007 年 8 月西安运费	5001010107	0	42819.28	范晓倩
2008-02-20	记	0139	应收中粮食品营销成都分公司 2007 年 8 月西安仓储费	50010102	0	17500	范晓倩
2008-02-20	记	0139	应收中粮食品营销成都分公司 2007 年 8 月西安装卸费	50010103	0	21750	范晓倩
2008-02-20	记	0140	应收中粮食品营销成都分公司 2007 年 7 月西安运费等	112201	42898.75	0	范晓倩
2008-02-20	记	0140	应收中粮食品营销成都分公司 2007 年 7 月西安运费	5001010107	0	13890.75	范晓倩
2008-02-20	记	0140	应收中粮食品营销成都分公司 2007 年 7 月西安仓储费	50010102	0	14000	范晓倩
2008-02-20	记	0140	应收中粮食品营销成都分公司 2007 年 7 月西安装卸费	50010103	0	15008	范晓倩
2008-02-20	记	0141	应收北海粮油 2008 年 2 月番茄酱运费	112201	51108.57	0	范晓倩
2008-02-20	记	0141	应收北海粮油 2008 年 2 月番茄酱运费	5001010107	0	51108.57	范晓倩
2008-02-20	记	0142	应收北海粮油 2007 年 11 月天津运费	112201	74259.7	0	范晓倩
2008-02-20	记	0142	应收北海粮油 2007 年 11 月天津运费	5001010107	0	74259.7	范晓倩
2008-02-20	记	0142	应收东海粮油 2007 年 11 月天津运费	112201	6944	0	范晓倩
2008-02-20	记	0142	应收东海粮油 2007 年 11 月天津运费	5001010107	0	6944	范晓倩
2008-02-20	记	0142	应收中粮食品营销 2008 年 2 月天津运费	112201	9951.6	0	范晓倩
2008-02-20	记	0142	应收中粮食品营销 2008 年 2 月天津运费	5001010107	0	9951.6	范晓倩
2008-02-20	记	0142	应收中粮食品营销 2007 年 11 月天津运费	112201	473154.27	0	范晓倩
2008-02-20	记	0142	应收中粮食品营销 2007 年 11 月天津运费	5001010107	0	473154.27	范晓倩

续上表

日期	凭证种类	凭证号	摘　　要	科目代码	借方	贷方	制单人
2008-02-20	记	0142	应收中粮食品营销2007年11月机场库运费等	112201	58432.41	0	范晓倩
2008-02-20	记	0142	应收中粮食品营销2007年11月机场库运费	5001010107	0	29632.41	范晓倩
2008-02-20	记	0142	应收中粮食品营销2007年11月机场库仓储费	50010102	0	28800	范晓倩
2008-02-20	记	0143	换中粮屯河昌吉2008年1月运费发票	112201	50231.59	0	范晓倩
2008-02-20	记	0143	换中粮屯河昌吉2008年1月运费发票	5001010107	0	50231.59	范晓倩
2008-02-20	记	0144	退中粮屯河昌吉2008年1月运费	112201	-50231.59	0	范晓倩
2008-02-20	记	0144	退中粮屯河昌吉2008年1月运费	5001010107	0	-50231.59	范晓倩
2008-02-20	记	0145	因更换发票客户变更做调整客户往来	112201	50231.59	0	范晓倩
2008-02-20	记	0145	因更换发票客户变更做调整客户往来	112201	0	50231.59	范晓倩
2008-02-20	记	0146	应收维达北方纸业2007年12月运费	112201	117716.72	0	范晓倩
2008-02-20	记	0146	应收维达北方纸业2007年12月运费	5001010111	0	117716.72	范晓倩
2008-02-20	记	0147	应收河北梅花味精2008年1月运费	112201	91469.5	0	范晓倩
2008-02-20	记	0147	应收河北梅花味精2008年1月运费	5001010104	0	91469.5	范晓倩
2008-02-20	记	0148	应收河北梅花味精2008年1月运费	112201	41840	0	范晓倩
2008-02-20	记	0148	应收河北梅花味精2008年1月运费	5001010104	0	41840	范晓倩
2008-02-20	记	0148	应收廊坊绿农生化2008年1月运费	112201	17750	0	范晓倩
2008-02-20	记	0148	应收廊坊绿农生化2008年1月运费	5001010104	0	17750	范晓倩
2008-02-20	记	0148	应收河北梅花味精2008年1月运费	112201	26473	0	范晓倩
2008-02-20	记	0148	应收河北梅花味精2008年1月运费	5001010104	0	26473	范晓倩
2008-02-20	记	0149	应收河北梅花味精2008年1月运费	112201	1693880	0	范晓倩
2008-02-20	记	0149	应收河北梅花味精2008年1月运费	5001010104	0	1693880	范晓倩
2008-02-20	记	0149	应收河北梅花味精2008年1月运费	112201	13600	0	范晓倩
2008-02-20	记	0149	应收河北梅花味精2008年1月运费	5001010104	0	13600	范晓倩
2008-02-20	记	0150	购支票款	560302	60	0	李莉
2008-02-20	记	0150	购支票款	100202	0	60	李莉
2008-02-20	记	0151	付甘肃商业储运公司12月仓储费	280101	5000	0	李莉
2008-02-20	记	0151	付甘肃商业储运公司12月装卸费	4001030802	5880	0	李莉
2008-02-20	记	0151	付甘肃商业储运公司12月装卸费仓储费	100202	0	10880	李莉
2008-02-20	记	0151	付银行汇款手续费	40010305	15	0	李莉

续上表

日期	凭证种类	凭证号	摘　　要	科目代码	借方	贷方	制单人
2008-02-20	记	0151	付银行汇款手续费	100202	0	15	李莉
2008-02-20	记	0152	付张家口亨运物流公司1月仓储费	280101	1600	0	李莉
2008-02-20	记	0152	付张家口亨运物流公司1月装卸费	4001030802	2563.77	0	李莉
2008-02-20	记	0152	付张家口亨运物流公司1月仓储费	100202	0	4163.77	李莉
2008-02-20	记	0153	付外租班车1月汽油费	4101010704	1680	0	李莉
2008-02-20	记	0153	付外租班车1月路桥费	4101020702	1680	0	李莉
2008-02-20	记	0153	付外租班车1月路桥费	5601030702	2360	0	李莉
2008-02-20	记	0153	付外租班车1月汽油费	56020704	460	0	李莉
2008-02-20	记	0153	付外租班车1月汽油费	1001	0	6180	李莉
2008-02-20	记	0154	收ABB—镇江泛沃2007年10～11月运费	100202	1698.5	0	范晓倩
2008-02-20	记	0154	收ABB—镇江泛沃2007年10～11月运费	112201	0	1698.5	范晓倩
2008-02-20	记	0155	收东方海外北京分公司2007年11月运费	100202	9591.23	0	范晓倩
2008-02-20	记	0155	收东方海外北京分公司2007年11月运费	112201	0	9591.23	范晓倩
2008-02-20	记	0156	收天津高乐高2007年12月运费	100202	60114.37	0	范晓倩
2008-02-20	记	0156	收天津高乐高2007年12月运费	112201	0	60114.37	范晓倩
2008-02-20	记	0157	收天龙制锯2008年1月运费	100202	7680	0	范晓倩
2008-02-20	记	0157	收天龙制锯2008年1月运费	112201	0	7680	范晓倩
2008-02-20	记	0158	收双城雀巢2007年12月运费	100202	96323.86	0	范晓倩
2008-02-20	记	0158	收双城雀巢2007年12月运费	112201	0	96323.86	范晓倩
2008-02-21	记	0159	付办事处拨款—北京	12310301	10000	0	李莉
2008-02-21	记	0159	付办事处拨款—北京	100204	0	10000	李莉
2008-02-21	记	0160	退百事食品2007年12月运费等	112201	-79638.6	0	范晓倩
2008-02-21	记	0160	退百事食品2007年12月运费	5001010109	0	-48214.6	范晓倩
2008-02-21	记	0160	退百事食品2007年12月仓储费	50010102	0	-24000	范晓倩
2008-02-21	记	0160	退百事食品2007年12月装卸费	50010103	0	-3000	范晓倩
2008-02-21	记	0160	退百事食品2007年12月材料费	50010104	0	-1000	范晓倩
2008-02-21	记	0160	退百事食品2007年12月人工费	50010104	0	-3424	范晓倩
2008-02-21	记	0161	换百事食品2007年12月运费等	112201	75214.6	0	范晓倩
2008-02-21	记	0161	换百事食品2007年12月运费	5001010109	0	48214.6	范晓倩
2008-02-21	记	0161	换百事食品2007年12月仓储费	50010102	0	24000	范晓倩
2008-02-21	记	0161	换百事食品2007年12月装卸费	50010103	0	3000	范晓倩

续上表

日期	凭证种类	凭证号	摘　　要	科目代码	借方	贷方	制单人
2008-02-21	记	0162	换百事北京分厂2007年12月人工费材料费	112201	4424	0	范晓倩
2008-02-21	记	0162	换百事北京分厂2007年12月人工费	50010104	0	1000	范晓倩
2008-02-21	记	0162	换百事北京分厂2007年12月材料费	50010104	0	3424	范晓倩
2008-02-21	记	0163	银行转款	100203	150000	0	李莉
2008-02-21	记	0163	银行转款	100202	0	150000	李莉
2008-02-21	记	0164	网企卡转款	100204	100000	0	李莉
2008-02-21	记	0164	网企卡转款	100203	0	100000	李莉
2008-02-21	记	0164	银行提现	1001	30000	0	李莉
2008-02-21	记	0164	银行提现	100203	0	30000	李莉
2008-02-21	记	0165	张静李钧辉报沈阳差费	41010204	1086	0	李莉
2008-02-21	记	0165	张静李钧辉报沈阳差费	1001	0	1086	李莉
2008-02-21	记	0166	付北京分公司报销车辆汽油费	4001030901	10000	0	郝伟
2008-02-21	记	0166	付北京分公司报销车辆汽油费	100202	0	10000	郝伟
2008-02-21	记	0167	付通辽办梅花味精购买挡板垫布和综合服务费	4001030202	1659	0	郝伟
2008-02-21	记	0167	付通辽办梅花味精购买挡板垫布和综合服务费	12310317	0	1659	郝伟
2008-02-21	记	0168	付通辽办梅花味精发货保险费用	40010310	1500	0	郝伟
2008-02-21	记	0168	付通辽办梅花味精发货保险费用	12310317	0	1500	郝伟
2008-02-21	记	0169	付通辽办梅花味精运费	4001030202	22402.6	0	郝伟
2008-02-21	记	0169	付通辽办梅花味精手续费	40010305	54	0	郝伟
2008-02-21	记	0169	付通辽办梅花味精装卸费	4001030802	1702.8	0	郝伟
2008-02-21	记	0169	付通辽办梅花味精运费费和货票费装卸费	12310317	0	24159.4	郝伟
2008-02-21	记	0170	刘利敏报百度时代网络公司服务费	41010212	3000	0	李莉
2008-02-21	记	0170	刘利敏报百度时代网络公司服务费	100202	0	3000	李莉
2008-02-21	记	0171	收东莞雀巢2007年12月运费	100202	235297.36	0	范晓倩
2008-02-21	记	0171	收东莞雀巢2007年12月运费	112201	0	17355.22	范晓倩
2008-02-21	记	0171	收东莞雀巢2007年12月运费	112201	0	217942.14	范晓倩
2008-02-21	记	0172	收ABB—苏州中兴联2007年6~7月运费	100201	51015.54	0	范晓倩
2008-02-21	记	0172	收ABB—苏州中兴联2007年6月运费	112201	0	17994.91	范晓倩

续上表

日期	凭证种类	凭证号	摘　　要	科目代码	借方	贷方	制单人
2008-02-21	记	0172	收 ABB—苏州中兴联 2007 年 6 月运费	112201	0	17263.78	范晓倩
2008-02-21	记	0172	收 ABB—苏州中兴联 2007 年 7 月运费	112201	0	15756.85	范晓倩
2008-02-22	记	0173	艾红枫报 2 月手机话费	56020601	350	0	李莉
2008-02-22	记	0173	艾红枫报 2 月手机话费	1001	0	350	李莉
2008-02-22	记	0173	李莉报 1 月手机话费	56020601	150	0	李莉
2008-02-22	记	0173	李莉报 1 月手机话费	1001	0	150	李莉
2008-02-22	记	0174	郑秀彬报业务招待费	56010203	410	0	李莉
2008-02-22	记	0174	郑秀彬报业务招待费	1001	0	410	李莉
2008-02-22	记	0174	郑秀彬报邮寄费	56010205	26	0	李莉
2008-02-22	记	0174	郑秀彬报邮寄费	1001	0	26	李莉
2008-02-22	记	0175	吴文征报上海差费	56010204	5155.4	0	李莉
2008-02-22	记	0175	吴文征报上海差费	1001	0	5155.4	李莉
2008-02-22	记	0176	刘玉凤借款	12310401	23000	0	李莉
2008-02-22	记	0176	刘玉凤借款	1001	0	23000	李莉
2008-02-22	记	0177	康丽萍报购食品看员工	22110402	210.8	0	李莉
2008-02-22	记	0177	康丽萍报购食品看员工	1001	0	210.8	李莉
2008-02-22	记	0178	康丽萍报外出餐费	560203	56	0	李莉
2008-02-22	记	0178	康丽萍报外出餐费	1001	0	56	李莉
2008-02-22	记	0179	应收中粮屯河廊坊番茄制品 2008 年 1 月运费	100202	420	0	范晓倩
2008-02-22	记	0179	应收中粮屯河廊坊番茄制品 2008 年 1 月运费	112201	0	420	范晓倩
2008-02-22	记	0180	收上海雀巢产品服务 2007 年 12 月运费	100202	3325.02	0	范晓倩
2008-02-22	记	0180	收上海雀巢产品服务 2007 年 12 月运费	112201	0	3325.02	范晓倩
2008-02-22	记	0181	付办事处拨款—霸州	12310316	10000	0	李莉
2008-02-22	记	0181	付办事处拨款—霸州	100204	0	10000	李莉
2008-02-22	记	0181	付办事处拨款—通辽	12310317	30000	0	李莉
2008-02-22	记	0181	付办事处拨款—通辽	100204	0	30000	李莉
2008-02-22	记	0182	付哈尔滨王宇宁劳务费	4001021112	300	0	李莉
2008-02-22	记	0182	付哈尔滨王宇宁劳务费	100204	0	300	李莉

续上表

日期	凭证种类	凭证号	摘　要	科目代码	借方	贷方	制单人
2008-02-25	记	0183	收中粮食品营销沈阳分公司2007年12月运费	100202	411593.01	0	范晓倩
2008-02-25	记	0183	收中粮食品营销沈阳分公司2007年12月运费	112201	0	411593.01	范晓倩
2008-02-25	记	0184	张瑞佳报1月手机话费	5601020601	100	0	李莉
2008-02-25	记	0184	张瑞佳报1月手机话费	1001	0	100	李莉
2008-02-25	记	0184	李佩佩报1月手机话费	5601020601	100	0	李莉
2008-02-25	记	0184	李佩佩报1月手机话费	1001	0	100	李莉
2008-02-25	记	0185	孙海霞报1月手机话费	5601020601	200	0	李莉
2008-02-25	记	0185	孙海霞报1月手机话费	1001	0	200	李莉
2008-02-25	记	0185	孙海霞报邮寄费	56010205	22	0	李莉
2008-02-25	记	0185	孙海霞报邮寄费	1001	0	22	李莉
2008-02-25	记	0186	范晓倩购地税发票	4001010205	20	0	李莉
2008-02-25	记	0186	范晓倩购地税发票	1001	0	20	李莉
2008-02-25	记	0187	付南青班轮(营口)2008年1月运费	4001030301	630229	0	刘惠珍
2008-02-25	记	0187	付南青班轮(营口)2008年1月运费	100202	0	630229	刘惠珍
2008-02-25	记	0187	付南青班轮(营口)2008年1月运费手续费	40010305	20	0	刘惠珍
2008-02-25	记	0187	付南青班轮(营口)2008年1月运费手续费	100202	0	20	刘惠珍
2008-02-25	记	0188	付办事处拨款—北京	12310301	10000	0	李莉
2008-02-25	记	0188	付办事处拨款—北京	100204	0	10000	李莉
2008-02-25	记	0188	付办事处拨款—霸州	12310316	25000	0	李莉
2008-02-25	记	0188	付办事处拨款—霸州	100204	0	25000	李莉
2008-02-25	记	0188	付办事处拨款—新疆	12310309	40000	0	李莉
2008-02-25	记	0188	付办事处拨款—新疆	100204	0	40000	李莉
2008-02-25	记	0188	付办事处拨款—山西	12310308	8000	0	李莉
2008-02-25	记	0188	付办事处拨款—山西	100203	0	8000	李莉
2008-02-25	记	0189	付武汉分公司员工1月份工资	22110102	7938.64	0	郝伟
2008-02-25	记	0189	付武汉分公司员工1月份工资	12310306	0	7938.64	郝伟
2008-02-25	记	0189	计提武汉办员工李红星1月份住房补贴	400102060101	100	0	郝伟
2008-02-25	记	0189	计提武汉办员工李红星1月份住房补贴	22110102	0	100	郝伟
2008-02-25	记	0189	付武汉办员工李红星1月份住房补贴	22110102	100	0	郝伟

续上表

日期	凭证种类	凭证号	摘　要	科目代码	借方	贷方	制单人
2008-02-25	记	0189	付武汉办员工李红星1月份住房补贴	12310306	0	100	郝伟
2008-02-25	记	0190	付武汉分公司好丽友运费	400103010102	17890	0	郝伟
2008-02-25	记	0190	付武汉分公司好丽友运费	12310306	0	17890	郝伟
2008-02-25	记	0190	付武汉分公司好丽友装卸费	4001030802	2418	0	郝伟
2008-02-25	记	0190	付武汉分公司好丽友装卸费	12310306	0	2418	郝伟
2008-02-25	记	0191	付武汉分公司好丽友运费	400103010102	4944	0	郝伟
2008-02-25	记	0191	付武汉分公司国合运费	400103010102	100	0	郝伟
2008-02-25	记	0191	付武汉分公司徐思众运费	400103010102	10	0	郝伟
2008-02-25	记	0191	付武汉分公司好丽友国合徐思众运费	12310306	0	5054	郝伟
2008-02-25	记	0192	付武汉分公司报销邮寄费用	4001020605	36	0	郝伟
2008-02-25	记	0192	付武汉分公司报销邮寄费用	4001020605	4	0	郝伟
2008-02-25	记	0192	付武汉分公司报销邮寄费用	12310306	0	40	郝伟
2008-02-25	记	0192	付武汉分公司报销市内交通费	4001020602	24	0	郝伟
2008-02-25	记	0192	付武汉分公司报销市内交通费	4001020602	24	0	郝伟
2008-02-25	记	0192	付武汉分公司报销市内交通费	4001020602	9.5	0	郝伟
2008-02-25	记	0192	付武汉分公司报销市内交通费	12310306	0	57.5	郝伟
2008-02-25	记	0192	付武汉分公司报销业务招待费	4001020603	568	0	郝伟
2008-02-25	记	0192	付武汉分公司报销业务招待费	12310306	0	568	郝伟
2008-02-25	记	0192	付武汉分公司报销员工1月份手机话费	400102060601	225	0	郝伟
2008-02-25	记	0192	付武汉分公司报销员工1月份手机话费	400102060601	25	0	郝伟
2008-02-25	记	0192	付武汉分公司报销员工1月份手机话费	12310306	0	250	郝伟
2008-02-25	记	0192	付武汉分公司报销库房1月19日至2月18日租金	400103070102	2600	0	郝伟
2008-02-25	记	0192	付武汉分公司报销宿舍1月19日至2月18日租金	4001020611	480	0	郝伟
2008-02-25	记	0192	付武汉分公司报销库房和宿舍1月19日至2月18日租金	12310306	0	3080	郝伟
2008-02-25	记	0192	付武汉分公司报销好丽友7月至12月临时库房租金	400103070102	1400	0	郝伟
2008-02-25	记	0192	付武汉分公司报销好丽友7月至12月临时库房租金	12310306	0	1400	郝伟
2008-02-25	记	0192	付武汉分公司报销1月份座机费用	400102060602	191.7	0	郝伟

续上表

日期	凭证种类	凭证号	摘　　要	科目代码	借方	贷方	制单人
2008-02-25	记	0192	付武汉分公司报销1月份座机费用	400102060602	21.3	0	郝伟
2008-02-25	记	0192	付武汉分公司报销1月份座机费用	12310306	0	213	郝伟
2008-02-25	记	0193	付新疆办陈国喜福临门 运费	400103010102	119239	0	郝伟
2008-02-25	记	0193	付新疆办陈国喜福临门 运费	12310319	0	119239	郝伟
2008-02-25	记	0194	付新疆办陈国喜报销邮寄和打印费用	4001020905	47.2	0	郝伟
2008-02-25	记	0194	付新疆办陈国喜报销邮寄和打印费用	12310319	0	47.2	郝伟
2008-02-25	记	0194	付新疆办陈国喜报销租车费用	4001020902	139	0	郝伟
2008-02-25	记	0194	付新疆办陈国喜报销租车费用	12310319	0	139	郝伟
2008-02-25	记	0194	付新疆办陈国喜报销1月份电费	4001020910	62.4	0	郝伟
2008-02-25	记	0194	付新疆办陈国喜报销1月份电费	12310309	0	62.4	郝伟
2008-02-25	记	0194	付新疆办陈国喜报销客户业务招待费	4001020903	300	0	郝伟
2008-02-25	记	0194	付新疆办陈国喜报销客户业务招待费	12310319	0	300	郝伟
2008-02-25	记	0194	付新疆办陈国喜报销1月份手机话费	400102090601	450	0	郝伟
2008-02-25	记	0194	付新疆办陈国喜报销1月份手机话费	12310319	0	450	郝伟
2008-02-25	记	0194	付新疆办陈国喜报销差旅费报销	4001020904	168	0	郝伟
2008-02-25	记	0194	付新疆办陈国喜报销差旅费报销	12310319	0	168	郝伟
2008-02-25	记	0195	贾莹报分公司1月办公区电费	4001010210	271.17	0	李莉
2008-02-25	记	0195	贾莹报分公司1月办公区电费	560210	271.17	0	李莉
2008-02-25	记	0195	贾莹报分公司1月办公区电费	4001010210	67.79	0	李莉
2008-02-25	记	0195	贾莹报分公司1月办公区电费	4001010210	67.79	0	李莉
2008-02-25	记	0195	贾莹报分公司1月办公区电费	4001010210	135.58	0	李莉
2008-02-25	记	0195	贾莹报分公司1月办公区电费	4001010210	203.38	0	李莉
2008-02-25	记	0195	贾莹报分公司1月办公区电费	4001010210	271.17	0	李莉
2008-02-25	记	0195	贾莹报分公司1月办公区电费	4001010210	135.58	0	李莉
2008-02-25	记	0195	贾莹报分公司1月办公区电费	56010110	67.79	0	李莉
2008-02-25	记	0195	贾莹报分公司1月办公区电费	56010210	949.09	0	李莉
2008-02-25	记	0195	贾莹报分公司1月办公区电费	56010310	1084.67	0	李莉
2008-02-25	记	0195	贾莹报分公司1月办公区电费	100202	0	3525.18	李莉
2008-02-25	记	0196	贾莹报加油站油卡充值	180102	7392	0	李莉
2008-02-25	记	0196	贾莹报加油站油卡充值	100202	0	7392	李莉
2008-02-25	记	0197	付广州办员工1月份工资	22110102	3556.95	0	郝伟
2008-02-25	记	0197	付广州办员工1月份工资	12310304	0	3556.95	郝伟
2008-02-25	记	0197	计提广州办徐素琴2月份住房补助	400102040101	300	0	郝伟
2008-02-25	记	0197	计提广州办徐素琴2月份住房补助	22110102	0	300	郝伟
2008-02-25	记	0197	付广州办徐素琴2月份住房补助	22110102	300	0	郝伟

续上表

日期	凭证种类	凭证号	摘　　要	科目代码	借方	贷方	制单人
2008-02-25	记	0197	付广州办徐素琴 2 月份住房补助	12310304	0	300	郝伟
2008-02-25	记	0198	贾莹报 1 月长话费	5601020602	1355.22	0	李莉
2008-02-25	记	0198	贾莹报 1 月长话费	5601030602	1397.93	0	李莉
2008-02-25	记	0198	贾莹报 1 月长话费	400101020602	45.55	0	李莉
2008-02-25	记	0198	贾莹报 1 月长话费	400101020602	19.93	0	李莉
2008-02-25	记	0198	贾莹报 1 月长话费	400101020602	11.39	0	李莉
2008-02-25	记	0198	贾莹报 1 月长话费	56020602	17.08	0	李莉
2008-02-25	记	0198	贾莹报 1 月长话费	100202	0	2847.1	李莉
2008-02-26	记	0199	姜世建报长沙差费	41010104	3268	0	李莉
2008-02-26	记	0199	姜世建报长沙差费还借款	12310401	0	3000	李莉
2008-02-26	记	0199	姜世建报长沙差费	1001	0	268	李莉
2008-02-26	记	0200	贾莹报库房装卸工春节去河南租车费	400102010704	803	0	李莉
2008-02-26	记	0200	贾莹报库房装卸工春节去河南租车费	400102010702	3127	0	李莉
2008-02-26	记	0200	贾莹报库房装卸工春节去河南租车费	1001	0	3930	李莉
2008-02-26	记	0201	唐少鹏报工商大学项目 30% 款—付重庆三元家具公司	410103	12300	0	李莉
2008-02-26	记	0201	唐少鹏报工商大学项目 30% 款—付重庆三元家具公司	220202	0	8610	李莉
2008-02-26	记	0201	唐少鹏报工商大学项目 30% 款—付重庆三元家具公司	100202	0	3690	李莉
2008-02-26	记	0202	付广州办好丽友运费	400103010102	4410	0	郝伟
2008-02-26	记	0202	付广州办好丽友运费	12310304	0	4410	郝伟
2008-02-26	记	0202	付广州办好丽友装卸费	4001030802	240	0	郝伟
2008-02-26	记	0202	付广州办好丽友装卸费	12310304	0	240	郝伟
2008-02-26	记	0202	付广州办 ABB 运费	400103010102	6134	0	郝伟
2008-02-26	记	0202	付广州办国合运费	400103010102	90	0	郝伟
2008-02-26	记	0202	付广州办北京到货运费	400103010102	1315	0	郝伟
2008-02-26	记	0202	付广州办 ABB 国合北京到货运费	12310304	0	7539	郝伟
2008-02-26	记	0203	付广州办报销周斌 1 月份手机话费	400102040601	100	0	郝伟
2008-02-26	记	0203	付广州办报销周斌 1 月份手机话费	400102040601	50	0	郝伟
2008-02-26	记	0203	付广州办报销周斌 1 月份手机话费	400102040601	25	0	郝伟
2008-02-26	记	0203	付广州办报销周斌 1 月份手机话费	400102040601	25	0	郝伟
2008-02-26	记	0203	付广州办报销周斌 1 月份手机话费	12310304	0	200	郝伟
2008-02-26	记	0203	付广州办报销好丽友装卸工伙食费	4001020403	73	0	郝伟
2008-02-26	记	0203	付广州办报销好丽友装卸工伙食费	12310304	0	73	郝伟

续上表

日期	凭证种类	凭证号	摘　　要	科目代码	借方	贷方	制单人
2008-02-26	记	0203	付广州办报销市内交通费	4001020402	80	0	郝伟
2008-02-26	记	0203	付广州办报销市内交通费	4001020402	58	0	郝伟
2008-02-26	记	0203	付广州办报销市内交通费	12310304	0	138	郝伟
2008-02-26	记	0203	付广州办报销邮寄费用和宿舍管理费用	4001020405	80	0	郝伟
2008-02-26	记	0203	付广州办报销邮寄费用和宿舍管理费用	4001020405	25.1	0	郝伟
2008-02-26	记	0203	付广州办报销邮寄费用和宿舍管理费用	12310304	0	105.1	郝伟
2008-02-26	记	0203	付广州办报销办公室 2 月 12 日至 3 月 12 日房租	4001020411	1200	0	郝伟
2008-02-26	记	0203	付广州办报销办公室 2 月 12 日至 3 月 12 日房租	12310304	0	1200	郝伟
2008-02-26	记	0203	付广州办报销办公室电费 2007 年 11 月 5 日至 2008 年 1 月 4 日	4001020410	114.85	0	郝伟
2008-02-26	记	0203	付广州办报销办公室电费 2007 年 11 月 5 日至 2008 年 1 月 4 日	12310304	0	114.85	郝伟
2008-02-26	记	0203	付广州办报销 ADSL12 月份上网费用	400102040602	100	0	郝伟
2008-02-26	记	0203	付广州办报销 ADSL12 月份上网费用	400102040602	50	0	郝伟
2008-02-26	记	0203	付广州办报销 ADSL12 月份上网费用	12310304	0	150	郝伟
2008-02-26	记	0203	付广州办报销购买电暖器鼠标和插座费用	4001020409	264	0	郝伟
2008-02-26	记	0203	付广州办报销购买电暖器鼠标和插座费用	12310304	0	264	郝伟
2008-02-26	记	0204	银行转款	100203	150000	0	李莉
2008-02-26	记	0204	银行转款	100202	0	150000	李莉
2008-02-26	记	0205	网企卡转款	100204	100000	0	李莉
2008-02-26	记	0205	网企卡转款	100203	0	100000	李莉
2008-02-26	记	0205	银行提现	1001	5000	0	李莉
2008-02-26	记	0205	银行提现	100203	0	5000	李莉
2008-02-26	记	0206	收北海粮油 2007 年 11 月天津运费	100202	74259.7	0	范晓倩
2008-02-26	记	0206	收北海粮油 2007 年 11 月天津运费	112201	0	74259.7	范晓倩
2008-02-26	记	0207	付沈阳办福临门运费	400103010102	32375	0	郝伟
2008-02-26	记	0207	付沈阳办福临门运费	12310305	0	32375	郝伟
2008-02-26	记	0207	付沈阳办福临门装卸费用	4001030802	22881.28	0	郝伟

续上表

日期	凭证种类	凭证号	摘　　要	科目代码	借方	贷方	制单人
2008-02-26	记	0207	付沈阳办福临门装卸费用	12310305	0	22881.28	郝伟
2008-02-26	记	0207	付沈阳办福临门2～5月库房租金	280101	57600	0	郝伟
2008-02-26	记	0207	付沈阳办福临门2～5月库房租金	12310305	0	57600	郝伟
2008-02-26	记	0208	付沈阳办国合运费	400103010102	540	0	郝伟
2008-02-26	记	0208	付沈阳办国合运费	12310305	0	540	郝伟
2008-02-26	记	0208	付沈阳办好丽友运费	400103010102	12502	0	郝伟
2008-02-26	记	0208	付沈阳办榄菊运费	400103010202	40	0	郝伟
2008-02-26	记	0208	付沈阳办好丽友榄菊运费	12310305	0	12542	郝伟
2008-02-26	记	0209	付沈阳办报销员工1月份工资	22110102	15260.95	0	郝伟
2008-02-26	记	0209	付沈阳办报销员工1月份工资	12310305	0	15260.95	郝伟
2008-02-26	记	0210	付沈阳办报销叉车汽油费费用	400103070302	5600	0	郝伟
2008-02-26	记	0210	付沈阳办报销叉车汽油费费用	12310305	0	5600	郝伟
2008-02-26	记	0210	付沈阳办报销防冻液费用	400103070301	220	0	郝伟
2008-02-26	记	0210	付沈阳办报销防冻液费用	12310305	0	220	郝伟
2008-02-26	记	0210	付沈阳办报销购买纸箱费用	400103070302	1620	0	郝伟
2008-02-26	记	0210	付沈阳办报销购买纸箱费用	12310305	0	1620	郝伟
2008-02-26	记	0211	付沈阳办报销12月份座机话费	400102050602	230	0	郝伟
2008-02-26	记	0211	付沈阳办报销12月份座机话费	400102050602	31	0	郝伟
2008-02-26	记	0211	付沈阳办报销12月份座机话费	12310305	0	261	郝伟
2008-02-26	记	0211	付沈阳办报销IP长途话费	400102050603	420	0	郝伟
2008-02-26	记	0211	付沈阳办报销IP长途话费	400102050603	30	0	郝伟
2008-02-26	记	0211	付沈阳办报销IP长途话费	400102050603	50	0	郝伟
2008-02-26	记	0211	付沈阳办报销IP长途话费	12310305	0	500	郝伟
2008-02-26	记	0211	付沈阳办报销车辆包车费用	4001030903	1000	0	郝伟
2008-02-26	记	0211	付沈阳办报销车辆包车费用	4001030903	488	0	郝伟
2008-02-26	记	0211	付沈阳办报销车辆包车费用	12310305	0	1488	郝伟
2008-02-26	记	0211	付沈阳办报销1月份员工手机话费	400102050601	300	0	郝伟
2008-02-26	记	0211	付沈阳办报销1月份员工手机话费	400102050601	50	0	郝伟
2008-02-26	记	0211	付沈阳办报销1月份员工手机话费	12310305	0	350	郝伟
2008-02-26	记	0211	付沈阳办报销快递邮寄费用	4001020505	41	0	郝伟
2008-02-26	记	0211	付沈阳办报销快递邮寄费用	12310305	0	41	郝伟
2008-02-26	记	0212	付西安办员工1月份工资	22110102	9339.45	0	郝伟
2008-02-26	记	0212	付西安办员工1月份工资	12310307	0	9339.45	郝伟

续上表

日期	凭证种类	凭证号	摘　　要	科目代码	借方	贷方	制单人
2008-02-26	记	0212	付西安办实习生补助及奖金费用	22110102	1080	0	郝伟
2008-02-26	记	0212	付西安办实习生补助及奖金费用	12310307	0	1080	郝伟
2008-02-26	记	0213	付西安办报销豪特项目运费	400103010102	11350	0	郝伟
2008-02-26	记	0213	付西安办报销豪特项目运费	12310307	0	11350	郝伟
2008-02-26	记	0213	付西安办报销国合运费	400103010102	733	0	郝伟
2008-02-26	记	0213	付西安办报销国合运费	12310307	0	733	郝伟
2008-02-26	记	0214	付西安办报销福临门 10 月 21 日至 12 月 19 日包车费用	4001030903	3700	0	郝伟
2008-02-26	记	0214	付西安办报销福临门 10 月 21 日至 12 月 19 日包车费用	12310307	0	3700	郝伟
2008-02-26	记	0214	付西安办报销福临门 10 月 21 日至 12 月 19 日汽油费	4001030901	1629	0	郝伟
2008-02-26	记	0214	付西安办报销福临门 10 月 21 日至 12 月 19 日过路过桥费	4001030902	660	0	郝伟
2008-02-26	记	0214	付西安办报销福临门 10 月 21 日至 12 月 19 日汽油费和过路过桥费	12310307	0	2289	郝伟
2008-02-26	记	0215	付西安办报销好丽友项目城间运费	400103010102	40591	0	郝伟
2008-02-26	记	0215	付西安办报销好丽友项目城间运费	12310307	0	40591	郝伟
2008-02-26	记	0216	付西安办报销好丽友项目 10 月 21 日至 12 月 19 日包车费用	4001030903	3800	0	郝伟
2008-02-26	记	0216	付西安办报销好丽友项目 10 月 21 日至 12 月 19 日包车费用	12310307	0	3800	郝伟
2008-02-26	记	0216	付西安办报销福临门 10 月 21 日至 12 月 19 日汽油费用	4001030901	1325	0	郝伟
2008-02-26	记	0216	付西安办报销福临门 10 月 21 日至 12 月 19 日过路过桥和停车费用	4001030902	407	0	郝伟
2008-02-26	记	0216	付西安办报销福临门 10 月 21 日至 12 月 19 日汽油费过路过桥和停车费用	12310307	0	1732	郝伟
2008-02-26	记	0217	付西安办福临门城间运费	400103010102	30594	0	郝伟
2008-02-26	记	0217	付西安办福临门城间运费	12310307	0	30594	郝伟
2008-02-26	记	0218	付新疆办员工 1 月份工资	22110102	9490.95	0	郝伟
2008-02-26	记	0218	付新疆办员工 1 月份工资	12310309	0	9490.95	郝伟
2008-02-26	记	0219	付新疆办报销邮寄费用	4001020905	192.6	0	郝伟
2008-02-26	记	0219	付新疆办报销邮寄费用	12310309	0	192.6	郝伟

续上表

日期	凭证种类	凭证号	摘要	科目代码	借方	贷方	制单人
2008-02-26	记	0219	付新疆办报销 2007 年 10 月至 2008 年 1 月水电费	4001020910	398	0	郝伟
2008-02-26	记	0219	付新疆办报销 2007 年 10 月至 2008 年 1 月水电费	12310309	0	398	郝伟
2008-02-26	记	0219	付新疆办报销 1 月份黄启宏手机话费	400102090601	100	0	郝伟
2008-02-26	记	0219	付新疆办报销 1 月份黄启宏手机话费	12310309	0	100	郝伟
2008-02-26	记	0219	付新疆办报销购买上下床一套	4001020909	200	0	郝伟
2008-02-26	记	0219	付新疆办报销购买上下床一套	12310309	0	200	郝伟
2008-02-26	记	0219	付新疆办报销福临门客户业务招待费	4001020903	500	0	郝伟
2008-02-26	记	0219	付新疆办报销福临门客户业务招待费	12310309	0	500	郝伟
2008-02-26	记	0219	付新疆办报销 2007 ~ 2008 年取暖费	4001020905	1291	0	郝伟
2008-02-26	记	0219	付新疆办报销 2007 ~ 2008 年取暖费	12310309	0	1291	郝伟
2008-02-26	记	0220	付新疆办报销好丽友项目城间运费	400103010102	18105	0	郝伟
2008-02-26	记	0220	付新疆办报销好丽友项目城间运费	12310309	0	18105	郝伟
2008-02-26	记	0221	付新疆办报销福临门城间项目运费	400103010102	79830	0	郝伟
2008-02-26	记	0221	付新疆办报销福临门城间项目运费	12310309	0	79830	郝伟
2008-02-26	记	0221	付新疆办报销车皮和市内运费	400103010102	43813	0	郝伟
2008-02-26	记	0221	付新疆办报销车皮和市内运费	12310309	0	43813	郝伟
2008-02-26	记	0221	付新疆办报销仓储费费 2007 年 12 月至 2008 年 2 月	280101	9000	0	郝伟
2008-02-26	记	0221	付新疆办报销仓储费费 2007 年 12 月至 2008 年 2 月	280101	6000	0	郝伟
2008-02-26	记	0221	付新疆办报销仓储费费 2007 年 12 月至 2008 年 2 月	12310309	0	15000	郝伟
2008-02-26	记	0222	付霸州办报销邮寄费用	4001021005	22	0	郝伟
2008-02-26	记	0222	付霸州办报销邮寄费用	12310316	0	22	郝伟
2008-02-26	记	0223	付霸州办报销 1 月份手机费	400102100601	150	0	郝伟
2008-02-26	记	0223	付霸州办报销 1 月份手机费	12310316	0	150	郝伟
2008-02-26	记	0224	付霸州办报销 1 月份电费	4001021010	178	0	郝伟
2008-02-26	记	0224	付霸州办报销 1 月份电费	12310316	0	178	郝伟
2008-02-26	记	0225	付霸州办报销 1 月房租	280101	330	0	郝伟
2008-02-26	记	0225	付霸州办报销 1 月房租	12310316	0	330	郝伟
2008-02-26	记	0225	付霸州办报销 2 月房租	4001021011	330	0	郝伟

续上表

日期	凭证种类	凭证号	摘 要	科目代码	借方	贷方	制单人
2008-02-26	记	0225	付霸州办报销2月房租	12310316	0	330	郝伟
2008-02-26	记	0226	付霸州办报销1月份汽油费用	400102100704	100	0	郝伟
2008-02-26	记	0226	付霸州办报销1月份汽油费用	12310316	0	100	郝伟
2008-02-26	记	0227	付办事处拨款—沈阳	12310305	30000	0	李莉
2008-02-26	记	0227	付办事处拨款—沈阳	100204	0	30000	李莉
2008-02-26	记	0228	付姜世建湖北出差借款	12310401	2000	0	李莉
2008-02-26	记	0228	付姜世建湖北出差借款	1001	0	2000	李莉
2008-02-26	记	0229	常明报黑DC6046车汽油费	400101020704	100	0	李莉
2008-02-26	记	0229	常明报黑DC6046车路桥费	400101020702	10	0	李莉
2008-02-26	记	0229	常明报黑DC6046车路桥费汽油费	1001	0	110	李莉
2008-02-26	记	0230	付上海办好丽友项目运费	400103010102	37512	0	郝伟
2008-02-26	记	0230	付上海办好丽友项目运费	12310303	0	37512	郝伟
2008-02-26	记	0230	付上海办ABB项目运费	400103010102	2813	0	郝伟
2008-02-26	记	0230	付上海办ABB项目运费	12310303	0	2813	郝伟
2008-02-26	记	0230	付上海办天龙制锯运费	400103010102	1280	0	郝伟
2008-02-26	记	0230	付上海办天龙制锯运费	12310303	0	1280	郝伟
2008-02-26	记	0230	付上海办榄菊项目运费	400103010102	2740	0	郝伟
2008-02-26	记	0230	付上海办榄菊项目运费	12310303	0	2740	郝伟
2008-02-27	记	0231	付办事处拨款—上海	12310303	10000	0	李莉
2008-02-27	记	0231	付办事处拨款—上海	100204	0	10000	李莉
2008-02-27	记	0232	石家庄周连魁报12~2月电话费	400102100602	110	0	李莉
2008-02-27	记	0232	石家庄周连魁报1月办公用品	4001021005	45	0	李莉
2008-02-27	记	0232	石家庄周连魁报1月邮寄费	4001021005	44	0	李莉
2008-02-27	记	0232	石家庄周连魁报费用	100204	0	199	李莉
2008-02-27	记	0233	付上海办好丽友运费	400103010102	14808	0	郝伟
2008-02-27	记	0233	付上海办好丽友运费	12310303	0	14808	郝伟
2008-02-27	记	0233	付上海办榄菊零散运费	400103010102	990	0	郝伟
2008-02-27	记	0233	付上海办ABB运费	400103010102	710	0	郝伟
2008-02-27	记	0233	付上海办国合运费	400103010102	300	0	郝伟
2008-02-27	记	0233	付上海办飞利浦运费	400103010102	80	0	郝伟
2008-02-27	记	0233	付上海办徐思众珠心算运费	400103010102	80	0	郝伟
2008-02-27	记	0233	付上海办榄菊国合ABB飞利浦徐思众珠心算运费	12310303	0	2160	郝伟
2008-02-27	记	0234	付上海办好丽友项目城间运费	400103010102	55521	0	郝伟
2008-02-27	记	0234	付上海办好丽友项目城间运费	12310303	0	55521	郝伟

续上表

日期	凭证种类	凭证号	摘　　要	科目代码	借方	贷方	制单人
2008-02-27	记	0235	付上海办报销员工1月份工资	22110102	10696.79	0	郝伟
2008-02-27	记	0235	付上海办报销员工1月份工资	12310303	0	10696.79	郝伟
2008-02-27	记	0236	付上海办报销天龙制锯往返车费和取单车费	400103010202	40	0	郝伟
2008-02-27	记	0236	付上海办报销天龙制锯往返车费和取单费	12310303	0	40	郝伟
2008-02-27	记	0236	付上海办报销天龙制锯进仓费用	4001030802	90	0	郝伟
2008-02-27	记	0236	付上海办报销天龙制锯进仓费用	12310303	0	90	郝伟
2008-02-27	记	0237	付西安办报销回单邮寄财务报表费用	4001020705	70	0	郝伟
2008-02-27	记	0237	付西安办报销回单邮寄财务报表费用	4001020705	70	0	郝伟
2008-02-27	记	0237	付西安办报销回单邮寄财务报表费用	12310307	0	140	郝伟
2008-02-27	记	0237	付西安办报销员工1月份手机话费	400102070601	300	0	郝伟
2008-02-27	记	0237	付西安办报销员工1月份手机话费	400102070601	200	0	郝伟
2008-02-27	记	0237	付西安办报销员工1月份手机话费	400102070601	100	0	郝伟
2008-02-27	记	0237	付西安办报销员工1月份手机话费	12310307	0	600	郝伟
2008-02-27	记	0237	付西安办报销1月份座机话费	400102070602	150	0	郝伟
2008-02-27	记	0237	付西安办报销1月份座机话费	400102070602	150	0	郝伟
2008-02-27	记	0237	付西安办报销1月份座机话费	400102070602	150	0	郝伟
2008-02-27	记	0237	付西安办报销1月份座机话费	12310307	0	450	郝伟
2008-02-27	记	0237	付西安办报销外出办事和去银行交通费	4001020702	65	0	郝伟
2008-02-27	记	0237	付西安办报销外出办事和去银行交通费	4001020702	63.7	0	郝伟
2008-02-27	记	0237	付西安办报销外出办事和去银行交通费	12310307	0	128.7	郝伟
2008-02-27	记	0237	付西安办报销好丽友项目业务招待费	4001020703	268	0	郝伟
2008-02-27	记	0237	付西安办报销好丽友项目业务招待费	12310307	0	268	郝伟
2008-02-27	记	0237	付西安办购买现金支票工本费用	560302	20	0	郝伟
2008-02-27	记	0237	付西安办购买现金支票工本费用	12310307	0	20	郝伟
2008-02-27	记	0238	付天津报销高乐高运费	400103010102	1621	0	郝伟
2008-02-27	记	0238	付天津报销高乐高运费	12310302	0	1621	郝伟
2008-02-27	记	0239	付成都办报销好丽友项目运费	400103010102	13499.22	0	郝伟
2008-02-27	记	0239	付成都办报销好丽友项目运费	12310318	0	13499.22	郝伟
2008-02-27	记	0240	付成都办报销购买办公用品费用	4001021005	75.6	0	郝伟
2008-02-27	记	0240	付成都办报销购买办公用品费用	4001021005	32.4	0	郝伟

续上表

日期	凭证种类	凭证号	摘　　要	科目代码	借方	贷方	制单人
2008-02-27	记	0240	付成都办报销购买办公用品费用	12310318	0	108	郝伟
2008-02-27	记	0240	付成都办报销交通费用	4001021002	126	0	郝伟
2008-02-27	记	0240	付成都办报销交通费用	4001021002	54	0	郝伟
2008-02-27	记	0240	付成都办报销交通费用	12310318	0	180	郝伟
2008-02-27	记	0240	付成都办报销好丽友业务招待费	4001021003	120	0	郝伟
2008-02-27	记	0240	付成都办报销梅花味精业务招待费	4001021003	100	0	郝伟
2008-02-27	记	0240	付成都办报销业务招待费	12310318	0	220	郝伟
2008-02-27	记	0240	付成都办报销李东手机话费	400102100601	210	0	郝伟
2008-02-27	记	0240	付成都办报销李东手机话费	400102100602	90	0	郝伟
2008-02-27	记	0240	付成都办报销李东手机话费	12310318	0	300	郝伟
2008-02-27	记	0240	付成都办报销12月和1月座机话费	400102100602	295	0	郝伟
2008-02-27	记	0240	付成都办报销12月和1月座机话费	400102100602	55	0	郝伟
2008-02-27	记	0240	付成都办报销12月和1月座机话费	12310318	0	350	郝伟
2008-02-27	记	0241	收好丽友食品2008年1月运费	100202	2769065.6	0	范晓倩
2008-02-27	记	0241	收好丽友食品2008年1月运费	112201	0	429811.52	范晓倩
2008-02-27	记	0241	收好丽友食品2008年1月运费	112201	0	2339254.12	范晓倩
2008-02-27	记	0242	收中粮食品营销北京分公司2007年11~12月太原运费	100202	53864.35	0	范晓倩
2008-02-27	记	0242	收中粮食品营销北京分公司2007年12月太原运费	112201	0	30013.25	范晓倩
2008-02-27	记	0242	收中粮食品营销北京分公司2007年11月太原运费	112201	0	23851.1	范晓倩
2008-02-27	记	0243	银行转款	100203	400000	0	李莉
2008-02-27	记	0243	银行转款	100202	0	400000	李莉
2008-02-27	记	0244	网企卡转款	100204	300000	0	李莉
2008-02-27	记	0244	网企卡转款	100203	0	300000	李莉
2008-02-27	记	0245	银行购结算申请书	560302	10	0	李莉
2008-02-27	记	0245	银行购结算申请书	100202	0	10	李莉
2008-02-27	记	0246	付办事处拨款—西安	12310307	40000	0	李莉
2008-02-27	记	0246	付办事处拨款—西安	100203	0	40000	李莉
2008-02-27	记	0246	付办事处拨款—天津	12310302	30000	0	李莉
2008-02-27	记	0246	付办事处拨款—天津	100203	0	30000	李莉
2008-02-27	记	0247	收天津分公司喜利得货款	12310302	7296	0	郝伟
2008-02-27	记	0247	收天津分公司喜利得货款	12310201	0	7296	郝伟
2008-02-27	记	0248	付张运柱报2008年1月百事运费	112301	78121.63	0	刘惠珍

续上表

日期	凭证种类	凭证号	摘　　要	科目代码	借方	贷方	制单人
2008-02-27	记	0248	付张运柱报2008年1月百事运费	100204	0	38121.63	刘惠珍
2008-02-27	记	0248	付张运柱报2008年1月百事运费	100204	0	40000	刘惠珍
2008-02-27	记	0249	付霸州办报销梅花味精运费	400103010102	34499	0	郝伟
2008-02-27	记	0249	付霸州办报销梅花味精运费	400103010102	21848	0	郝伟
2008-02-27	记	0249	付霸州办报销梅花味精运费	12310316	0	56347	郝伟
2008-02-27	记	0250	付天津办报销员工1月份工资	22110102	22706.25	0	郝伟
2008-02-27	记	0250	付天津办报销员工1月份工资	12310302	0	22706.25	郝伟
2008-02-27	记	0251	付天津分公司北海装卸费	4001030802	1485	0	郝伟
2008-02-27	记	0251	付天津分公司派克兰帝装卸费	4001030802	660	0	郝伟
2008-02-27	记	0251	付天津分公司飞利浦装卸费	4001030802	260	0	郝伟
2008-02-27	记	0251	付天津分公司百事装卸费	4001030802	3909	0	郝伟
2008-02-27	记	0251	付天津分公司好丽友装卸费	4001030802	690	0	郝伟
2008-02-27	记	0251	付天津分公司高乐高装卸费	4001030802	2784	0	郝伟
2008-02-27	记	0251	付天津分公司北海飞利浦好丽友百事高乐高装卸费	12310302	0	9788	郝伟
2008-02-27	记	0252	付天津分公司报销购买A4纸办公用品费用	4001020205	50	0	郝伟
2008-02-27	记	0252	付天津分公司报销购买A4纸办公用品费用	4001020205	50	0	郝伟
2008-02-27	记	0252	付天津分公司报销购买A4纸办公用品费用	4001020205	301.6	0	郝伟
2008-02-27	记	0252	付天津分公司报销购买A4纸办公用品费用	12310302	0	401.6	郝伟
2008-02-27	记	0252	付天津办报销购买炉子和炉盖取暖设备费用	4001020209	236	0	郝伟
2008-02-27	记	0252	付天津办报销购买炉子和炉盖取暖设备费用	12310302	0	236	郝伟
2008-02-27	记	0252	付天津分公司报销报账往返车费	4001020202	87.5	0	郝伟
2008-02-27	记	0252	付天津分公司报销报账往返车费	12310302	0	87.5	郝伟
2008-02-27	记	0252	付天津分公司报销汇款手续费和购买支票费用	560302	27.2	0	郝伟
2008-02-27	记	0252	付天津分公司报销汇款手续费和购买支票费用	12310302	0	27.2	郝伟
2008-02-27	记	0252	付天津分公司报销12月份座机话费	400102020602	250	0	郝伟
2008-02-27	记	0252	付天津分公司报销12月份座机话费	4001020602	250	0	郝伟

续上表

日期	凭证种类	凭证号	摘　　要	科目代码	借方	贷方	制单人
2008-02-27	记	0252	付天津分公司报销12月份座机话费	400102020602	250	0	郝伟
2008-02-27	记	0252	付天津分公司报销12月份座机话费	400102020602	320	0	郝伟
2008-02-27	记	0252	付天津分公司报销12月份座机话费	12310302	0	1070	郝伟
2008-02-27	记	0253	付天津分公司报销 部分员工1月和2月手机话费	400102020601	530	0	郝伟
2008-02-27	记	0253	付天津分公司报销 部分员工1月和2月手机话费	400102020601	300	0	郝伟
2008-02-27	记	0253	付天津分公司报销 部分员工1月和2月手机话费	400102020601	250	0	郝伟
2008-02-27	记	0253	付天津分公司报销 部分员工1月和2月手机话费	400102020601	220	0	郝伟
2008-02-27	记	0253	付天津分公司报销 部分员工1月和2月手机话费	12310302	0	1300	郝伟
2008-02-27	记	0254	付天津分公司报销购买香烟费用	4001020212	1200	0	郝伟
2008-02-27	记	0254	付天津分公司报销购买香烟费用	12310302	0	1200	郝伟
2008-02-27	记	0254	付天津分公司报销客户招待费	4001020203	815	0	郝伟
2008-02-27	记	0254	付天津分公司报销客户招待费	12310302	0	815	郝伟
2008-02-27	记	0254	付天津分公司报销住宿差旅费	4001020204	295	0	郝伟
2008-02-27	记	0254	付天津分公司报销住宿差旅费	12310302	0	295	郝伟
2008-02-27	记	0255	付2008年2月好丽友零散运费	112301	36300	0	刘惠珍
2008-02-27	记	0255	付2008年2月好丽友零散运费	100202	0	36300	刘惠珍
2008-02-27	记	0256	付京兰新2008年2月好丽友零散运费	112301	37000	0	刘惠珍
2008-02-27	记	0256	付京兰新2008年2月好丽友零散运费	100204	0	18500	刘惠珍
2008-02-27	记	0256	付京兰新2008年2月好丽友零散运费	100204	0	18500	刘惠珍
2008-02-27	记	0257	付盛丰2008年1月运费	400103010101	158479.35	0	刘惠珍
2008-02-27	记	0257	付盛丰2008年1月运费代收款	5001010107	0	2877.5	刘惠珍
2008-02-27	记	0257	付盛丰2008年1月运费代	100202	0	155601.85	刘惠珍
2008-02-27	记	0258	付上海办报销银行取款租车费	4001020302	10	0	郝伟
2008-02-27	记	0258	付上海办报销银行取款租车费	4001020302	15	0	郝伟
2008-02-27	记	0258	付上海办报销银行取款租车费	12310303	0	25	郝伟
2008-02-27	记	0258	付上海办报销好丽友年底盘库 业务招待费	4001020303	260	0	郝伟
2008-02-27	记	0258	付上海办报销好丽友年底盘库 业务招待费	12310303	0	260	郝伟
2008-02-27	记	0258	付上海办报销纯净水费用	4001020305	160	0	郝伟

续上表

日期	凭证种类	凭证号	摘要	科目代码	借方	贷方	制单人
2008-02-27	记	0258	付上海办报销纯净水费用	12310303	0	160	郝伟
2008-02-27	记	0258	付上海办报销1月份水电费	4001020310	947	0	郝伟
2008-02-27	记	0258	付上海办报销1月份水电费	12310303	0	947	郝伟
2008-02-27	记	0258	付上海办报销12月份和1月份座机话费	400102030602	300	0	郝伟
2008-02-27	记	0258	付上海办报销12月份和1月份座机话费	400102030602	150	0	郝伟
2008-02-27	记	0258	付上海办报销12月份和1月份座机话费	400102030602	343.9	0	郝伟
2008-02-27	记	0258	付上海办报销12月份和1月份座机话费	12310303	0	793.9	郝伟
2008-02-27	记	0258	付上海办报销员工1月份手机话费	400102030601	200	0	郝伟
2008-02-27	记	0258	付上海办报销员工1月份手机话费	400102030601	50	0	郝伟
2008-02-27	记	0258	付上海办报销员工1月份手机话费	400102030601	300	0	郝伟
2008-02-27	记	0258	付上海办报销员工1月份手机话费	12310303	0	550	郝伟
2008-02-27	记	0258	付上海办报销购买挂锁费用	4001020309	75	0	郝伟
2008-02-27	记	0258	付上海办报销购买挂锁费用	12310303	0	75	郝伟
2008-02-27	记	0258	付上海办报销液压车维修费用	400103070302	200	0	郝伟
2008-02-27	记	0258	付上海办报销液压车维修费用	12310303	0	200	郝伟
2008-02-27	记	0259	付营口津伟物流2008年1月份运费	400103010101	281600	0	刘惠珍
2008-02-27	记	0259	付营口津伟物流2008年1月份运费	100202	0	281600	刘惠珍
2008-02-27	记	0259	付营口津伟物流2008年1月份运费手续费	40010305	55	0	刘惠珍
2008-02-27	记	0259	付营口津伟物流2008年1月份运费手续费	100202	0	55	刘惠珍
2008-02-27	记	0260	付马桥库房市话通信费	400102010602	412.46	0	李莉
2008-02-27	记	0260	付马桥库房市话通信费	100202	0	38	李莉
2008-02-27	记	0260	付马桥库房市话通信费	100202	0	374.46	李莉
2008-02-27	记	0261	付市话通信费	56020602	253.84	0	李莉
2008-02-27	记	0261	付市话通信费	400101020602	253.84	0	李莉
2008-02-27	记	0261	付市话通信费	400101020602	63.46	0	李莉
2008-02-27	记	0261	付市话通信费	400101020602	63.46	0	李莉
2008-02-27	记	0261	付市话通信费	400101020602	126.92	0	李莉
2008-02-27	记	0261	付市话通信费	400101020602	126.92	0	李莉
2008-02-27	记	0261	付市话通信费	400101020602	190.38	0	李莉

续上表

日期	凭证种类	凭证号	摘　　要	科目代码	借方	贷方	制单人
2008-02-27	记	0261	付市话通信费	400101020602	190.38	0	李莉
2008-02-27	记	0261	付市话通信费	5601010602	63.46	0	李莉
2008-02-27	记	0261	付市话通信费	5601020602	1142.29	0	李莉
2008-02-27	记	0261	付市话通信费	5601030602	824.99	0	李莉
2008-02-27	记	0261	付市话通信费	4101060602	7.64	0	李莉
2008-02-27	记	0261	付市话通信费	4101010602	7.64	0	李莉
2008-02-27	记	0261	付市话通信费	56020602	22.93	0	李莉
2008-02-27	记	0261	付市话通信费	4101010602	76.43	0	李莉
2008-02-27	记	0261	付市话通信费	4101020602	38.24	0	李莉
2008-02-27	记	0261	付市话通信费	100202	0	55.24	李莉
2008-02-27	记	0261	付市话通信费	100202	0	174.26	李莉
2008-02-27	记	0261	付市话通信费	100202	0	1917.3	李莉
2008-02-27	记	0261	付市话通信费	100202	0	1153.16	李莉
2008-02-27	记	0261	付市话通信费	100202	0	152.86	李莉
2008-02-27	记	0262	付新疆办报销北海和唯好车皮入库装卸费	4001030802	17237.4	0	郝伟
2008-02-27	记	0262	付新疆办报销北海和唯好车皮入库装卸费	12310309	0	17237.4	郝伟
2008-02-27	记	0263	付新疆办报销北海和唯好车皮出库装卸费	4001030802	12340.8	0	郝伟
2008-02-27	记	0263	付新疆办报销北海和唯好车皮出库装卸费	12310309	0	12340.8	郝伟
2008-02-27	记	0264	唐少鹏报上海齐鑫公司物流实验系统款—湖南职院	410103	118000	0	李莉
2008-02-27	记	0264	唐少鹏报上海齐鑫公司物流实验系统款—湖南职院	100202	0	118000	李莉
2008-02-27	记	0265	收东海粮油张家港公司款	100202	47427.49	0	李莉
2008-02-27	记	0265	收东海粮油张家港公司款	224103	0	47427.49	李莉
2008-02-27	记	0266	退回东海粮油张家港公司汇错款	224103	47427.49	0	李莉
2008-02-27	记	0266	退回东海粮油张家港公司汇错款	100202	0	47427.49	李莉
2008-02-27	记	0267	付天津分公司报销京 ER6107 车辆维修费	400102020701	265	0	郝伟
2008-02-27	记	0267	付天津分公司报销津 AB1063 手工费	400102020701	41	0	郝伟
2008-02-27	记	0267	付天津分公司报销 ER6107 维修费和津 AB1063 手工费	12310302	0	306	郝伟

续上表

日期	凭证种类	凭证号	摘要	科目代码	借方	贷方	制单人
2008-02-27	记	0268	付天津分公司报销津 AB1063 公路运输管理费用和2月3月通行证费用	400102020706	905	0	郝伟
2008-02-27	记	0268	付天津分公司报销津 AB1063 2月份养路费	400102020703	460	0	郝伟
2008-02-27	记	0268	付天津分公司报销津 AB1063 2月份养路费2月和3月通行证费用	12310302	0	1365	郝伟
2008-02-27	记	0269	付天津分公司报销租车费用	4001020202	8	0	郝伟
2008-02-27	记	0269	付天津分公司报销租车费用	12310302	0	8	郝伟
2008-02-27	记	0270	付天津分公司报销高乐高项目城间运费	400103010102	36670	0	郝伟
2008-02-27	记	0270	付天津分公司报销高乐高项目城间运费	12310302	0	36670	郝伟
2008-02-27	记	0271	付天津分公司报销福临门项目运费	400103010102	28544	0	郝伟
2008-02-27	记	0271	付天津分公司报销福临门项目运费	12310302	0	28544	郝伟
2008-02-27	记	0272	付天津分公司报销福临门运费	400103010102	25484	0	郝伟
2008-02-27	记	0272	收天津分公司福临门货损款	40010306	-666	0	郝伟
2008-02-27	记	0272	付天津分公司报销福临门运费	12310302	0	24818	郝伟
2008-02-27	记	0273	付天津分公司报销高乐高运费	400103010102	12570	0	郝伟
2008-02-27	记	0273	付天津分公司报销高乐高运费	12310302	0	12570	郝伟
2008-02-27	记	0274	转养老保险	400101020104	540.6	0	康丽萍
2008-02-27	记	0274	转养老保险	56020104	1581.2	0	康丽萍
2008-02-27	记	0274	转养老保险	4101010104	1940.2	0	康丽萍
2008-02-27	记	0274	转养老保险	4101020104	1203	0	康丽萍
2008-02-27	记	0274	转养老保险	400101020104	609.2	0	康丽萍
2008-02-27	记	0274	转养老保险	400101020104	368.6	0	康丽萍
2008-02-27	记	0274	转养老保险	400102050104	609.2	0	康丽萍
2008-02-27	记	0274	转养老保险	400102010104	5324	0	康丽萍
2008-02-27	记	0274	转养老保险	5601010104	800	0	康丽萍
2008-02-27	记	0274	转养老保险	5601030104	2893.4	0	康丽萍
2008-02-27	记	0274	转养老保险	5601020104	3312.2	0	康丽萍
2008-02-27	记	0274	转养老保险	400101020104	540.6	0	康丽萍
2008-02-27	记	0274	转养老保险	400101020104	540.6	0	康丽萍
2008-02-27	记	0274	转养老保险	400102030104	609.2	0	康丽萍
2008-02-27	记	0274	转养老保险	400102020104	721.8	0	康丽萍
2008-02-27	记	0274	转养老保险	400102060104	240.6	0	康丽萍

续上表

日期	凭证种类	凭证号	摘　　要	科目代码	借方	贷方	制单人
2008-02-27	记	0274	转养老保险	400102070104	481.2	0	康丽萍
2008-02-27	记	0274	转养老保险	12310401	240.6	0	康丽萍
2008-02-27	记	0274	转养老保险	12310401	240.6	0	康丽萍
2008-02-27	记	0274	转养老保险	12310401	240.6	0	康丽萍
2008-02-27	记	0274	转养老保险	12310401	240.6	0	康丽萍
2008-02-27	记	0274	转养老保险	12310401	240.6	0	康丽萍
2008-02-27	记	0274	转养老保险	12310401	240.6	0	康丽萍
2008-02-27	记	0274	转养老保险	56020104	240.6	0	康丽萍
2008-02-27	记	0274	转养老保险	56020104	96.24	0	康丽萍
2008-02-27	记	0274	转养老保险	2211050102	0	23999.8	康丽萍
2008-02-27	记	0274	转养老保险	2211050104	0	96.24	康丽萍
2008-02-27	记	0275	转工伤保险费	400101020107	10.81	0	康丽萍
2008-02-27	记	0275	转工伤保险费	56020107	31.62	0	康丽萍
2008-02-27	记	0275	转工伤保险费	4101010107	48.11	0	康丽萍
2008-02-27	记	0275	转工伤保险费	4101020107	24.05	0	康丽萍
2008-02-27	记	0275	转工伤保险费	400101020107	16.84	0	康丽萍
2008-02-27	记	0275	转工伤保险费	400101020107	12.03	0	康丽萍
2008-02-27	记	0275	转工伤保险费	400101020107	10.81	0	康丽萍
2008-02-27	记	0275	转工伤保险费	400102010107	161.18	0	康丽萍
2008-02-27	记	0275	转工伤保险费	400102050107	16.84	0	康丽萍
2008-02-27	记	0275	转工伤保险费	5601010107	16	0	康丽萍
2008-02-27	记	0275	转工伤保险费	5601030107	62.51	0	康丽萍
2008-02-27	记	0275	转工伤保险费	5601020107	70.89	0	康丽萍
2008-02-27	记	0275	转工伤保险费	400101020107	10.81	0	康丽萍
2008-02-27	记	0275	转工伤保险费	400102030107	16.84	0	康丽萍
2008-02-27	记	0275	转工伤保险费	400102020107	14.43	0	康丽萍
2008-02-27	记	0275	转工伤保险费	400102040107	7.22	0	康丽萍
2008-02-27	记	0275	转工伤保险费	400102060107	4.81	0	康丽萍
2008-02-27	记	0275	转工伤保险费	400102080107	7.22	0	康丽萍
2008-02-27	记	0275	转工伤保险费	400102070107	9.62	0	康丽萍
2008-02-27	记	0275	转工伤保险费	12310401	4.81	0	康丽萍
2008-02-27	记	0275	转工伤保险费	12310401	4.81	0	康丽萍
2008-02-27	记	0275	转工伤保险费	12310401	4.81	0	康丽萍
2008-02-27	记	0275	转工伤保险费	12310401	4.81	0	康丽萍
2008-02-27	记	0275	转工伤保险费	12310401	4.81	0	康丽萍

续上表

日期	凭证种类	凭证号	摘　要	科目代码	借方	贷方	制单人
2008-02-27	记	0275	转工伤保险费	12310401	4.81	0	康丽萍
2008-02-27	记	0275	转工伤保险费	56020107	4.81	0	康丽萍
2008-02-27	记	0275	转工伤保险费	2211050402	0	586.31	康丽萍
2008-02-27	记	0276	转医疗保险	400101020105	361	0	康丽萍
2008-02-27	记	0276	转医疗保险	56020105	941.5	0	康丽萍
2008-02-27	记	0276	转医疗保险	4101010105	1480.1	0	康丽萍
2008-02-27	记	0276	转医疗保险	4101020105	902.5	0	康丽萍
2008-02-27	记	0276	转医疗保险	400101020105	400	0	康丽萍
2008-02-27	记	0276	转医疗保险	400101020105	541.5	0	康丽萍
2008-02-27	记	0276	转医疗保险	400101020105	216.6	0	康丽萍
2008-02-27	记	0276	转医疗保险	400102010105	3934.9	0	康丽萍
2008-02-27	记	0276	转医疗保险	400102050105	397.1	0	康丽萍
2008-02-27	记	0276	转医疗保险	5601010105	400	0	康丽萍
2008-02-27	记	0276	转医疗保险	5601030105	2021.6	0	康丽萍
2008-02-27	记	0276	转医疗保险	5601020105	2346.5	0	康丽萍
2008-02-27	记	0276	转医疗保险	400101020105	361	0	康丽萍
2008-02-27	记	0276	转医疗保险	400101020105	361	0	康丽萍
2008-02-27	记	0276	转医疗保险	400101020105	400	0	康丽萍
2008-02-27	记	0276	转医疗保险	400102030105	397.1	0	康丽萍
2008-02-27	记	0276	转医疗保险	400102040105	36.1	0	康丽萍
2008-02-27	记	0276	转医疗保险	400102020105	541.5	0	康丽萍
2008-02-27	记	0276	转医疗保险	400102060105	180.5	0	康丽萍
2008-02-27	记	0276	转医疗保险	400102080105	36.1	0	康丽萍
2008-02-27	记	0276	转医疗保险	400102070105	361	0	康丽萍
2008-02-27	记	0276	转医疗保险	12310401	180.5	0	康丽萍
2008-02-27	记	0276	转医疗保险	12310401	180.5	0	康丽萍
2008-02-27	记	0276	转医疗保险	12310401	180.5	0	康丽萍
2008-02-27	记	0276	转医疗保险	12310401	180.5	0	康丽萍
2008-02-27	记	0276	转医疗保险	12310401	180.5	0	康丽萍
2008-02-27	记	0276	转医疗保险	12310401	180.5	0	康丽萍
2008-02-27	记	0276	转医疗保险	56020105	180.5	0	康丽萍
2008-02-27	记	0276	转医疗保险	56020105	39.1	0	康丽萍
2008-02-27	记	0276	转医疗保险	2211050202	0	16150.75	康丽萍
2008-02-27	记	0276	转医疗保险	2211050204	0	1730.35	康丽萍
2008-02-27	记	0276	转医疗保险	2211050203	0	36.1	康丽萍

续上表

日期	凭证种类	凭证号	摘　　要	科目代码	借方	贷方	制单人
2008-02-27	记	0276	转医疗保险	2211050205	0	3	康丽萍
2008-02-27	记	0277	转生育保险	400101020108	28.88	0	康丽萍
2008-02-27	记	0277	转生育保险	56020108	43.32	0	康丽萍
2008-02-27	记	0277	转生育保险	4101010108	86.64	0	康丽萍
2008-02-27	记	0277	转生育保险	4101020108	43.32	0	康丽萍
2008-02-27	记	0277	转生育保险	400101020108	28.88	0	康丽萍
2008-02-27	记	0277	转生育保险	400102010108	144.4	0	康丽萍
2008-02-27	记	0277	转生育保险	5601010108	32	0	康丽萍
2008-02-27	记	0277	转生育保险	5601030108	101.08	0	康丽萍
2008-02-27	记	0277	转生育保险	5601020108	129.96	0	康丽萍
2008-02-27	记	0277	转生育保险	400101020108	14.44	0	康丽萍
2008-02-27	记	0277	转生育保险	400101020108	28.88	0	康丽萍
2008-02-27	记	0277	转生育保险	400102020108	14.44	0	康丽萍
2008-02-27	记	0277	转生育保险	12310401	14.44	0	康丽萍
2008-02-27	记	0277	转生育保险	12310401	14.44	0	康丽萍
2008-02-27	记	0277	转生育保险	12310401	14.44	0	康丽萍
2008-02-27	记	0277	转生育保险	12310401	14.44	0	康丽萍
2008-02-27	记	0277	转生育保险	12310401	14.44	0	康丽萍
2008-02-27	记	0277	转生育保险	12310401	14.44	0	康丽萍
2008-02-27	记	0277	转生育保险	56020108	14.44	0	康丽萍
2008-02-27	记	0277	转生育保险	2211050502	0	797.32	康丽萍
2008-02-27	记	0278	转提失业保险	400101020106	40.55	0	康丽萍
2008-02-27	记	0278	转提失业保险	56020106	118.6	0	康丽萍
2008-02-27	记	0278	转提失业保险	4101010106	145.55	0	康丽萍
2008-02-27	记	0278	转提失业保险	4101020106	90.25	0	康丽萍
2008-02-27	记	0278	转提失业保险	400101020106	45.7	0	康丽萍
2008-02-27	记	0278	转提失业保险	400101020106	27.65	0	康丽萍
2008-02-27	记	0278	转提失业保险	400102010106	399.4	0	康丽萍
2008-02-27	记	0278	转提失业保险	400102050106	45.7	0	康丽萍
2008-02-27	记	0278	转提失业保险	5601010106	60	0	康丽萍
2008-02-27	记	0278	转提失业保险	5601030106	217.05	0	康丽萍
2008-02-27	记	0278	转提失业保险	400101020106	40.55	0	康丽萍
2008-02-27	记	0278	转提失业保险	5601020106	248.45	0	康丽萍
2008-02-27	记	0278	转提失业保险	400101020106	40.55	0	康丽萍
2008-02-27	记	0278	转提失业保险	400102030106	45.7	0	康丽萍

续上表

日期	凭证种类	凭证号	摘　　要	科目代码	借方	贷方	制单人
2008-02-27	记	0278	转提失业保险	400102020106	54.15	0	康丽萍
2008-02-27	记	0278	转提失业保险	400102060106	18.05	0	康丽萍
2008-02-27	记	0278	转提失业保险	400102070106	36.1	0	康丽萍
2008-02-27	记	0278	转提失业保险	12310401	18.05	0	康丽萍
2008-02-27	记	0278	转提失业保险	12310401	18.05	0	康丽萍
2008-02-27	记	0278	转提失业保险	12310401	18.05	0	康丽萍
2008-02-27	记	0278	转提失业保险	12310401	18.05	0	康丽萍
2008-02-27	记	0278	转提失业保险	12310401	18.05	0	康丽萍
2008-02-27	记	0278	转提失业保险	12310401	18.05	0	康丽萍
2008-02-27	记	0278	转提失业保险	56020106	18.05	0	康丽萍
2008-02-27	记	0278	转提失业保险	56020106	6.02	0	康丽萍
2008-02-27	记	0278	转提失业保险	2211050302	0	1800.35	康丽萍
2008-02-27	记	0278	转提失业保险	2211050302	0	6.02	康丽萍
2008-02-27	记	0279	付天吉利2007年12月运费	400103010101	47359	0	刘惠珍
2008-02-27	记	0279	付天吉利2007年12月运费	400103010101	1230	0	刘惠珍
2008-02-27	记	0279	付天吉利2007年12月运费	400103010101	1494	0	刘惠珍
2008-02-27	记	0279	付天吉利2007年12月运费	400103010101	225	0	刘惠珍
2008-02-27	记	0279	付天吉利2007年12月运费	100202	0	50308	刘惠珍
2008-02-27	记	0280	付天津分公司报销百事运费	400103010102	1665	0	郝伟
2008-02-27	记	0280	付天津分公司报销高乐高运费	400103010102	1125	0	郝伟
2008-02-27	记	0280	付天津分公司报销百事和高乐高运费	12310302	0	2790	郝伟
2008-02-27	记	0281	付长沙办报销任友香12月份员工工资	221108	1328	0	郝伟
2008-02-27	记	0281	付长沙办报销任友香12月份员工工资	12310310	0	1328	郝伟
2008-02-27	记	0281	付长沙办报销任友香1月份员工工资	22110102	427.55	0	郝伟
2008-02-27	记	0281	付长沙办报销任友香1月份员工工资	12310310	0	427.55	郝伟
2008-02-27	记	0282	付长沙办报销11月和12月份邮寄费用	4001021005	60	0	郝伟
2008-02-27	记	0282	付长沙办报销11月和12月份邮寄费用	12310310	0	60	郝伟
2008-02-27	记	0283	付长沙办报销11月和12月份座机话费	400102100602	514.69	0	郝伟
2008-02-27	记	0283	付长沙办报销11月和12月份座机话费	12310310	0	514.69	郝伟

续上表

日期	凭证种类	凭证号	摘　　要	科目代码	借方	贷方	制单人
2008-02-27	记	0284	付长沙办报销任友香11月和12月份手机话费	400102100601	360.05	0	郝伟
2008-02-27	记	0284	付长沙办报销任友香11月和12月份手机话费	12310310	0	360.05	郝伟
2008-02-27	记	0285	付长沙办报销11月份和12月份汽油费	400102100704	1000	0	郝伟
2008-02-27	记	0285	付长沙办报销11月份和12月份汽油费	12310310	0	1000	郝伟
2008-02-27	记	0286	付长沙办报销2007年5月至2007年12月水电费	4001021010	805	0	郝伟
2008-02-27	记	0286	付长沙办报销2007年5月至2007年12月水电费	12310310	0	805	郝伟
2008-02-27	记	0287	付长沙办报销福人地板装卸费	4001030802	3713	0	郝伟
2008-02-27	记	0287	付长沙办报销福人地板装卸费	12310310	0	3713	郝伟
2008-02-27	记	0287	付长沙办报销汽油费用	400102100704	3600	0	郝伟
2008-02-27	记	0287	付长沙办报销汽油费用	12310310	0	3600	郝伟
2008-02-27	记	0288	付长沙办报销维修叉车费用	400103070302	40	0	郝伟
2008-02-27	记	0288	付长沙办报销维修叉车费用	12310310	0	40	郝伟
2008-02-27	记	0289	付长沙办报销福人地板2007年12月18日至12月31日仓储费	400103070102	2470	0	郝伟
2008-02-27	记	0289	付长沙办报销福人地板2007年12月18日至12月31日仓储费	12310310	0	2470	郝伟
2008-02-27	记	0290	付长沙办报销福人地板运费	400103010102	80747	0	郝伟
2008-02-27	记	0290	付长沙办报销福人地板运费	12310310	0	80747	郝伟
2008-02-27	记	0291	付大连办报销2月份公交费用	4001021002	100	0	郝伟
2008-02-27	记	0291	付大连办报销2月份公交费用	12310311	0	100	郝伟
2008-02-27	记	0292	付大连办报销邮寄费用	4001021005	40	0	郝伟
2008-02-27	记	0292	付大连办报销邮寄费用	12310311	0	40	郝伟
2008-02-27	记	0293	付办事处拨款—北京办	12310301	45000	0	李莉
2008-02-27	记	0293	付办事处拨款—北京办	100204	0	45000	李莉
2008-02-27	记	0293	付办事处拨款—广州办	12310304	30000	0	李莉
2008-02-27	记	0293	付办事处拨款—广州办	100204	0	30000	李莉
2008-02-27	记	0293	付办事处拨款—新疆办	12310309	20000	0	李莉
2008-02-27	记	0293	付办事处拨款—新疆办	100204	0	20000	李莉
2008-02-27	记	0293	付办事处拨款—武汉办	12310306	40000	0	李莉

续上表

日期	凭证种类	凭证号	摘　　要	科目代码	借方	贷方	制单人
2008-02-27	记	0293	付办事处拨款—武汉办	100203	0	40000	李莉
2008-02-27	记	0293	付办事处拨款—天津办	12310302	40000	0	李莉
2008-02-27	记	0293	付办事处拨款—天津办	100203	0	40000	李莉
2008-02-27	记	0294	付大连办报销12月和1月座机话费	400102100602	362	0	郝伟
2008-02-27	记	0294	付大连办报销12月和1月座机话费	12310311	0	362	郝伟
2008-02-27	记	0295	刘玉凤报华北外派人员12月企业年金	22110506	4690	0	李莉
2008-02-27	记	0295	刘玉凤报华北外派人员12月企业年金	100202	0	4690	李莉
2008-02-27	记	0296	付大连办报销福临门项目装卸费	4001030802	9838	0	郝伟
2008-02-27	记	0296	付大连办报销福临门项目装卸费	12310311	0	9838	郝伟
2008-02-27	记	0297	付兰州办报销1月份手机话费	400102100601	100	0	郝伟
2008-02-27	记	0297	付兰州办报销1月份手机话费	12310320	0	100	郝伟
2008-02-28	记	0298	收维达北方纸业2007年12月运费	100202	117716.72	0	范晓倩
2008-02-28	记	0298	收维达北方纸业2007年12月运费	112201	0	117716.72	范晓倩
2008-02-28	记	0299	刘玉凤报恒安库购电脑电源1个	4001020109	295	0	李莉
2008-02-28	记	0299	刘玉凤报恒安库购电脑电源1个	1001	0	295	李莉
2008-02-28	记	0300	付大连办报销12月份和1月份手机话费	400102100601	200	0	郝伟
2008-02-28	记	0300	付大连办报销12月份和1月份手机话费	12310311	0	200	郝伟
2008-02-28	记	0301	收西安办好丽友货损款项	40010306	-7486.4	0	郝伟
2008-02-28	记	0301	收西安办好丽友货损款项	12310307	7486.4	0	郝伟
2008-02-28	记	0302	付大连办报销北海市内租车费	400103010202	300	0	郝伟
2008-02-28	记	0302	付大连办报销北海市内租车费	12310311	0	300	郝伟
2008-02-28	记	0303	付石家庄仓库2007年12月25日至2008年2月15日租赁费用	280101	5250	0	郝伟
2008-02-28	记	0303	付石家庄仓库2007年12月25日至2008年2月15日租赁费用	12310401	0	5250	郝伟
2008-02-28	记	0304	付石家庄福临门项目运费	400103010102	23800	0	郝伟
2008-02-28	记	0304	付石家庄福临门项目运费	12310401	0	23800	郝伟
2008-02-28	记	0305	贾莹报丰田车保险费	4101010705	4073.46	0	李莉
2008-02-28	记	0305	贾莹报丰田车保险费	100202	0	4073.46	李莉
2008-02-28	记	0306	单萌报1月手机话费	5601020601	100	0	李莉
2008-02-28	记	0306	单萌报1月手机话费	1001	0	100	李莉

续上表

日期	凭证种类	凭证号	摘　　要	科目代码	借方	贷方	制单人
2008-02-28	记	0306	单萌报交通费	56010202	60	0	李莉
2008-02-28	记	0306	单萌报交通费	1001	0	60	李莉
2008-02-28	记	0307	单萌报宿舍实习生水电费	56010310	35.5	0	李莉
2008-02-28	记	0307	单萌报宿舍实习生水电费	41010210	25.5	0	李莉
2008-02-28	记	0307	单萌报宿舍实习生水电费	1001	0	61	李莉
2008-02-28	记	0308	艾红枫报路桥费	56020702	41	0	李莉
2008-02-28	记	0308	艾红枫报路桥费	1001	0	41	李莉
2008-02-28	记	0309	付柳州二运 2007 年 9 月运费	400103010102	96483.46	0	刘惠珍
2008-02-28	记	0309	付柳州二运 2007 年 9 月运费	4001030202	44691.6	0	刘惠珍
2008-02-28	记	0309	付柳州二运 2007 年 9 月运费	100202	0	141175.06	刘惠珍
2008-02-28	记	0310	付锦州南青 2008 年 1 月运费	4001030301	206930	0	刘惠珍
2008-02-28	记	0310	付锦州南青 2008 年 1 月运费	100202	0	206930	刘惠珍
2008-02-28	记	0311	付锦州隆承物流 2008 年 1 月运费	400103010101	176400	0	刘惠珍
2008-02-28	记	0311	付锦州隆承物流 2008 年 1 月运费	100202	0	176400	刘惠珍
2008-02-28	记	0311	付锦州隆承物流 2008 年 1 月运费手续费	40010305	55	0	刘惠珍
2008-02-28	记	0311	付锦州隆承物流 2008 年 1 月运费手续费	100202	0	55	刘惠珍
2008-02-28	记	0312	付锦州鑫龙物流 2008 年 1 月运费	400103010101	16800	0	刘惠珍
2008-02-28	记	0312	付锦州鑫龙物流 2008 年 1 月运费	100202	0	16800	刘惠珍
2008-02-28	记	0313	摊销北京分公司 2008 年 2 月叉车 6 台低值易耗品费用	4001020109	762.5	0	康丽萍
2008-02-28	记	0313	摊销北京分公司 2008 年 2 月叉车 6 台低值易耗品费用	141206	0	762.5	康丽萍
2008-02-28	记	0314	计提各分支机构 2008 年 2 月仓储租金—上海	400103070102	8300	0	康丽萍
2008-02-28	记	0314	计提各分支机构 2008 年 2 月仓储租金—西安	4001020711	130	0	康丽萍
2008-02-28	记	0314	计提各分支机构 2008 年 2 月仓储租金—西安	400103070102	2400	0	康丽萍
2008-02-28	记	0314	计提各分支机构 2008 年 2 月仓储租金—西安	4001020711	600	0	康丽萍
2008-02-28	记	0314	计提各分支机构 2008 年 2 月仓储租金—西安	400103070102	14000	0	康丽萍
2008-02-28	记	0314	计提各分支机构 2008 年 2 月仓储租金—天津	4001020211	1666.63	0	康丽萍

续上表

日期	凭证种类	凭证号	摘　　要	科目代码	借方	贷方	制单人
2008-02-28	记	0314	计提各分支机构2008年2月仓储租金—天津	400103070102	1100	0	康丽萍
2008-02-28	记	0314	计提各分支机构2008年2月仓储租金—石家庄	400103070102	8400	0	康丽萍
2008-02-28	记	0314	计提各分支机构2008年2月仓储租金—雀巢	4001020111	600	0	康丽萍
2008-02-28	记	0314	计提各分支机构2008年2月仓储租金—北京二处	400103070101	22500	0	康丽萍
2008-02-28	记	0314	计提各分支机构2008年2月仓储租金—北京	4001020111	11000	0	康丽萍
2008-02-28	记	0314	计提各分支机构2008年2月仓储租金—北京	400103070101	41000	0	康丽萍
2008-02-28	记	0314	计提各分支机构2008年2月仓储租金—北京恒安	400103070101	30000	0	康丽萍
2008-02-28	记	0314	计提各分支机构2008年2月仓储租金—北京其他	400103070101	600	0	康丽萍
2008-02-28	记	0314	计提各分支机构2008年2月仓储租金—北京其他	400103070101	600	0	康丽萍
2008-02-28	记	0314	计提各分支机构2008年2月仓储租金—北京其他	400103070101	800	0	康丽萍
2008-02-28	记	0314	计提各分支机构2008年2月仓储租金—北京其他	400103070101	500	0	康丽萍
2008-02-28	记	0314	计提各分支机构2008年2月仓储租金—北京其他	400103070101	500	0	康丽萍
2008-02-28	记	0314	计提各分支机构2008年2月仓储租金—北京其他	400103070101	800	0	康丽萍
2008-02-28	记	0314	计提各分支机构2008年2月仓储租金—北京其他	400103070101	1700	0	康丽萍
2008-02-28	记	0314	计提各分支机构2008年2月仓储租金—北京其他	400103070101	2500	0	康丽萍
2008-02-28	记	0314	计提各分支机构2008年2月仓储租金—北京其他	4001020811	502.2	0	康丽萍
2008-02-28	记	0314	计提各分支机构2008年2月仓储租金—太原	400103070102	13640	0	康丽萍

续上表

日期	凭证种类	凭证号	摘　　要	科目代码	借方	贷方	制单人
2008-02-28	记	0314	计提各分支机构2008年2月仓储租金—大连	400103070102	4500	0	康丽萍
2008-02-28	记	0314	计提各分支机构2008年2月仓储租金—新疆	4001020911	450	0	康丽萍
2008-02-28	记	0314	计提各分支机构2008年2月仓储租金—新疆	400103070102	22680	0	康丽萍
2008-02-28	记	0314	计提各分支机构2008年2月仓储租金—新疆	400103070102	2160	0	康丽萍
2008-02-28	记	0314	计提各分支机构2008年2月仓储租金—新疆	4001020911	350	0	康丽萍
2008-02-28	记	0314	计提各分支机构2008年2月仓储租金—邯郸	400103070102	4500	0	康丽萍
2008-02-28	记	0314	计提各分支机构2008年2月仓储租金—张家口	400103070102	1600	0	康丽萍
2008-02-28	记	0314	计提各分支机构2008年2月仓储租金—邢台	400103070102	4500	0	康丽萍
2008-02-28	记	0314	计提各分支机构2008年2月仓储租金—秦皇岛	400103070102	2400	0	康丽萍
2008-02-28	记	0314	计提各分支机构2008年2月仓储租金—长沙	400103070102	5680	0	康丽萍
2008-02-28	记	0314	计提各分支机构2008年2月仓储租金—沈阳	4001020511	762	0	康丽萍
2008-02-28	记	0314	计提各分支机构2008年2月仓储租金—沈阳	400103070102	14400	0	康丽萍
2008-02-28	记	0314	计提各分支机构2008年2月仓储租金—沈阳	400103070102	67500	0	康丽萍
2008-02-28	记	0314	计提各分支机构2008年2月仓储租金—南宁	400103070102	15000	0	康丽萍
2008-02-28	记	0314	计提各分支机构2008年2月仓储租金—成都	4001021011	600	0	康丽萍
2008-02-28	记	0314	计提各分支机构2008年2月仓储租金—成都	400103070102	2000	0	康丽萍
2008-02-28	记	0314	计提各分支机构2008年2月仓储租金—兰州	4001021011	450	0	康丽萍

续上表

日期	凭证种类	凭证号	摘　　要	科目代码	借方	贷方	制单人
2008-02-28	记	0314	计提各分支机构2008年2月仓储租金一甘肃	400103070102	3000	0	康丽萍
2008-02-28	记	0314	计提各分支机构2008年2月仓储租金一唐山	400103070102	1000	0	康丽萍
2008-02-28	记	0314	计提各分支机构2008年2月仓储租金一上海	280101	0	8300	康丽萍
2008-02-28	记	0314	计提各分支机构2008年2月仓储租金一西安	280101	0	17130	康丽萍
2008-02-28	记	0314	计提各分支机构2008年2月仓储租金一天津	280101	0	2766.63	康丽萍
2008-02-28	记	0314	计提各分支机构2008年2月仓储租金一石家庄	280101	0	8400	康丽萍
2008-02-28	记	0314	计提各分支机构2008年2月仓储租金一北京	280101	0	113100	康丽萍
2008-02-28	记	0314	计提各分支机构2008年2月仓储租金一太原	280101	0	14142.2	康丽萍
2008-02-28	记	0314	计提各分支机构2008年2月仓储租金一大连	280101	0	4500	康丽萍
2008-02-28	记	0314	计提各分支机构2008年2月仓储租金一新疆	280101	0	25640	康丽萍
2008-02-28	记	0314	计提各分支机构2008年2月仓储租金一邯郸	280101	0	4500	康丽萍
2008-02-28	记	0314	计提各分支机构2008年2月仓储租金一张家口	280101	0	1600	康丽萍
2008-02-28	记	0314	计提各分支机构2008年2月仓储租金一邢台	280101	0	4500	康丽萍
2008-02-28	记	0314	计提各分支机构2008年2月仓储租金一秦皇岛	280101	0	2400	康丽萍
2008-02-28	记	0314	计提各分支机构2008年2月仓储租金一长沙	280101	0	5680	康丽萍
2008-02-28	记	0314	计提各分支机构2008年2月仓储租金一沈阳	280101	0	82662	康丽萍
2008-02-28	记	0314	计提各分支机构2008年2月仓储租金一南宁	280101	0	15000	康丽萍

续上表

日期	凭证种类	凭证号	摘　　要	科目代码	借方	贷方	制单人
2008-02-28	记	0314	计提各分支机构2008年2月仓储租金—成都	280101	0	2600	康丽萍
2008-02-28	记	0314	计提各分支机构2008年2月仓储租金—兰州	280101	0	3450	康丽萍
2008-02-28	记	0314	计提各分支机构2008年2月仓储租金—唐山	280101	0	1000	康丽萍
2008-02-28	记	0315	计提2008年2月福利费	56020103	210.8	0	康丽萍
2008-02-28	记	0315	计提2008年2月福利费	400102010103	296	0	康丽萍
2008-02-28	记	0315	计提2008年2月福利费	400102020103	148	0	康丽萍
2008-02-28	记	0315	计提2008年2月福利费	400102030103	148	0	康丽萍
2008-02-28	记	0315	计提2008年2月福利费	400102050103	148	0	康丽萍
2008-02-28	记	0315	计提2008年2月福利费	400102060103	148	0	康丽萍
2008-02-28	记	0315	计提2008年2月福利费	400102070103	148	0	康丽萍
2008-02-28	记	0315	计提2008年2月福利费	400102080103	148	0	康丽萍
2008-02-28	记	0315	计提2008年2月福利费	400102090103	148	0	康丽萍
2008-02-28	记	0315	计提2008年2月福利费	400102100103	148	0	康丽萍
2008-02-28	记	0315	计提2008年2月福利费	22110401	0	1690.8	康丽萍
2008-02-28	记	0316	摊销2008年2月职工宿舍房租	4001010211	230	0	康丽萍
2008-02-28	记	0316	摊销2008年2月职工宿舍房租	560211	230	0	康丽萍
2008-02-28	记	0316	摊销2008年2月职工宿舍房租	56010211	570	0	康丽萍
2008-02-28	记	0316	摊销2008年2月职工宿舍房租	56010311	684	0	康丽萍
2008-02-28	记	0316	摊销2008年2月职工宿舍房租	4001010211	114	0	康丽萍
2008-02-28	记	0316	摊销2008年2月职工宿舍房租	41010211	229	0	康丽萍
2008-02-28	记	0316	摊销2008年2月职工宿舍房租	4001010211	114	0	康丽萍
2008-02-28	记	0316	摊销2008年2月职工宿舍房租	4001010211	229	0	康丽萍
2008-02-28	记	0316	摊销2008年2月职工宿舍房租	56010311	110	0	康丽萍
2008-02-28	记	0316	摊销2008年2月职工宿舍房租	4001010211	110	0	康丽萍
2008-02-28	记	0316	摊销2008年2月职工宿舍房租	41010211	110	0	康丽萍
2008-02-28	记	0316	摊销2008年2月职工宿舍房租	4001010211	220	0	康丽萍
2008-02-28	记	0316	摊销2008年2月职工宿舍房租	56010211	955.4	0	康丽萍
2008-02-28	记	0316	摊销2008年2月职工宿舍房租	4001010211	239	0	康丽萍
2008-02-28	记	0316	摊销2008年2月ABB项目职工宿舍房租	4001020111	800	0	康丽萍
2008-02-28	记	0316	摊销2008年2月职工宿舍房租	180101	0	4944.4	康丽萍
2008-02-28	记	0317	付通辽办报销1月份手机话费	400102100601	200	0	郝伟

续上表

日期	凭证种类	凭证号	摘要	科目代码	借方	贷方	制单人
2008-02-28	记	0317	付通辽办报销1月份手机话费	12310317	0	200	郝伟
2008-02-28	记	0318	付通辽办报销2月份邮寄费用	4001021005	80	0	郝伟
2008-02-28	记	0318	付通辽办报销2月份邮寄费用	12310317	0	80	郝伟
2008-02-28	记	0318	付通辽办报销2007年4月至2007年12月票据复印费用	4001021005	128	0	郝伟
2008-02-28	记	0318	付通辽办报销2007年4月至2007年12月票据复印费用	12310317	0	128	郝伟
2008-02-28	记	0319	付通辽办报销海运交通费用	400103010202	405	0	郝伟
2008-02-28	记	0319	付通辽办报销海运交通费用	12310317	0	405	郝伟
2008-02-28	记	0320	付通辽办报销梅花味精2月份保险费用	40010310	600	0	郝伟
2008-02-28	记	0320	付通辽办报销梅花味精2月份保险费用	12310317	0	600	郝伟
2008-02-28	记	0321	付通辽办报销铁路租车费用	400103010202	40	0	郝伟
2008-02-28	记	0321	付通辽办报销铁路租车费用	12310317	0	40	郝伟
2008-02-28	记	0322	付通辽办报销购买侧重费挡板垫布及综合服务费用	4001030202	553	0	郝伟
2008-02-28	记	0322	付通辽办报销购买侧重费挡板垫布及综合服务费用	12310317	0	553	郝伟
2008-02-28	记	0323	付通辽办报销购梅花味精2月份发货手续费	40010305	18	0	郝伟
2008-02-28	记	0323	付通辽办报销购梅花味精2月份发货运费	4001030202	15950	0	郝伟
2008-02-28	记	0323	付通辽办报销购梅花味精2月份发货装卸费	4001030802	681.1	0	郝伟
2008-02-28	记	0323	付通辽办报销购梅花味精2月份发货手续费和运费	12310317	0	16649.1	郝伟
2008-02-28	记	0324	付北京分公司报销车辆汽油费	4001030901	3913	0	郝伟
2008-02-28	记	0324	付北京分公司报销车辆过路过桥费	4001030902	185	0	郝伟
2008-02-28	记	0324	付北京分公司报销车辆汽油费和过路过桥费	12310301	0	4098	郝伟
2008-02-28	记	0325	付北京分公司报销恒安项目装卸费	4001030801	7397	0	郝伟
2008-02-28	记	0325	付北京分公司报销恒安项目装卸费	12310301	0	7397	郝伟
2008-02-28	记	0326	付北京分公司报销北海项目装卸费用	4001030801	19561	0	郝伟
2008-02-28	记	0326	付北京分公司报销北海项目装卸费用	12310301	0	19561	郝伟

续上表

日期	凭证种类	凭证号	摘　　要	科目代码	借方	贷方	制单人
2008-02-28	记	0327	付北京分公司报销维达项目1月9日至2月9日房租	4001020111	150	0	郝伟
2008-02-28	记	0327	付北京分公司报销维达项目1月9日至2月9日房租	12310301	0	150	郝伟
2008-02-28	记	0327	付北京分公司报销维达项目交通费	4001020102	100	0	郝伟
2008-02-28	记	0327	付北京分公司报销维达项目交通费	12310301	0	100	郝伟
2008-02-28	记	0328	付天津分公司报销高乐高配送费	400103010202	2200	0	郝伟
2008-02-28	记	0328	付天津分公司报销高乐高配送费	12310302	0	2200	郝伟
2008-02-28	记	0329	付天津分公司报销高乐高项目配送费	400103010202	2010	0	郝伟
2008-02-28	记	0329	付天津分公司报销高乐高项目配送费	12310302	0	2010	郝伟
2008-02-28	记	0330	付天津分公司报销国合配送费	4001030202	690	0	郝伟
2008-02-28	记	0330	付天津分公司报销百事配送费	400103010202	16020	0	郝伟
2008-02-28	记	0330	付天津分公司报销高乐高配送费	4001030202	895	0	郝伟
2008-02-28	记	0330	付天津分公司报销 ABB 配送费	4001030202	40	0	郝伟
2008-02-28	记	0330	付天津分公司报销飞利浦配送费	4001030202	1370	0	郝伟
2008-02-28	记	0330	付天津分公司报销好丽友配送费	4001030202	990	0	郝伟
2008-02-28	记	0330	付天津分公司报销北海配送费	4001030202	900	0	郝伟
2008-02-28	记	0330	付天津分公司报销配送费	12310302	0	20905	郝伟
2008-02-28	记	0331	付天津分公司报销百事项目配送费	400103010202	2630	0	郝伟
2008-02-28	记	0331	付天津分公司报销百事项目配送费	12310302	0	2630	郝伟
2008-02-28	记	0332	付北京分公司报销百事取单交通费	4001020102	108	0	郝伟
2008-02-28	记	0332	付北京分公司报销恒安取单交通费	4001020102	239	0	郝伟
2008-02-28	记	0332	付北京分公司报销北海取单交通费	4001020102	148	0	郝伟
2008-02-28	记	0332	付北京分公司报销取单交通费	12310301	0	495	郝伟
2008-02-28	记	0333	付北京分公司报销 ABB 运费	400103010101	2738	0	郝伟
2008-02-28	记	0333	付北京分公司报销 ABB 运费	12310301	0	2738	郝伟
2008-02-28	记	0334	付北京分公司报销恒安豫 B08703 车辆汽油费	4001030901	91	0	郝伟
2008-02-28	记	0334	付北京分公司报销恒安豫 B08703 车辆过路过桥费	4001030902	100	0	郝伟
2008-02-28	记	0334	付北京分公司报销恒安豫 B08703 车辆汽油费和过路过桥费	12310301	0	191	郝伟
2008-02-28	记	0334	付北京分公司报销恒安豫 B07197 车辆汽油费	4001030901	1470	0	郝伟

续上表

日期	凭证种类	凭证号	摘　要	科目代码	借方	贷方	制单人
2008-02-28	记	0334	付北京分公司报销恒安豫 B07197 车辆过路过桥费	4001030902	250	0	郝伟
2008-02-28	记	0334	付北京分公司报销豫 B07197 车辆汽油费和过路过桥费	12310301	0	1720	郝伟
2008-02-28	记	0335	付北京分公司报销雀巢豫 B07197 车辆汽油费	4001030901	737	0	郝伟
2008-02-28	记	0335	付北京分公司报销雀巢豫 B08703 车辆汽油费	4001030901	242	0	郝伟
2008-02-28	记	0335	付北京分公司报销北海辽 HP3588 车辆汽油费	4001030901	869	0	郝伟
2008-02-28	记	0335	付北京分公司报销车辆汽油费	12310301	0	1848	郝伟
2008-02-29	记	0336	付银行汇款手续费	40010305	400.5	0	李莉
2008-02-29	记	0336	付银行汇款手续费	100204	0	400.5	李莉
2008-02-29	记	0337	银行提现	1001	4480	0	李莉
2008-02-29	记	0337	银行提现	1001	10000	0	李莉
2008-02-29	记	0337	银行提现	100203	0	4480	李莉
2008-02-29	记	0337	银行提现	100203	0	10000	李莉
2008-02-29	记	0338	付银行汇款手续费	40010305	116.5	0	李莉
2008-02-29	记	0338	付银行汇款手续费	100203	0	10.5	李莉
2008-02-29	记	0338	付银行汇款手续费	100203	0	10.5	李莉
2008-02-29	记	0338	付银行汇款手续费	100203	0	10.5	李莉
2008-02-29	记	0338	付银行汇款手续费	100203	0	10.5	李莉
2008-02-29	记	0338	付银行汇款手续费	100203	0	10.5	李莉
2008-02-29	记	0338	付银行汇款手续费	100203	0	10.5	李莉
2008-02-29	记	0338	付银行汇款手续费	100203	0	10.5	李莉
2008-02-29	记	0338	付银行汇款手续费	100203	0	10.5	李莉
2008-02-29	记	0338	付银行汇款手续费	100203	0	10.5	李莉
2008-02-29	记	0338	付银行汇款手续费	100203	0	5.5	李莉
2008-02-29	记	0338	付银行汇款手续费	100203	0	5.5	李莉
2008-02-29	记	0338	付银行汇款手续费	100203	0	5.5	李莉
2008-02-29	记	0338	付银行汇款手续费	100203	0	5.5	李莉
2008-02-29	记	0339	李国国报办事处参加年会餐费	22110402	1480	0	李莉
2008-02-29	记	0339	李国国报办事处参加年会餐费	1001	0	1480	李莉
2008-02-29	记	0340	刘丽君报 1 月手机话费	400101020601	200	0	李莉
2008-02-29	记	0340	刘丽君报 1 月手机话费	1001	0	200	李莉

续上表

日期	凭证种类	凭证号	摘要	科目代码	借方	贷方	制单人
2008-02-29	记	0341	付天津分公司报销飞利浦项目配送费	400103010202	1140	0	郝伟
2008-02-29	记	0341	付天津分公司报销国合项目配送费	400103010202	870	0	郝伟
2008-02-29	记	0341	付天津分公司报销百事项目配送费	400103010102	11785	0	郝伟
2008-02-29	记	0341	付天津分公司报销福临门项目配送费	400103010202	840	0	郝伟
2008-02-29	记	0341	付天津分公司报销好丽友项目配送费	400103010202	505	0	郝伟
2008-02-29	记	0341	付天津分公司报销派克兰蒂项目配送费	400103010202	285	0	郝伟
2008-02-29	记	0341	付天津分公司报销项目配送费	12310302	0	15425	郝伟
2008-02-29	记	0342	亓钢报业务招待费	56010103	968	0	李莉
2008-02-29	记	0342	亓钢报业务招待费	56010103	117	0	李莉
2008-02-29	记	0342	亓钢报业务招待费	1001	0	150	李莉
2008-02-29	记	0342	亓钢报业务招待费	1001	0	189	李莉
2008-02-29	记	0342	亓钢报业务招待费	1001	0	629	李莉
2008-02-29	记	0342	亓钢报业务招待费	1001	0	117	李莉
2008-02-29	记	0343	亓钢报手机话费	5601010601	565	0	李莉
2008-02-29	记	0343	亓钢报手机话费	1001	0	565	李莉
2008-02-29	记	0344	亓钢报汽油费	5601010704	300	0	李莉
2008-02-29	记	0344	亓钢报路桥费	5601010702	83.5	0	李莉
2008-02-29	记	0344	亓钢报路桥费汽油费	1001	0	200	李莉
2008-02-29	记	0344	亓钢报路桥费汽油费	1001	0	183.5	李莉
2008-02-29	记	0345	亓钢报 895 车保养费	5601010701	242	0	李莉
2008-02-29	记	0345	亓钢报 895 车保养费	1001	0	242	李莉
2008-02-29	记	0346	收东方海外天津保税物流园区 2007 年 12 月运费	100202	815	0	范晓倩
2008-02-29	记	0346	收东方海外天津保税物流园区 2007 年 12 月运费	112201	0	815	范晓倩
2008-02-29	记	0347	收天龙制据 2008 年 1 月运费	100202	16755.66	0	范晓倩
2008-02-29	记	0347	收天龙制据 2008 年 1 月运费	112201	0	16755.66	范晓倩
2008-02-29	记	0348	收上海雀巢 2007 年 1 月运费	100202	7802.72	0	范晓倩
2008-02-29	记	0348	收上海雀巢 2007 年 1 月运费	112201	0	7802.72	范晓倩
2008-02-29	记	0349	退廊坊绿农生化工程 2008 年 1 月运费	112201	-17750	0	范晓倩
2008-02-29	记	0349	退廊坊绿农生化工程 2008 年 1 月运费	5001010104	0	-17750	范晓倩
2008-02-29	记	0350	换河北美化味精 2008 年 1 月运费	112201	17750	0	范晓倩

续上表

日期	凭证种类	凭证号	摘　　要	科目代码	借方	贷方	制单人
2008-02-29	记	0350	换河北美化味精2008年1月运费	5001010104	0	17750	范晓倩
2008-02-29	记	0351	应收河北梅花味精2008年1月运费	112201	9900	0	范晓倩
2008-02-29	记	0351	应收河北梅花味精2008年1月运费	5001010104	0	9900	范晓倩
2008-02-29	记	0352	应收东方海外北京分公司2007年12月至2008年1月运费	112201	11581.79	0	范晓倩
2008-02-29	记	0352	应收东方海外北京分公司2007年12月至2008年1月运费	5001010111	0	11581.79	范晓倩
2008-02-29	记	0353	应收东方海外天津保税物流园区2007年12月运费	112201	12612.5	0	范晓倩
2008-02-29	记	0353	应收东方海外天津保税物流园区2007年12月运费	5001010111	0	12612.5	范晓倩
2008-02-29	记	0354	应收天龙制据2008年2月运费	112201	10908	0	范晓倩
2008-02-29	记	0354	应收天龙制据2008年2月运费	5001010111	0	10908	范晓倩
2008-02-29	记	0355	应收天龙制据2008年2月运费	112201	4080	0	范晓倩
2008-02-29	记	0355	应收天龙制据2008年2月运费	5001010111	0	4080	范晓倩
2008-02-29	记	0356	应收东方海外天津保税物流园区2008年1月运费	112201	735	0	范晓倩
2008-02-29	记	0356	应收东方海外天津保税物流园区2008年1月运费	5001010111	0	735	范晓倩
2008-02-29	记	0357	应收中粮食品营销北京分公司2007年12月石家庄运费	112201	19634.05	0	范晓倩
2008-02-29	记	0357	应收中粮食品营销北京分公司2007年12月石家庄运费	5001010107	0	19634.05	范晓倩
2008-02-29	记	0357	应收中粮食品营销北京分公司2008年1月石家庄运费	112201	26000.75	0	范晓倩
2008-02-29	记	0357	应收中粮食品营销北京分公司2008年1月石家庄运费	5001010107	0	26000.75	范晓倩
2008-02-29	记	0357	应收中粮食品营销北京分公司2007年12月至2008年1月石家庄运费	112201	25200	0	范晓倩
2008-02-29	记	0357	应收中粮食品营销北京分公司2007年12月至2008年1月石家庄运费	5001010107	0	25200	范晓倩
2008-02-29	记	0357	应收中粮食品营销北京分公司2008年1月石家庄装卸费	112201	11944.17	0	范晓倩
2008-02-29	记	0357	应收中粮食品营销北京分公司2008年1月石家庄装卸费	50010103	0	11944.17	范晓倩

续上表

日期	凭证种类	凭证号	摘 要	科目代码	借方	贷方	制单人
2008-02-29	记	0357	应收中粮食品营销北京分公司2008年1月石家庄仓储费	112201	12390	0	范晓倩
2008-02-29	记	0357	应收中粮食品营销北京分公司2008年1月石家庄仓储费	50010102	0	12390	范晓倩
2008-02-29	记	0357	应收中粮食品营销北京分公司2007年12月石家庄仓储费	112201	10719	0	范晓倩
2008-02-29	记	0357	应收中粮食品营销北京分公司2007年12月石家庄仓储费	50010102	0	10719	范晓倩
2008-02-29	记	0357	应收中粮食品营销北京分公司2007年12月石家庄装卸费	112201	11452.8	0	范晓倩
2008-02-29	记	0357	应收中粮食品营销北京分公司2007年12月石家庄装卸费	50010103	0	11452.8	范晓倩
2008-02-29	记	0358	应收中粮食品营销2008年1月唐山运费	112201	5200.6	0	范晓倩
2008-02-29	记	0358	应收中粮食品营销2008年1月唐山运费	5001010107	0	5200.6	范晓倩
2008-02-29	记	0358	应收中粮食品营销2008年1月唐山仓储费	112201	2883	0	范晓倩
2008-02-29	记	0358	应收中粮食品营销2008年1月唐山仓储费	50010102	0	2883	范晓倩
2008-02-29	记	0358	应收中粮食品营销2008年1月唐山装卸费	112201	5043.8	0	范晓倩
2008-02-29	记	0358	应收中粮食品营销2008年1月唐山装卸费	50010103	0	5043.8	范晓倩
2008-02-29	记	0359	应收中粮食品食品营销北京分公司2007年12月河北四库仓储费	112201	13000	0	范晓倩
2008-02-29	记	0359	应收中粮食品食品营销北京分公司2007年12月河北四库仓储费	50010102	0	13000	范晓倩
2008-02-29	记	0359	应收中粮食品食品营销北京分公司2008年1月河北四库仓储费	112201	13000	0	范晓倩
2008-02-29	记	0359	应收中粮食品食品营销北京分公司2008年1月河北四库仓储费	50010102	0	13000	范晓倩
2008-02-29	记	0360	应收好丽友食品2008年2月运费	112201	1984879	0	范晓倩
2008-02-29	记	0360	应收好丽友食品2008年2月运费	5001010101	0	1984879	范晓倩
2008-02-29	记	0361	应收好丽友食品2008年2月运费	112201	416450.6	0	范晓倩

续上表

日期	凭证种类	凭证号	摘　　要	科目代码	借方	贷方	制单人
2008-02-29	记	0361	应收好丽友食品2008年2月运费	5001010101	0	416450.6	范晓倩
2008-02-29	记	0362	应收中粮食品营销北京分公司2007年12月北京运费	112201	60063.25	0	范晓倩
2008-02-29	记	0362	应收中粮食品营销北京分公司2007年12月北京运费	5001010107	0	60063.25	范晓倩
2008-02-29	记	0362	应收中粮食品营销北京分公司2007年12月北京仓储费	112201	14955	0	范晓倩
2008-02-29	记	0362	应收中粮食品营销北京分公司2007年12月北京仓储费	50010102	0	14955	范晓倩
2008-02-29	记	0362	应收中粮食品营销北京分公司2007年12月北京装卸费	112201	11859.47	0	范晓倩
2008-02-29	记	0362	应收中粮食品营销北京分公司2007年12月北京装卸费	50010103	0	11859.47	范晓倩
2008-02-29	记	0363	孙德威报1月手机话费	5601030601	100	0	李莉
2008-02-29	记	0363	孙德威报1月手机话费	1001	0	100	李莉
2008-02-29	记	0364	收河北梅花味精2007年12月至2008年1月费用	100202	597656	0	范晓倩
2008-02-29	记	0364	收河北梅花味精2007年12月运费	112201	0	215166.6	范晓倩
2008-02-29	记	0364	收河北梅花味精2007年12月运费	112201	0	213118.4	范晓倩
2008-02-29	记	0364	收河北梅花味精2007年12月运费	112201	0	41040	范晓倩
2008-02-29	记	0364	收河北梅花味精2007年12月运费	112201	0	11090	范晓倩
2008-02-29	记	0364	收河北梅花味精2007年11月堆置费	112201	0	34820	范晓倩
2008-02-29	记	0364	收河北梅花味精2007年6～9月堆置费	112201	0	55666	范晓倩
2008-02-29	记	0364	收河北梅花味精2007年10月堆置费	112201	0	26755	范晓倩
2008-02-29	记	0365	收廊坊绿农生化2007年12月运费	100202	31174	0	范晓倩
2008-02-29	记	0365	收廊坊绿农生化2007年12月运费	112201	0	31174	范晓倩
2008-02-29	记	0366	应收北京财贸职业学院物流信息网络平台软件及数据库系统费用	112202	658000	0	范晓倩
2008-02-29	记	0366	应收北京财贸职业学院物流信息网络平台软件及数据库系统费用	500102	0	658000	范晓倩
2008-02-29	记	0367	张智萍报1月手机话费	400101020601	150	0	李莉
2008-02-29	记	0367	张智萍报1月手机话费	1001	0	150	李莉
2008-02-29	记	0368	白立宁报交通费	4001010202	15	0	李莉
2008-02-29	记	0368	白立宁报交通费	1001	0	15	李莉

续上表

日期	凭证种类	凭证号	摘　　要	科目代码	借方	贷方	制单人
2008-02-29	记	0369	结转2008年1月18#预付运费	400103010101	299275	0	刘惠珍
2008-02-29	记	0369	结转2008年1月18#预付运费	112301	0	204775	刘惠珍
2008-02-29	记	0369	结转2008年1月18#预付运费	112301	0	94500	刘惠珍
2008-02-29	记	0370	收长沙办福人地板运费	12310310	5000	0	郝伟
2008-02-29	记	0370	收长沙办福人地板运费	220501	0	5000	郝伟
2008-02-29	记	0371	付天津分公司报销津B1063停车费	400102020702	45	0	郝伟
2008-02-29	记	0371	付天津分公司报销津ER6107停车费	400102020702	61	0	郝伟
2008-02-29	记	0371	付天津分公司报销津AD1985停车费	400102020702	30	0	郝伟
2008-02-29	记	0371	付天津分公司报销2月振东物流停车费	400102020702	300	0	郝伟
2008-02-29	记	0371	付天津分公司报销飞利浦停车费	400102020702	44	0	郝伟
2008-02-29	记	0371	付天津分公司报销停车费	12310302	0	480	郝伟
2008-02-29	记	0372	付天津分公司报销百事项目租车费用	4001020202	58.4	0	郝伟
2008-02-29	记	0372	付天津分公司报销北海项目租车费用	4001020202	230.4	0	郝伟
2008-02-29	记	0372	付天津分公司报销项目租车费用	12310302	0	288.8	郝伟
2008-02-29	记	0373	付天津分公司报销百事过路过桥费	400102020702	40	0	郝伟
2008-02-29	记	0373	付天津分公司报销津CU8620过路过桥费	400102020702	30	0	郝伟
2008-02-29	记	0373	付天津分公司报销过路过桥费	12310302	0	70	郝伟
2008-02-29	记	0374	分配2008年2月分支机构工资—北京区	400102010101	110511	0	康丽萍
2008-02-29	记	0374	分配2008年2月分支机构工资—北京区	400102010102	17935	0	康丽萍
2008-02-29	记	0374	分配2008年2月分支机构工资—北京区代扣款	22110102	11090.17	0	康丽萍
2008-02-29	记	0374	分配2008年2月分支机构工资—北京区扣回商玉明借款	12310401	0	700	康丽萍
2008-02-29	记	0374	分配2008年2月分支机构工资—北京区养老保险	2211050104	0	1892.08	康丽萍
2008-02-29	记	0374	分配2008年2月分支机构工资—北京区失业保险	2211050303	0	102.34	康丽萍
2008-02-29	记	0374	分配2008年2月分支机构工资—北京区医疗个人	2211050203	0	613.7	康丽萍
2008-02-29	记	0374	分配2008年2月分支机构工资—北京区医疗大额	2211050205	0	51	康丽萍

续上表

日期	凭证种类	凭证号	摘　　要	科目代码	借方	贷方	制单人
2008-02-29	记	0374	分配 2008 年 2 月分支机构工资—北京区个人所得税	222106	0	1631.05	康丽萍
2008-02-29	记	0374	分配 2008 年 2 月分支机构工资—北京区留存补助	221107	0	6100	康丽萍
2008-02-29	记	0374	分配 2008 年 2 月分支机构工资—北京区	22110102	0	128446	康丽萍
2008-02-29	记	0375	太原办 1 月份员工工资	22110102	4211.55	0	郝伟
2008-02-29	记	0375	太原办 1 月份员工工资	221108	0	4211.55	郝伟
2008-02-29	记	0376	冲账 1 月份计提各分支机构办公室租金—广州	4001020411	-1200	0	康丽萍
2008-02-29	记	0376	冲账 1 月份计提各分支机构办公室租金—广州	280101	0	-1200	康丽萍
2008-02-29	记	0377	转 2008 年 2 月办公用品领用	560205	145.5	0	康丽萍
2008-02-29	记	0377	转 2008 年 2 月办公用品领用	41010205	1146	0	康丽萍
2008-02-29	记	0377	转 2008 年 2 月办公用品领用	41010105	9.8	0	康丽萍
2008-02-29	记	0377	转 2008 年 2 月办公用品领用	56010305	134.4	0	康丽萍
2008-02-29	记	0377	转 2008 年 2 月办公用品领用	4001010205	1254.7	0	康丽萍
2008-02-29	记	0377	转 2008 年 2 月办公用品领用	56010205	13	0	康丽萍
2008-02-29	记	0377	转 2008 年 2 月办公用品领用	4001010205	6	0	康丽萍
2008-02-29	记	0377	转 2008 年 2 月办公用品领用	4001010205	107	0	康丽萍
2008-02-29	记	0377	转 2008 年 2 月办公用品领用	560205	57	0	康丽萍
2008-02-29	记	0377	转 2008 年 2 月办公用品领用	141205	0	2873.4	康丽萍
2008-02-29	记	0378	转 2008 年 2 月 IP 卡领用	4101020603	25	0	康丽萍
2008-02-29	记	0378	转 2008 年 2 月 IP 卡领用	56020603	100	0	康丽萍
2008-02-29	记	0378	转 2008 年 2 月 IP 卡领用	141204	0	125	康丽萍
2008-02-29	记	0379	冲武汉办报销 1 月份好丽友仓库租金	4001020611	-2600	0	郝伟
2008-02-29	记	0379	冲武汉办报销 1 月份好丽友仓库租金	12310306	0	-2600	郝伟
2008-02-29	记	0379	付武汉办报销好丽友 1 月份仓库租金	280101	2600	0	郝伟
2008-02-29	记	0379	付武汉办报销好丽友 1 月份仓库租金	12310306	0	2600	郝伟
2008-02-29	记	0380	付天津分公司报销百事配送费	400103010202	1075	0	郝伟
2008-02-29	记	0380	付天津分公司报销百事配送费	12310302	0	1075	郝伟
2008-02-29	记	0381	付北京分公司报销百事项目装卸费	4001030801	1430	0	郝伟
2008-02-29	记	0381	付北京分公司报销百事项目装卸费	12310301	0	1430	郝伟
2008-02-29	记	0382	付北京分公司好丽友项目豫 B08703 车辆汽油费	4001030901	6470	0	郝伟

续上表

日期	凭证种类	凭证号	摘　　要	科目代码	借方	贷方	制单人
2008-02-29	记	0382	付北京分公司好丽友项目豫 B08703 车辆过路过桥费	4001030902	289	0	郝伟
2008-02-29	记	0382	付北京分公司好丽友项目豫 B007197 车辆汽油费	4001030901	6709	0	郝伟
2008-02-29	记	0382	付北京分公司好丽友项目豫 B007197 车辆过路过桥费	4001030902	160	0	郝伟
2008-02-29	记	0382	付北京分公司好丽友项目车辆汽油费和过路过桥费	12310301	0	13628	郝伟
2008-02-29	记	0383	付北京分公司好丽友招待费	4001020103	500	0	郝伟
2008-02-29	记	0383	付北京分公司好丽友招待费	12310301	0	500	郝伟
2008-02-29	记	0383	付北京分公司报销好丽友交通费	4001020102	236	0	郝伟
2008-02-29	记	0383	付北京分公司报销好丽友交通费	12310301	0	236	郝伟
2008-02-29	记	0384	付北京分公司报销好丽友项目装卸费	4001030801	14863.3	0	郝伟
2008-02-29	记	0384	付北京分公司报销好丽友项目装卸费	12310301	0	14863.3	郝伟
2008-02-29	记	0385	付北京分公司报销维达项目运费	400103010101	132019	0	郝伟
2008-02-29	记	0385	付北京分公司报销飞利浦项目运费	400103010101	2590	0	郝伟
2008-02-29	记	0385	付北京分公司报销雀巢项目运费	400103010101	2400	0	郝伟
2008-02-29	记	0385	付北京分公司报销 ABB 项目运费	400103010101	2600	0	郝伟
2008-02-29	记	0385	付北京分公司报销项目运费	12310301	0	139609	郝伟
2008-02-29	记	0386	付北京分公司报销好丽友交通费用	4001020102	1361	0	郝伟
2008-02-29	记	0386	付北京分公司报销好丽友交通费用	12310301	0	1361	郝伟
2008-02-29	记	0387	付北京分公司报销财务部京 HU6435 车辆维修费	56020704	160	0	郝伟
2008-02-29	记	0387	付北京分公司报销市场部京 F54889 车辆维修费	5601010701	220	0	郝伟
2008-02-29	记	0387	付北京分公司报销京 GNW147 车辆维修费	400101010701	590	0	郝伟
2008-02-29	记	0387	付北京分公司报销京 G22148 车辆维修费	400101010801	660	0	郝伟
2008-02-29	记	0387	付北京分公司报销京 GNW506 车辆维修费	400101010601	930	0	郝伟
2008-02-29	记	0387	付北京分公司报销鲁 Q4888 车辆维修费	4001030904	2750	0	郝伟
2008-02-29	记	0387	付北京分公司报销京 GR1029 车辆维修费	4001030904	240	0	郝伟

续上表

日期	凭证种类	凭证号	摘　　要	科目代码	借方	贷方	制单人
2008-02-29	记	0387	付北京分公司报黑 DC6046 车辆维修费	400102010701	660	0	郝伟
2008-02-29	记	0387	付北京分公司报叉车车辆维修费	4001030904	694	0	郝伟
2008-02-29	记	0387	付北京分公司报京 F01043 车辆维修费	4001030904	100	0	郝伟
2008-02-29	记	0387	付北京分公司报销车辆维修费用	12310301	0	7004	郝伟
2008-02-29	记	0388	付北京分公司报销恒安项目汽柴油费	400102010704	500	0	郝伟
2008-02-29	记	0388	付北京分公司报销国合项目汽柴油费	400102010704	50	0	郝伟
2008-02-29	记	0388	报销田春青汽柴油费用	400101020704	440	0	郝伟
2008-02-29	记	0388	报销常明汽柴油费用	400101020704	200	0	郝伟
2008-02-29	记	0388	付北京分公司报销项目汽柴油费	400102010704	900	0	郝伟
2008-02-29	记	0388	付北京分公司报销项目汽柴油费	12310301	0	2090	郝伟
2008-02-29	记	0389	付北京分公司报销 2 月份电费	4001020110	2167	0	郝伟
2008-02-29	记	0389	付北京分公司报销 2 月份电费	12310301	0	2167	郝伟
2008-02-29	记	0390	付北京分公司报销百事豫 B07197 车辆汽油费	4001030901	1582	0	郝伟
2008-02-29	记	0390	付北京分公司报销百事豫 B06931 车辆汽油费	4001030901	294	0	郝伟
2008-02-29	记	0390	付北京分公司报销百事豫 B08703 车辆汽油费	4001030901	322	0	郝伟
2008-02-29	记	0390	付北京分公司报销百事车辆汽油费	12310301	0	2198	郝伟
2008-02-29	记	0391	付北京分公司报销好丽友项目豫 B06931 车辆汽油费	4001030901	6024	0	郝伟
2008-02-29	记	0391	付北京分公司报销北海项目豫 B06931 车辆汽油费	4001030901	700	0	郝伟
2008-02-29	记	0391	付北京分公司报销飞利浦项目豫 B06931 车辆汽油费	4001030901	1030	0	郝伟
2008-02-29	记	0391	付北京分公司报销 ABB 项目豫 B06931 车辆汽油费	4001030901	595	0	郝伟
2008-02-29	记	0391	付北京分公司报销恒安东方海外项目豫 B06931 车辆汽油费	4001030901	1087	0	郝伟
2008-02-29	记	0391	付北京分公司报销 ABB 东方海外项目豫 B07197 车辆汽油费	4001030901	92	0	郝伟
2008-02-29	记	0391	付北京分公司报销维达辽 H07090 车辆汽油费	4001030901	3980	0	郝伟

续上表

日期	凭证种类	凭证号	摘　要	科目代码	借方	贷方	制单人
2008-02-29	记	0391	北京分公司报销北海辽 H07090 车辆汽油费	4001030901	876	0	郝伟
2008-02-29	记	0391	北京分公司报销东方海外辽 H07090 车辆汽油费	4001030901	340	0	郝伟
2008-02-29	记	0391	北京分公司报销车辆汽油费	12310301	0	14724	郝伟
2008-02-29	记	0392	付北京分公司报销百事项目配送费	400103010201	1240	0	郝伟
2008-02-29	记	0392	付北京分公司报销北海项目配送费	400103010201	24005	0	郝伟
2008-02-29	记	0392	付北京分公司报销东方海外项目配送费	400103010201	5140	0	郝伟
2008-02-29	记	0392	付北京分公司报销好丽友项目配送费	400103010201	370	0	郝伟
2008-02-29	记	0392	付北京分公司报销国合项目配送费	400103010201	3456	0	郝伟
2008-02-29	记	0392	付北京分公司报销恒安项目配送费	400103010201	4010	0	郝伟
2008-02-29	记	0392	付北京分公司报销项目配送费	12310301	0	38221	郝伟
2008-02-29	记	0393	付北京分公司报销百事项目装卸费	4001030801	30929	0	郝伟
2008-02-29	记	0393	付北京分公司报销百事项目装卸费	12310301	0	30929	郝伟
2008-02-29	记	0394	付北京分公司报销京 GNW506 车辆汽油费	400101010604	387	0	郝伟
2008-02-29	记	0394	付北京分公司报销京 GNW147 车辆汽油费	400101010704	510	0	郝伟
2008-02-29	记	0394	付北京分公司报销京 G22148 车辆汽油费	400101010804	600	0	郝伟
2008-02-29	记	0394	付北京分公司报销京 ER6107 车辆汽油费	400101010504	100	0	郝伟
2008-02-29	记	0394	报销齐经理京 GTW895 车辆第一季度养路费	5601010703	339.9	0	郝伟
2008-02-29	记	0394	报销齐经理京 GTW895 车辆汽柴油费	5601010704	200	0	郝伟
2008-02-29	记	0394	报销市场部京 F54889 费	5601030704	100	0	郝伟
2008-02-29	记	0394	付北京分公司报销京 GY1029 京 F01043 豫 B07001 豫 B07551 车辆汽油费	4001030901	3867	0	郝伟
2008-02-29	记	0394	付北京分公司报销黑 DC6046 车辆汽油费	400102010704	380	0	郝伟
2008-02-29	记	0394	付北京分公司报销车辆汽油费	12310301	0	6483.9	郝伟
2008-02-29	记	0395	付北京分公司报销北海项目辽 H07090 车辆汽油费	4001030901	6680	0	郝伟

续上表

日期	凭证种类	凭证号	摘　要	科目代码	借方	贷方	制单人
2008-02-29	记	0395	付北京分公司报销东方海外项目辽H07090车辆汽油费	4001030901	401	0	郝伟
2008-02-29	记	0395	付北京分公司报销项目辽H07090车辆汽油费	4001030901	394	0	郝伟
2008-02-29	记	0395	付北京分公司报销项目辽H07090车辆汽油费	12310301	0	7475	郝伟
2008-02-29	记	0396	付北京分公司报销京G22148车辆汽油费	400101010804	767	0	郝伟
2008-02-29	记	0396	付北京分公司报销京GNW147车辆汽油费	400101010704	650	0	郝伟
2008-02-29	记	0396	付北京分公司报销京GNW506车辆汽油费	400101010604	100	0	郝伟
2008-02-29	记	0396	付北京分公司报销京GNW589豫B07197辽H07090车辆汽油费	4001030901	509	0	郝伟
2008-02-29	记	0396	付北京分公司报销车辆汽油费	12310301	0	2026	郝伟
2008-02-29	记	0397	付北京分公司报销北海配送费	400103010201	1650	0	郝伟
2008-02-29	记	0397	付北京分公司报销东方海外配送费	400103010201	1400	0	郝伟
2008-02-29	记	0397	付北京分公司报销北海和东方海外配送费	12310301	0	3050	郝伟
2008-02-29	记	0398	付北京分公司报销恒安项目装卸费	4001030801	2190	0	郝伟
2008-02-29	记	0398	付北京分公司报销北海项目装卸费	4001030801	1350	0	郝伟
2008-02-29	记	0398	付北京分公司报销百事项目装卸费	4001030801	660	0	郝伟
2008-02-29	记	0398	付北京分公司报销好丽友项目装卸费	4001030801	120	0	郝伟
2008-02-29	记	0398	付北京分公司报销项目装卸费	12310301	0	4320	郝伟
2008-02-29	记	0399	付北京分公司报销雀巢装卸费	4001030801	900	0	郝伟
2008-02-29	记	0399	付北京分公司报销装卸费	4001030801	2387	0	郝伟
2008-02-29	记	0399	付北京分公司报销装卸费	12310301	0	3287	郝伟
2008-02-29	记	0399	付北京分公司报销来京员工差旅费	4001020104	870	0	郝伟
2008-02-29	记	0399	付北京分公司报销来京员工差旅费	12310301	0	870	郝伟
2008-02-29	记	0400	付北京分公司报销员工手机话费	400102010601	286	0	郝伟
2008-02-29	记	0400	付北京分公司报销员工手机话费	400102010601	802	0	郝伟
2008-02-29	记	0400	付北京分公司报销员工手机话费	400102010601	802	0	郝伟
2008-02-29	记	0400	付北京分公司报销员工手机话费	400102010601	57	0	郝伟
2008-02-29	记	0400	付北京分公司报销员工手机话费	400102010601	802	0	郝伟
2008-02-29	记	0400	付北京分公司报销员工手机话费	400102010601	230	0	郝伟

续上表

日期	凭证种类	凭证号	摘 要	科目代码	借方	贷方	制单人
2008-02-29	记	0400	付北京分公司报销员工手机话费	400102010601	1318	0	郝伟
2008-02-29	记	0400	付北京分公司报销员工手机话费	400102010601	57	0	郝伟
2008-02-29	记	0400	付北京分公司报销员工手机话费	400102010601	58	0	郝伟
2008-02-29	记	0400	付北京分公司报销员工手机话费	400102010601	1318	0	郝伟
2008-02-29	记	0400	付北京分公司报销员工手机话费	12310301	0	5730	郝伟
2008-02-29	记	0401	付北京分公司报销北海项目辽H07090 汽油费	4001030901	1100	0	郝伟
2008-02-29	记	0401	付北京分公司报销东方海外项目辽H07090 汽油费	4001030901	284	0	郝伟
2008-02-29	记	0401	付北京分公司报销恒安项目辽H07090 汽油费	4001030901	3318	0	郝伟
2008-02-29	记	0401	付北京分公司报销项目豫 B07001 豫B07551 汽油费	4001030901	4373	0	郝伟
2008-02-29	记	0401	付北京分公司报销项目汽油费	12310301	0	9075	郝伟
2008-02-29	记	0402	付北京分公司报销 ABB 装卸费	4001030801	210	0	郝伟
2008-02-29	记	0402	付北京分公司报销百事装卸费	4001030801	2390	0	郝伟
2008-02-29	记	0402	付北京分公司报销北海装卸费	4001030801	18170	0	郝伟
2008-02-29	记	0402	付北京分公司报销东方海外装卸费	4001030801	432	0	郝伟
2008-02-29	记	0402	付北京分公司报销好丽友装卸费	4001030801	1739	0	郝伟
2008-02-29	记	0402	付北京分公司报销恒安装卸费	4001030801	6558	0	郝伟
2008-02-29	记	0402	付北京分公司报销飞利浦装卸费	4001030801	68	0	郝伟
2008-02-29	记	0402	付北京分公司报销装卸费	12310301	0	29567	郝伟
2008-02-29	记	0403	付北京分公司报销百事豫 B07197 车辆汽油费	4001030901	1582	0	郝伟
2008-02-29	记	0403	付北京分公司报销百事豫 B06931 车辆汽油费	4001030901	294	0	郝伟
2008-02-29	记	0403	付北京分公司报销豫 B08703 百事车辆汽油费	4001030901	322	0	郝伟
2008-02-29	记	0403	付北京分公司报销百事车辆汽油费	12310301	0	2198	郝伟
2008-02-29	记	0404	计提 2008 年 2 月固定资产折旧	41010608	305.7	0	康丽萍
2008-02-29	记	0404	计提 2008 年 2 月固定资产折旧	560208	398.59	0	康丽萍
2008-02-29	记	0404	计提 2008 年 2 月固定资产折旧	560208	465.71	0	康丽萍
2008-02-29	记	0404	计提 2008 年 2 月固定资产折旧	400101010206	656.32	0	康丽萍
2008-02-29	记	0404	计提 2008 年 2 月固定资产折旧	400101010406	945.72	0	康丽萍
2008-02-29	记	0404	计提 2008 年 2 月固定资产折旧	400101010306	969.56	0	康丽萍

续上表

日期	凭证种类	凭证号	摘　　要	科目代码	借方	贷方	制单人
2008-02-29	记	0404	计提2008年2月固定资产折旧	400101010106	965.16	0	康丽萍
2008-02-29	记	0404	计提2008年2月固定资产折旧	400101010706	1101.4	0	康丽萍
2008-02-29	记	0404	计提2008年2月固定资产折旧	400101010606	987.88	0	康丽萍
2008-02-29	记	0404	计提2008年2月固定资产折旧	400101010806	1027.18	0	康丽萍
2008-02-29	记	0404	计提2008年2月固定资产折旧	4001010208	2439.13	0	康丽萍
2008-02-29	记	0404	计提2008年2月固定资产折旧	4001010208	219.86	0	康丽萍
2008-02-29	记	0404	计提2008年2月固定资产折旧	4001010208	288.98	0	康丽萍
2008-02-29	记	0404	计提2008年2月固定资产折旧	4001010208	216.52	0	康丽萍
2008-02-29	记	0404	计提2008年2月固定资产折旧	4001010208	77.77	0	康丽萍
2008-02-29	记	0404	计提2008年2月固定资产折旧	4001010208	233.28	0	康丽萍
2008-02-29	记	0404	计提2008年2月固定资产折旧	4001010208	87.12	0	康丽萍
2008-02-29	记	0404	计提2008年2月固定资产折旧	56010108	101.32	0	康丽萍
2008-02-29	记	0404	计提2008年2月固定资产折旧	56010308	1114.51	0	康丽萍
2008-02-29	记	0404	计提2008年2月固定资产折旧	56010208	823.27	0	康丽萍
2008-02-29	记	0404	计提2008年2月固定资产折旧	4001020108	3750.95	0	康丽萍
2008-02-29	记	0404	计提2008年2月固定资产折旧	4001020208	4112.02	0	康丽萍
2008-02-29	记	0404	计提2008年2月固定资产折旧	4001020308	196.61	0	康丽萍
2008-02-29	记	0404	计提2008年2月固定资产折旧	4001020708	169.95	0	康丽萍
2008-02-29	记	0404	计提2008年2月固定资产折旧	4001020808	32.46	0	康丽萍
2008-02-29	记	0404	计提2008年2月固定资产折旧	4001020408	65.9	0	康丽萍
2008-02-29	记	0404	计提2008年2月固定资产折旧	4001020508	92.75	0	康丽萍
2008-02-29	记	0404	计提2008年2月固定资产折旧	4001020908	88.35	0	康丽萍
2008-02-29	记	0404	计提2008年2月固定资产折旧	4001021008	58.41	0	康丽萍
2008-02-29	记	0404	计提2008年2月固定资产折旧	41010108	302.08	0	康丽萍
2008-02-29	记	0404	计提2008年2月固定资产折旧	41010108	3927.04	0	康丽萍
2008-02-29	记	0404	计提2008年2月固定资产折旧	41010208	1208.27	0	康丽萍
2008-02-29	记	0404	计提2008年2月固定资产折旧	16020101	0	281.99	康丽萍
2008-02-29	记	0404	计提2008年2月固定资产折旧	16020102	0	531.91	康丽萍
2008-02-29	记	0404	计提2008年2月固定资产折旧	16020301	0	1346.36	康丽萍
2008-02-29	记	0404	计提2008年2月固定资产折旧	16020201	0	49.08	康丽萍
2008-02-29	记	0404	计提2008年2月固定资产折旧	160207	0	909.1	康丽萍
2008-02-29	记	0404	计提2008年2月固定资产折旧	16020401	0	5462.38	康丽萍
2008-02-29	记	0404	计提2008年2月固定资产折旧	16020402	0	1144.17	康丽萍
2008-02-29	记	0404	计提2008年2月固定资产折旧	16020403	0	38.79	康丽萍
2008-02-29	记	0404	计提2008年2月固定资产折旧	16020404	0	281.43	康丽萍

续上表

日期	凭证种类	凭证号	摘　　要	科目代码	借方	贷方	制单人
2008-02-29	记	0404	计提 2008 年 2 月固定资产折旧	16020405	0	353.8	康丽萍
2008-02-29	记	0404	计提 2008 年 2 月固定资产折旧	16020406	0	1005.65	康丽萍
2008-02-29	记	0404	计提 2008 年 2 月固定资产折旧	16020611	0	920.96	康丽萍
2008-02-29	记	0404	计提 2008 年 2 月固定资产折旧	16020609	0	1027.18	康丽萍
2008-02-29	记	0404	计提 2008 年 2 月固定资产折旧	16020610	0	1758.11	康丽萍
2008-02-29	记	0404	计提 2008 年 2 月固定资产折旧	16020607	0	987.88	康丽萍
2008-02-29	记	0404	计提 2008 年 2 月固定资产折旧	16020601	0	1741	康丽萍
2008-02-29	记	0404	计提 2008 年 2 月固定资产折旧	16020602	0	656.32	康丽萍
2008-02-29	记	0404	计提 2008 年 2 月固定资产折旧	16020603	0	945.72	康丽萍
2008-02-29	记	0404	计提 2008 年 2 月固定资产折旧	16020604	0	874.01	康丽萍
2008-02-29	记	0404	计提 2008 年 2 月固定资产折旧	16020605	0	969.56	康丽萍
2008-02-29	记	0404	计提 2008 年 2 月固定资产折旧	16020606	0	965.16	康丽萍
2008-02-29	记	0404	计提 2008 年 2 月固定资产折旧	16020608	0	1101.4	康丽萍
2008-02-29	记	0404	计提 2008 年 2 月固定资产折旧	16020613	0	1781.25	康丽萍
2008-02-29	记	0404	计提 2008 年 2 月固定资产折旧	16020612	0	2296.56	康丽萍
2008-02-29	记	0405	补提 2007 年 10 月 66#车船税	560226	3912	0	康丽萍
2008-02-29	记	0405	补提 2007 年 10 月 66#车船税	222105	0	3912	康丽萍
2008-02-29	记	0406	计提 2008 年 2 月营业税金及附加	540301	17043.98	0	康丽萍
2008-02-29	记	0406	计提 2008 年 2 月营业税金及附加	2221020101	0	15494.53	康丽萍
2008-02-29	记	0406	计提 2008 年 2 月营业税金及附加	22210301	0	1084.61	康丽萍
2008-02-29	记	0406	计提 2008 年 2 月营业税金及附加	22210401	0	464.84	康丽萍
2008-02-29	记	0406	计提 2008 年 2 月营业税金及附加	540301	7360.5	0	康丽萍
2008-02-29	记	0406	计提 2008 年 2 月营业税金及附加	2221020203	0	6691.36	康丽萍
2008-02-29	记	0406	计提 2008 年 2 月营业税金及附加	22210304	0	468.4	康丽萍
2008-02-29	记	0406	计提 2008 年 2 月营业税金及附加	22210404	0	200.74	康丽萍
2008-02-29	记	0406	计提 2008 年 2 月营业税金及附加	540302	36190	0	康丽萍
2008-02-29	记	0406	计提 2008 年 2 月营业税金及附加	2221020201	0	32900	康丽萍
2008-02-29	记	0406	计提 2008 年 2 月营业税金及附加	22210302	0	2303	康丽萍
2008-02-29	记	0406	计提 2008 年 2 月营业税金及附加	22210402	0	987	康丽萍
2008-02-29	记	0407	董艳冬报北京分公司 1 月预付郑继峰包车款	12310301	40000	0	李莉
2008-02-29	记	0407	董艳冬报北京分公司 1 月预付郑继峰包车款	100202	0	40000	李莉
2008-02-29	记	0408	结转营业税及附加	310301	48808.97	0	康丽萍
2008-02-29	记	0408	结转营业税及附加	540301	0	48808.97	康丽萍

续上表

日期	凭证种类	凭证号	摘　　要	科目代码	借方	贷方	制单人
2008-02-01	记	0001	付晋阳彩虹 2007 年 12 月运费	400103010101	19794	0	刘惠珍
2008-02-01	记	0001	付晋阳彩虹 2007 年 12 月运费	400103010101	99948.63	0	刘惠珍
2008-02-01	记	0001	付晋阳彩虹 2007 年 12 月运费	100202	0	119742.63	刘惠珍
2008-02-01	记	0002	付孔令爱报 2008 年 1 月好丽友运费	400103010102	43200	0	刘惠珍
2008-02-01	记	0002	付孔令爱报 2008 年 1 月好丽友运费	100204	0	21700	刘惠珍
2008-02-01	记	0002	付孔令爱报 2008 年 1 月好丽友运费	100204	0	21500	刘惠珍
2008-02-01	记	0003	付孔令爱报 2008 年 1 月好丽友运费	400103010102	83500	0	刘惠珍
2008-02-01	记	0003	付孔令爱报 2008 年 1 月好丽友运费	100204	0	40000	刘惠珍
2008-02-01	记	0003	付孔令爱报 2008 年 1 月好丽友运费	100204	0	43500	刘惠珍
2008-02-01	记	0004	付孙升 2007 年 12 月好丽友运费	400103010101	150000	0	刘惠珍
2008-02-01	记	0004	付孙升 2007 年 12 月好丽友运费	100202	0	150000	刘惠珍
2008-02-01	记	0004	付孙升 2008 年 1 月嘉里大通运费	400103010101	44778	0	刘惠珍
2008-02-01	记	0004	付孙升 2008 年 1 月嘉里大通运费	100202	0	44778	刘惠珍
2008-02-01	记	0005	付远成 2007 年 12 月 2008 年 1 月运费	400103010101	17751	0	刘惠珍
2008-02-01	记	0005	付远成 2007 年 12 月 2008 年 1 月运费	400103010101	213	0	刘惠珍
2008-02-01	记	0005	付远成 2007 年 12 月 2008 年 1 月运费	400103010101	1700	0	刘惠珍
2008-02-01	记	0005	付远成 2007 年 12 月 2008 年 1 月运费	100202	0	19664	刘惠珍
2008-02-01	记	0006	付营口津伟物流 2007 年 12 月运费	4001030301	378740	0	刘惠珍
2008-02-01	记	0006	付营口津伟物流 2007 年 12 月运费	100202	0	50000	刘惠珍
2008-02-01	记	0006	付营口津伟物流 2007 年 12 月运费	100202	0	328740	刘惠珍
2008-02-01	记	0006	付营口津伟物流 2007 年 12 月运费手续费	40010305	35	0	刘惠珍
2008-02-01	记	0006	付营口津伟物流 2007 年 12 月运费手续费	100202	0	35	刘惠珍
2008-02-01	记	0007	付沈阳潘士奇 2008 年 1 月配送费	400103010202	12765	0	刘惠珍
2008-02-01	记	0007	付沈阳潘士奇 2008 年 1 月配送费	100202	0	12765	刘惠珍
2008-02-01	记	0008	付办事处拨款—新疆	12310309	45000	0	李莉
2008-02-01	记	0008	付办事处拨款—新疆	100204	0	45000	李莉
2008-02-01	记	0008	付办事处拨款—新疆	12310319	40000	0	李莉
2008-02-01	记	0008	付办事处拨款—新疆	100204	0	40000	李莉
2008-02-01	记	0008	付办事处拨款—兰州	12310320	5000	0	李莉
2008-02-01	记	0008	付办事处拨款—兰州	100204	0	5000	李莉
2008-02-01	记	0008	付办事处拨款—山西	12310308	3000	0	李莉
2008-02-01	记	0008	付办事处拨款—山西	100203	0	3000	李莉

续上表

日期	凭证种类	凭证号	摘　　要	科目代码	借方	贷方	制单人
2008-02-01	记	0009	付太原市御通仓储物流公司2008年1~6月仓储费	280101	49441.2	0	李莉
2008-02-01	记	0009	付太原市御通仓储物流公司2008年1~6月仓储费	100202	0	49441.2	李莉
2008-02-01	记	0010	付中铁二十局西安办事处2007年10~11月仓储费	280101	33400	0	李莉
2008-02-01	记	0010	付中铁二十局西安办事处2007年10~11月办公室租金	280101	1200	0	李莉
2008-02-01	记	0010	付中铁二十局西安办事处2007年10~11月火车及到达包干等费	4001030202	34294.9	0	李莉
2008-02-01	记	0010	付中铁二十局西安办事处2007年10~11月仓储费	100202	0	68894.9	李莉
2008-02-01	记	0011	银行转款	100203	300000	0	李莉
2008-02-01	记	0011	银行转款	100202	0	300000	李莉
2008-02-01	记	0012	网企卡转款	100204	100000	0	李莉
2008-02-01	记	0012	网企卡转款	100203	0	100000	李莉
2008-02-01	记	0013	付办事处拨款—北京办	12310301	35000	0	李莉
2008-02-01	记	0013	付办事处拨款—北京办	100204	0	35000	李莉
2008-02-01	记	0013	付办事处拨款—上海办	12310303	12000	0	李莉
2008-02-01	记	0013	付办事处拨款—上海办	100204	0	12000	李莉
2008-02-01	记	0013	付办事处拨款—广州办	12310304	6000	0	李莉
2008-02-01	记	0013	付办事处拨款—广州办	100204	0	6000	李莉
2008-02-01	记	0013	付办事处拨款—沈阳办	12310305	16000	0	李莉
2008-02-01	记	0013	付办事处拨款—沈阳办	100204	0	16000	李莉
2008-02-01	记	0013	付办事处拨款—新疆办	12310309	10000	0	李莉
2008-02-01	记	0013	付办事处拨款—新疆办	100204	0	10000	李莉
2008-02-01	记	0013	付办事处拨款—北京办	12310301	4200	0	李莉
2008-02-01	记	0013	付办事处拨款—北京办	100204	0	4200	李莉
2008-02-01	记	0013	付办事处拨款—武汉办	12310306	8000	0	李莉
2008-02-01	记	0013	付办事处拨款—武汉办	100203	0	8000	李莉
2008-02-01	记	0013	付办事处拨款—西安办	12310307	12000	0	李莉
2008-02-01	记	0013	付办事处拨款—西安办	100203	0	12000	李莉
2008-02-01	记	0013	付办事处拨款—天津办	12310302	27000	0	李莉
2008-02-01	记	0013	付办事处拨款—天津办	100203	0	27000	李莉
2008-02-01	记	0013	付办事处拨款—山西办	12310308	4000	0	李莉

续上表

日期	凭证种类	凭证号	摘　要	科目代码	借方	贷方	制单人
2008-02-01	记	0013	付办事处拨款—山西办	100203	0	4000	李莉
2008-02-01	记	0014	银行提现	1001	40000	0	李莉
2008-02-01	记	0014	银行提现	1001	216456	0	李莉
2008-02-01	记	0014	银行提现	100203	0	40000	李莉
2008-02-01	记	0014	银行提现	100203	0	216456	李莉
2008-02-01	记	0015	收北海粮油天津 2008 年 1 月运费	100202	28222.5	0	范晓倩
2008-02-01	记	0015	收北海粮油天津 2008 年 1 月运费	112201	0	28222.5	范晓倩
2008-02-01	记	0016	收中粮食品营销沈阳分公司 2007 年 8 月哈尔滨运费	100202	11941.43	0	范晓倩
2008-02-01	记	0016	收中粮食品营销沈阳分公司 2007 年 8 月哈尔滨运费	112201	0	11941.43	范晓倩
2008-02-01	记	0017	收基伊埃电力冷却 2007 年 12 月运费	100202	226200	0	范晓倩
2008-02-01	记	0017	收基伊埃电力冷却 2007 年 12 月运费	112201	0	226200	范晓倩
2008-02-01	记	0018	付沈阳零散 2008 年 1 月运费	400103010102	60000	0	刘惠珍
2008-02-01	记	0018	付沈阳零散 2008 年 1 月运费	400103010102	120000	0	刘惠珍
2008-02-01	记	0018	付沈阳零散 2008 年 1 月运费	1001	0	60000	刘惠珍
2008-02-01	记	0018	付沈阳零散 2008 年 1 月运费	1001	0	120000	刘惠珍
2008-02-01	记	0019	付办事处拨款—北京	12310301	9200	0	李莉
2008-02-01	记	0019	付办事处拨款—北京	100204	0	9200	李莉
2008-02-01	记	0020	李锋报北京清远时代公司 2008 年网络服务费	180104	58000	0	李莉
2008-02-01	记	0020	李锋报北京清远时代公司 2008 年网络服务费	100202	0	58000	李莉
2008-02-01	记	0021	唐少鹏报交通费	41010202	81	0	李莉
2008-02-01	记	0021	唐少鹏报交通费	1001	0	81	李莉
2008-02-02	记	0022	付零散—广州好丽友运费	400103010102	66456	0	刘惠珍
2008-02-02	记	0022	付零散—广州好丽友运费	1001	0	38173	刘惠珍
2008-02-02	记	0022	付零散—广州好丽友运费	1001	0	28283	刘惠珍
2008-02-02	记	0023	银行转款	100203	120000	0	李莉
2008-02-02	记	0023	银行转款	100202	0	120000	李莉
2008-02-02	记	0024	银行提现	1001	321407.01	0	李莉
2008-02-02	记	0024	银行提现	100203	0	321407.01	李莉
2008-02-02	记	0025	银行提现	1001	150000	0	李莉
2008-02-02	记	0025	银行提现	100201	0	120000	李莉
2008-02-02	记	0025	银行提现	100201	0	30000	李莉

续上表

日期	凭证种类	凭证号	摘要	科目代码	借方	贷方	制单人
2008-02-02	记	0026	费连才报礼品费	560203	9000	0	李莉
2008-02-02	记	0026	费连才报礼品费	100202	0	9000	李莉
2008-02-02	记	0027	付立信捷达 2008 年 1 月运费	400103010102	47218	0	刘惠珍
2008-02-02	记	0027	付立信捷达 2008 年 1 月运费	100202	0	47218	刘惠珍
2008-02-02	记	0028	付圣通 2008 年 2 月武汉雀巢运费	400103010102	55500	0	刘惠珍
2008-02-02	记	0028	付圣通 2008 年 2 月武汉雀巢运费	100202	0	55500	刘惠珍
2008-02-02	记	0029	付马艳伟报 2008 年 2 月飞利浦运费	400103010101	1086	0	刘惠珍
2008-02-02	记	0029	付马艳伟报 2008 年 2 月飞利浦运费	1001	0	1086	刘惠珍
2008-02-02	记	0030	付零散—广州好丽友运费	400103010102	200000	0	刘惠珍
2008-02-02	记	0030	付零散—广州好丽友运费	1001	0	40000	刘惠珍
2008-02-02	记	0030	付零散—广州好丽友运费	1001	0	160000	刘惠珍
2008-02-02	记	0031	王志华报 12 月手机话费	5601020601	160	0	李莉
2008-02-02	记	0031	王志华报 12 月手机话费	5601020601	40	0	李莉
2008-02-02	记	0031	王志华报 12 月手机话费	1001	0	200	李莉
2008-02-02	记	0031	韩永亮报 1 月手机话费	5601020601	100	0	李莉
2008-02-02	记	0031	韩永亮报 1 月手机话费	1001	0	100	李莉
2008-02-02	记	0032	马艳伟报飞利浦礼品	56010203	235	0	李莉
2008-02-02	记	0032	马艳伟报飞利浦礼品	1001	0	235	李莉
2008-02-02	记	0033	田春青报 1 月手机话费	400101020601	400	0	李莉
2008-02-02	记	0033	田春青报 1 月手机话费	1001	0	400	李莉
2008-02-02	记	0034	梅景荣报 1 月手机话费	5601030601	100	0	李莉
2008-02-02	记	0034	梅景荣报 1 月手机话费	1001	0	100	李莉
2008-02-03	记	0035	收 ABB—苏州中兴联 2007 年 6 月运费	100201	20000	0	范晓倩
2008-02-03	记	0035	收 ABB—苏州中兴联 2007 年 6 月运费	112201	0	20000	范晓倩
2008-02-03	记	0036	付零散—设备运费	112301	12000	0	刘惠珍
2008-02-03	记	0036	付零散—设备运费	1001	0	12000	刘惠珍
2008-02-03	记	0037	付大连北海 2008 年 1 月配送费	400103010202	23639.2	0	刘惠珍
2008-02-03	记	0037	付大连北海 2008 年 1 月配送费	100204	0	23639.2	刘惠珍
2008-02-03	记	0038	付工资	22110101	214959.72	0	李莉
2008-02-03	记	0038	付工资	100201	0	214959.72	李莉
2008-02-03	记	0038	付餐补	22110101	220	0	李莉
2008-02-03	记	0038	付餐补	1001	0	220	李莉
2008-02-03	记	0038	付银行手续费	560302	1	0	李莉

续上表

日期	凭证种类	凭证号	摘　　要	科目代码	借方	贷方	制单人
2008-02-03	记	0038	付银行手续费	100201	0	1	李莉
2008-02-03	记	0039	付库房人员工资	22110102	117355.83	0	李莉
2008-02-03	记	0039	付库房人员工资—高永峰待兑现	221108	0	1190	李莉
2008-02-03	记	0039	付库房人员工资—刘志威待兑现	221108	0	1560.8	李莉
2008-02-03	记	0039	付库房人员工资	1001	0	114605.03	李莉
2008-02-03	记	0039	付办事处人员工资	22110102	15362.04	0	李莉
2008-02-03	记	0039	付办事处人员工资—李东	100204	0	1008.25	李莉
2008-02-03	记	0039	付办事处人员工资—吴守卫	100204	0	1496.45	李莉
2008-02-03	记	0039	付办事处人员工资—黄子冬	100204	0	2016.1	李莉
2008-02-03	记	0039	付办事处人员工资—王洪军	100204	0	1675.52	李莉
2008-02-03	记	0039	付办事处人员工资—赵宇虹	100204	0	779.5	李莉
2008-02-03	记	0039	付办事处人员工资—徐斌	100204	0	1058.25	李莉
2008-02-03	记	0039	付办事处人员工资—宋海宪	100204	0	1525.45	李莉
2008-02-03	记	0039	付办事处人员工资—杜东亮	100204	0	1889.32	李莉
2008-02-03	记	0039	付办事处人员工资—孔令才	100204	0	986	李莉
2008-02-03	记	0039	付办事处人员工资—周连魁	100204	0	1901.2	李莉
2008-02-03	记	0039	付办事处人员工资—赵佳明	100204	0	1026	李莉
2008-02-03	记	0039	付实习生补助	22110102	5305	0	李莉
2008-02-03	记	0039	付实习生补助	1001	0	5305	李莉
2008-02-03	记	0040	银行提现	1001	10000	0	李莉
2008-02-03	记	0040	银行提现	100203	0	10000	李莉
2008-02-03	记	0041	付奖金	22110101	135900	0	李莉
2008-02-03	记	0041	付奖金	1001	0	135900	李莉
2008-02-03	记	0042	刘丽君报邮寄费	560205	56	0	李莉
2008-02-03	记	0042	刘丽君报邮寄费	1001	0	56	李莉
2008-02-03	记	0043	盛若波报送货押车住宿费	56010204	438	0	李莉
2008-02-03	记	0043	盛若波报送货押车住宿费	1001	0	438	李莉
2008-02-03	记	0043	盛若波报业务招待费	56010203	390	0	李莉
2008-02-03	记	0043	盛若波报业务招待费	1001	0	390	李莉
2008-02-03	记	0044	盛若波报 12 月手机话费	5601020601	100	0	李莉
2008-02-03	记	0044	盛若波报 12 月手机话费	5601020601	100	0	李莉
2008-02-03	记	0044	盛若波报 12 月手机话费	1001	0	200	李莉
2008-02-03	记	0045	付郭文侠 1 月工资	22110102	700	0	李莉
2008-02-03	记	0045	付郭文侠 1 月工资	1001	0	700	李莉
2008-02-03	记	0046	艾红枫报汽油费	56020704	500	0	李莉

续上表

日期	凭证种类	凭证号	摘　要	科目代码	借方	贷方	制单人
2008-02-03	记	0046	艾红枫报汽油费	1001	0	500	李莉
2008-02-04	记	0047	收招商证券账户转款	100201	1400000	0	李莉
2008-02-04	记	0047	收招商证券账户转款	101502	0	1400000	李莉
2008-02-04	记	0048	付银行询证函手续费	560302	400	0	李莉
2008-02-04	记	0048	付银行询证函手续费	100201	0	400	李莉
2008-02-04	记	0049	银行转款	100202	600000	0	李莉
2008-02-04	记	0049	银行转款	100201	0	600000	李莉
2008-02-04	记	0050	银行转款	100203	100000	0	李莉
2008-02-04	记	0050	银行转款	100202	0	100000	李莉
2008-02-04	记	0051	网企卡转款	100204	80000	0	李莉
2008-02-04	记	0051	网企卡转款	100203	0	80000	李莉
2008-02-04	记	0052	收北海粮油退回物流保证金	100202	500000	0	李莉
2008-02-04	记	0052	收北海粮油退回物流保证金	12310101	0	500000	李莉
2008-02-04	记	0053	付北海粮油物流保证金	12310101	500000	0	李莉
2008-02-04	记	0053	付北海粮油物流保证金	100202	0	500000	李莉
2008-02-04	记	0053	付汇款手续费	40010305	15	0	李莉
2008-02-04	记	0053	付汇款手续费	100202	0	15	李莉
2008-02-04	记	0054	付办事处拨款—北京	12310301	20000	0	李莉
2008-02-04	记	0054	付办事处拨款—北京	12310301	30000	0	李莉
2008-02-04	记	0054	付办事处拨款—北京	100204	0	20000	李莉
2008-02-04	记	0054	付办事处拨款—北京	100204	0	30000	李莉
2008-02-04	记	0055	付恒久物流 2007 年 12 月运费	400103010101	92400	0	刘惠珍
2008-02-04	记	0055	付恒久物流 2007 年 12 月运费	100201	0	92400	刘惠珍
2008-02-04	记	0056	付上海东来 2007 年 12 月运费	400103010101	115185	0	刘惠珍
2008-02-04	记	0056	付上海东来 2007 年 12 月运费	100201	0	115185	刘惠珍
2008-02-04	记	0057	付宝来 2007 年 12 月至 2008 年 1 月运费	400103010101	267258	0	刘惠珍
2008-02-04	记	0057	付宝来 2007 年 12 月至 2008 年 1 月运费	100202	0	267258	刘惠珍
2008-02-04	记	0057	付宝来 2007 年 12 月至 2008 年 1 月运费手续费	40010305	95	0	刘惠珍
2008-02-04	记	0057	付宝来 2007 年 12 月至 2008 年 1 月运费手续费	100202	0	70	刘惠珍
2008-02-04	记	0057	付宝来 2007 年 12 月至 2008 年 1 月运费手续费	100202	0	25	刘惠珍
2008-02-04	记	0057	付盛丰 2007 年 12 月至 2008 年 1 月运费	400103010101	264792.95	0	刘惠珍

续上表

日期	凭证种类	凭证号	摘　　要	科目代码	借方	贷方	制单人
2008-02-04	记	0057	付盛丰2007年12月至2008年1月运费代收款	220501	0	6016	刘惠珍
2008-02-04	记	0057	付盛丰2007年12月至2008年1月运费	100201	0	258776.95	刘惠珍
2008-02-04	记	0058	收中粮食品营销9~11月机场库运费等	100202	196093.56	0	范晓倩
2008-02-04	记	0058	收中粮食品营销9~11月机场库运费等	112201	0	196093.56	范晓倩
2008-02-04	记	0059	收西安豪特电力2007年8~11月运费	100202	40000	0	范晓倩
2008-02-04	记	0059	收西安豪特电力2007年8~11月运费	112201	0	40000	范晓倩
2008-02-04	记	0060	收湖北政府采购中心退保证金	100202	10000	0	李莉
2008-02-04	记	0060	收湖北政府采购中心退保证金	12310102	0	10000	李莉
2008-02-05	记	0061	付办事处拨款—新疆	12310309	30000	0	李莉
2008-02-05	记	0061	付办事处拨款—新疆	100204	0	30000	李莉
2008-02-05	记	0061	付办事处拨款—新疆	12310319	20000	0	李莉
2008-02-05	记	0061	付办事处拨款—新疆	100204	0	20000	李莉
2008-02-05	记	0062	邵焱报购办公用品	141205	3777	0	李莉
2008-02-05	记	0062	邵焱报购办公用品	100202	0	3777	李莉
2008-02-05	记	0063	银行提现	1001	5000	0	李莉
2008-02-05	记	0063	银行提现	100203	0	5000	李莉
2008-02-05	记	0064	付李莉刘惠珍报交通费	560202	58	0	李莉
2008-02-05	记	0064	付李莉刘惠珍报交通费	1001	0	58	李莉
2008-02-05	记	0065	单君报邮寄费	56010305	26	0	李莉
2008-02-05	记	0065	单君报邮寄费	1001	0	26	李莉
2008-02-05	记	0066	单君报天津住宿费	56010304	150	0	李莉
2008-02-05	记	0066	单君报天津汽油费	5601030704	150	0	李莉
2008-02-05	记	0066	单君报天津路桥费	5601030702	13	0	李莉
2008-02-05	记	0066	单君报天津费用	1001	0	313	李莉
2008-02-13	记	0067	付税金	2221020101	47488.49	0	李莉
2008-02-13	记	0067	付税金	2221020203	13610.61	0	李莉
2008-02-13	记	0067	付税金	22210301	3324.2	0	李莉
2008-02-13	记	0067	付税金	22210304	952.74	0	李莉
2008-02-13	记	0067	付税金	22210401	1424.65	0	李莉
2008-02-13	记	0067	付税金	22210404	408.32	0	李莉

续上表

日期	凭证种类	凭证号	摘　　要	科目代码	借方	贷方	制单人
2008-02-13	记	0067	付税金	222106	11954.25	0	李莉
2008-02-13	记	0067	付税金	100202	0	79163.26	李莉
2008-02-13	记	0068	银行转款	100203	200000	0	李莉
2008-02-13	记	0068	银行转款	100202	0	200000	李莉
2008-02-13	记	0069	网企卡转款	100204	150000	0	李莉
2008-02-13	记	0069	网企卡转款	100203	0	150000	李莉
2008-02-13	记	0070	收北京 ABB2007 年 6 ~ 12 月仓储 12 月运费	100202	154916.25	0	范晓倩
2008-02-13	记	0070	收北京 ABB2007 年 6 ~ 12 月仓储	112201	0	148955.8	范晓倩
2008-02-13	记	0070	收北京 ABB2007 年 12 月运费	112201	0	2704.7	范晓倩
2008-02-13	记	0070	收北京 ABB2007 年 12 月运费	112201	0	3255.75	范晓倩
2008-02-13	记	0071	付社保中心 1 月各项保险费	2211050101	33599.72	0	李莉
2008-02-13	记	0071	付社保中心 1 月各项保险费	2211050301	2362.31	0	李莉
2008-02-13	记	0071	付社保中心 1 月各项保险费	2211050401	586.31	0	李莉
2008-02-13	记	0071	付社保中心 1 月各项保险费	2211050501	797.32	0	李莉
2008-02-13	记	0071	付社保中心 1 月各项保险费	100202	0	37345.66	李莉
2008-02-13	记	0071	付社保中心 2 月医疗保险费	2211050201	21614.8	0	李莉
2008-02-13	记	0071	付社保中心 2 月医疗保险费	100202	0	21614.8	李莉
2008-02-13	记	0072	分配职工工资	4101060101	9500	0	康丽萍
2008-02-13	记	0072	分配职工工资	4101060102	440	0	康丽萍
2008-02-13	记	0072	分配职工工资	56020101	16200	0	康丽萍
2008-02-13	记	0072	分配职工工资	56020102	880	0	康丽萍
2008-02-13	记	0072	分配职工工资	56020101	12000	0	康丽萍
2008-02-13	记	0072	分配职工工资	56020102	870	0	康丽萍
2008-02-13	记	0072	分配职工工资	12310401	1200	0	康丽萍
2008-02-13	记	0072	分配职工工资	12310401	1200	0	康丽萍
2008-02-13	记	0072	分配职工工资	4101010101	9000	0	康丽萍
2008-02-13	记	0072	分配职工工资	4101010102	190	0	康丽萍
2008-02-13	记	0072	分配职工工资	4101010101	38587.95	0	康丽萍
2008-02-13	记	0072	分配职工工资	4101010102	2110	0	康丽萍
2008-02-13	记	0072	分配职工工资	4101020101	7900	0	康丽萍
2008-02-13	记	0072	分配职工工资	4101020102	840	0	康丽萍
2008-02-13	记	0072	分配职工工资	400101020101	9000	0	康丽萍
2008-02-13	记	0072	分配职工工资	400101020102	200	0	康丽萍
2008-02-13	记	0072	分配职工工资	400101020101	10200	0	康丽萍

续上表

日期	凭证种类	凭证号	摘　　要	科目代码	借方	贷方	制单人
2008-02-13	记	0072	分配职工工资	400101020102	940	0	康丽萍
2008-02-13	记	0072	分配职工工资	400101020101	6642.39	0	康丽萍
2008-02-13	记	0072	分配职工工资	400101020102	530	0	康丽萍
2008-02-13	记	0072	分配职工工资	400101020101	7000	0	康丽萍
2008-02-13	记	0072	分配职工工资	400101020102	220	0	康丽萍
2008-02-13	记	0072	分配职工工资	400101020101	5770.38	0	康丽萍
2008-02-13	记	0072	分配职工工资	400101020102	420	0	康丽萍
2008-02-13	记	0072	分配职工工资	400101020101	8300	0	康丽萍
2008-02-13	记	0072	分配职工工资	4101020101	500	0	康丽萍
2008-02-13	记	0072	分配职工工资	400101020102	660	0	康丽萍
2008-02-13	记	0072	分配职工工资	5601010101	7000	0	康丽萍
2008-02-13	记	0072	分配职工工资	5601010102	220	0	康丽萍
2008-02-13	记	0072	分配职工工资	5601030101	35953.99	0	康丽萍
2008-02-13	记	0072	分配职工工资	5601030102	2370	0	康丽萍
2008-02-13	记	0072	分配职工工资	5601020101	37634.78	0	康丽萍
2008-02-13	记	0072	分配职工工资	5601020102	2805	0	康丽萍
2008-02-13	记	0072	分配职工工资	400101020101	4700	0	康丽萍
2008-02-13	记	0072	分配职工工资	400101020102	430	0	康丽萍
2008-02-13	记	0072	分配职工工资	400102010101	3351.99	0	康丽萍
2008-02-13	记	0072	分配职工工资	400102010102	620	0	康丽萍
2008-02-13	记	0072	分配职工工资	22110101	30706.76	0	康丽萍
2008-02-13	记	0072	分配职工工资	12310401	0	500	康丽萍
2008-02-13	记	0072	分配逄诗铭各项保险及住房公积金	221106	0	2033.52	康丽萍
2008-02-13	记	0072	分配逄诗铭企业年金	22110506	0	209	康丽萍
2008-02-13	记	0072	分配费连才各项保险及住房公积金	221106	0	2033.52	康丽萍
2008-02-13	记	0072	分配费连才企业年金	22110506	0	185	康丽萍
2008-02-13	记	0072	分配艾红枫各项保险及住房公积金	221106	0	1510.82	康丽萍
2008-02-13	记	0072	分配艾红枫企业年金	22110506	0	160	康丽萍
2008-02-13	记	0072	分配康丽萍各项保险及住房公积金	221106	0	669.51	康丽萍
2008-02-13	记	0072	分配康丽萍企业年金	22110506	0	63	康丽萍
2008-02-13	记	0072	分配贾莹各项保险及住房公积金	221106	0	789.48	康丽萍
2008-02-13	记	0072	分配贾莹企业年金	22110506	0	90	康丽萍
2008-02-13	记	0072	分配职工工资	2211050104	0	6065.6	康丽萍
2008-02-13	记	0072	分配职工工资	2211050203	0	2233.3	康丽萍
2008-02-13	记	0072	分配职工工资	2211050205	0	171	康丽萍

续上表

日期	凭证种类	凭证号	摘　　要	科目代码	借方	贷方	制单人
2008-02-13	记	0072	分配职工工资	2211050303	0	363.3	康丽萍
2008-02-13	记	0072	分配职工工资	222106	0	14129.71	康丽萍
2008-02-13	记	0072	分配职工工资	22110101	0	245886.48	康丽萍
2008-02-13	记	0073	李锋报湖南出差手机话费	4101020601	200	0	李莉
2008-02-13	记	0073	李锋报湖南出差手机话费	1001	0	200	李莉
2008-02-13	记	0073	李锋报中南林大投标材料费	41010205	670	0	李莉
2008-02-13	记	0073	李锋报中南林大投标材料费	1001	0	670	李莉
2008-02-13	记	0074	李锋报长沙差费	41010204	2677.1	0	李莉
2008-02-13	记	0074	李锋报长沙差费还现金	1001	322.9	0	李莉
2008-02-13	记	0074	李锋报长沙差费还借款	12310401	0	3000	李莉
2008-02-13	记	0075	艾红枫报2月汽油费	56020704	801	0	李莉
2008-02-13	记	0075	艾红枫报2月汽油费	1001	0	801	李莉
2008-02-14	记	0076	费连才报汽油费	56020704	2639	0	李莉
2008-02-14	记	0076	费连才报路桥费	56020702	239	0	李莉
2008-02-14	记	0076	费连才报路桥费汽油费还借款	12310401	0	2878	李莉
2008-02-14	记	0077	常明报1月手机话费	400101020601	150	0	李莉
2008-02-14	记	0077	常明报1月手机话费	1001	0	150	李莉
2008-02-14	记	0077	马士顺报1月手机话费	400101020601	300	0	李莉
2008-02-14	记	0077	马士顺报1月手机话费	1001	0	300	李莉
2008-02-14	记	0078	王荣报业务招待费	560203	838	0	李莉
2008-02-14	记	0078	王荣报业务招待费	1001	0	246	李莉
2008-02-14	记	0078	王荣报业务招待费	1001	0	362	李莉
2008-02-14	记	0078	王荣报业务招待费	1001	0	230	李莉
2008-02-14	记	0079	王荣报交通费	560202	55	0	李莉
2008-02-14	记	0079	王荣报交通费	1001	0	55	李莉
2008-02-14	记	0079	王荣报1月手机话费	56020601	686	0	李莉
2008-02-14	记	0079	王荣报1月手机话费	1001	0	686	李莉
2008-02-14	记	0080	王荣报苏LF车路桥费	56020702	32.5	0	李莉
2008-02-14	记	0080	王荣报苏LF车路桥费	1001	0	32.5	李莉
2008-02-14	记	0080	王荣报邮寄费	560205	178	0	李莉
2008-02-14	记	0080	王荣报邮寄费	1001	0	178	李莉
2008-02-15	记	0081	付办事处拨款北海—天津	12310302	40000	0	李莉
2008-02-15	记	0081	付办事处拨款北海—天津	100203	0	40000	李莉
2008-02-15	记	0081	付办事处拨款北海—沈阳	12310305	30000	0	李莉
2008-02-15	记	0081	付办事处拨款北海—沈阳	100204	0	30000	李莉

续上表

日期	凭证种类	凭证号	摘　　要	科目代码	借方	贷方	制单人
2008-02-15	记	0081	付办事处拨款—上海	12310303	30000	0	李莉
2008-02-15	记	0081	付办事处拨款—上海	100204	0	30000	李莉
2008-02-15	记	0082	张静报工商大学礼品费	41010203	1080	0	李莉
2008-02-15	记	0082	张静报工商大学礼品费	1001	0	1080	李莉
2008-02-15	记	0082	张静报 1 月手机话费	4101020601	100	0	李莉
2008-02-15	记	0082	张静报 1 月手机话费	1001	0	100	李莉
2008-02-15	记	0083	唐少鹏报 1 月手机话费	4101020601	100	0	李莉
2008-02-15	记	0083	唐少鹏报 1 月手机话费	1001	0	100	李莉
2008-02-15	记	0083	唐少鹏报邮寄费	41010205	21	0	李莉
2008-02-15	记	0083	唐少鹏报邮寄费	1001	0	21	李莉
2008-02-15	记	0084	分配分支机构工资	400102020101	17161.5	0	康丽萍
2008-02-15	记	0084	分配分支机构工资	400102020102	2552	0	康丽萍
2008-02-15	记	0084	分配分支机构工资	400102030101	9959	0	康丽萍
2008-02-15	记	0084	分配分支机构工资	400102030102	1290	0	康丽萍
2008-02-15	记	0084	分配分支机构工资	400102070101	8458.7	0	康丽萍
2008-02-15	记	0084	分配分支机构工资	400102070102	1472.5	0	康丽萍
2008-02-15	记	0084	分配分支机构工资	400102040101	3271	0	康丽萍
2008-02-15	记	0084	分配分支机构工资	400102040102	410	0	康丽萍
2008-02-15	记	0084	分配分支机构工资	400102060101	7541	0	康丽萍
2008-02-15	记	0084	分配分支机构工资	400102060102	801	0	康丽萍
2008-02-15	记	0084	分配分支机构工资	400102050101	14023.5	0	康丽萍
2008-02-15	记	0084	分配分支机构工资	400102050102	2536.5	0	康丽萍
2008-02-15	记	0084	分配分支机构工资	400102080101	3725	0	康丽萍
2008-02-15	记	0084	分配分支机构工资	400102080102	688.5	0	康丽萍
2008-02-15	记	0084	分配分支机构工资	400102090101	8725	0	康丽萍
2008-02-15	记	0084	分配分支机构工资	400102090102	1243.75	0	康丽萍
2008-02-15	记	0084	分配分支机构工资	400102100101	368.05	0	康丽萍
2008-02-15	记	0084	分配分支机构工资	400102100102	59.5	0	康丽萍
2008-02-15	记	0084	分配分支机构工资	400102100101	2627	0	康丽萍
2008-02-15	记	0084	分配分支机构工资	400102100102	532	0	康丽萍
2008-02-15	记	0084	分配分支机构工资	400102100101	1416	0	康丽萍
2008-02-15	记	0084	分配分支机构工资	400102100102	263.5	0	康丽萍
2008-02-15	记	0084	分配分支机构工资	400102100101	516	0	康丽萍
2008-02-15	记	0084	分配分支机构工资	400102100102	263.5	0	康丽萍
2008-02-15	记	0084	分配分支机构工资	400102100101	1425	0	康丽萍

续上表

日期	凭证种类	凭证号	摘　　要	科目代码	借方	贷方	制单人
2008-02-15	记	0084	分配分支机构工资	400102100102	266	0	康丽萍
2008-02-15	记	0084	分配分支机构工资	400102100101	1650	0	康丽萍
2008-02-15	记	0084	分配分支机构工资	400102100102	416.5	0	康丽萍
2008-02-15	记	0084	分配分支机构工资	400102100101	2725	0	康丽萍
2008-02-15	记	0084	分配分支机构工资	400102100102	442	0	康丽萍
2008-02-15	记	0084	分配分支机构工资	400102100101	3167.5	0	康丽萍
2008-02-15	记	0084	分配分支机构工资	400102100102	527	0	康丽萍
2008-02-15	记	0084	分配分支机构扣款	22110102	5982.38	0	康丽萍
2008-02-15	记	0084	分配分支机构工资—养老保险	2211050104	0	1013.6	康丽萍
2008-02-15	记	0084	分配分支机构工资—失业保险	2211050303	0	361	康丽萍
2008-02-15	记	0084	分配分支机构工资—基本医疗保险	2211050203	0	60.2	康丽萍
2008-02-15	记	0084	分配分支机构工资—大额互助	2211050205	0	30	康丽萍
2008-02-15	记	0084	分配分支机构工资—个人所得税	222106	0	1097.58	康丽萍
2008-02-15	记	0084	分配分支机构工资—留存补助	221107	0	3420	康丽萍
2008-02-15	记	0084	分配分支机构工资	22110102	0	100523.5	康丽萍
2008-02-15	记	0085	分配实习人员工资	5601030102	420	0	康丽萍
2008-02-15	记	0085	分配实习人员工资	5601030101	500	0	康丽萍
2008-02-15	记	0085	分配实习人员工资	400102010102	1860	0	康丽萍
2008-02-15	记	0085	分配实习人员工资	400102010101	2525	0	康丽萍
2008-02-15	记	0085	分配实习人员工资	400102020102	2450	0	康丽萍
2008-02-15	记	0085	分配实习人员工资	400102020101	2000	0	康丽萍
2008-02-15	记	0085	分配实习人员工资	400102070102	580	0	康丽萍
2008-02-15	记	0085	分配实习人员工资	400102070101	500	0	康丽萍
2008-02-15	记	0085	分配实习人员工资	22110102	0	10835	康丽萍
2008-02-15	记	0085	分配保洁员工资	400101020101	700	0	康丽萍
2008-02-15	记	0085	分配保洁员工资	22110102	0	700	康丽萍
2008-02-15	记	0086	付逄诗铭手机话费	4101060601	500	0	李莉
2008-02-15	记	0086	付朱军手机话费	4101060601	657.15	0	李莉
2008-02-15	记	0086	付费连才手机话费	56020601	319.58	0	李莉
2008-02-15	记	0086	付公司领导手机话费	1001	0	1476.73	李莉
2008-02-15	记	0087	预付东昌永顺货运有限公司赵振秋项目配送汽柴油费	4001030901	100000	0	郝伟
2008-02-15	记	0087	预付东昌永顺货运有限公司赵振秋项目配送汽柴油费	100201	0	100000	郝伟
2008-02-18	记	0088	刘玉凤报1月邮寄费	41010205	594.8	0	李莉

续上表

日期	凭证种类	凭证号	摘　　要	科目代码	借方	贷方	制单人
2008-02-18	记	0088	刘玉凤报1月邮寄费	41010105	20	0	李莉
2008-02-18	记	0088	刘玉凤报1月邮寄费	56010205	30	0	李莉
2008-02-18	记	0088	刘玉凤报1月邮寄费	560205	40	0	李莉
2008-02-18	记	0088	刘玉凤报1月邮寄费	1001	0	684.8	李莉
2008-02-18	记	0089	李国国报车辆加油费	400101010804	3600	0	李莉
2008-02-18	记	0089	李国国报车辆加油费	400101010704	3100	0	李莉
2008-02-18	记	0089	李国国报车辆加油费	400101010604	3200	0	李莉
2008-02-18	记	0089	李国国报车辆加油费叉车	400102010704	1500	0	李莉
2008-02-18	记	0089	李国国报车辆加油费—鲁Q41888	4001030901	3000	0	李莉
2008-02-18	记	0089	李国国报车辆加油费—黑DC6046	400102010704	600	0	李莉
2008-02-18	记	0089	李国国报车辆加油费	100202	0	15000	李莉
2008-02-18	记	0090	付办事处拨款—新疆	12310309	40000	0	李莉
2008-02-18	记	0090	付办事处拨款—新疆	100204	0	40000	李莉
2008-02-18	记	0090	付办事处拨款—沈阳	12310305	30000	0	李莉
2008-02-18	记	0090	付办事处拨款—沈阳	100204	0	30000	李莉
2008-02-18	记	0091	低值易耗品摊销	4001020109	2366.52	0	康丽萍
2008-02-18	记	0091	低值易耗品摊销	141202	0	166.52	康丽萍
2008-02-18	记	0091	低值易耗品摊销	141201	0	683.33	康丽萍
2008-02-18	记	0091	低值易耗品摊销	141201	0	1516.67	康丽萍
2008-02-18	记	0092	付金马昊运2008年1月好丽友运费	400103010101	30000	0	刘惠珍
2008-02-18	记	0092	付金马昊运2008年1月好丽友运费	100202	0	30000	刘惠珍
2008-02-18	记	0093	转汽油费分摊—2008年1月	4101060704	1089	0	康丽萍
2008-02-18	记	0093	转汽油费分摊—2008年1月	4101010704	1038	0	康丽萍
2008-02-18	记	0093	转汽油费分摊—2008年1月	400101020704	1255	0	康丽萍
2008-02-18	记	0093	转汽油费分摊—2008年1月	56020704	1220	0	康丽萍
2008-02-18	记	0093	转汽油费分摊—2008年1月	400101020704	1161	0	康丽萍
2008-02-18	记	0093	转汽油费分摊—2008年1月	5601010704	1200	0	康丽萍
2008-02-18	记	0093	转汽油费分摊—2008年1月	5601020704	670	0	康丽萍
2008-02-18	记	0093	转汽油费分摊—2008年1月	400102010704	817	0	康丽萍
2008-02-18	记	0093	转汽油费分摊—2008年1月	56020704	556	0	康丽萍
2008-02-18	记	0093	转汽油费分摊—2008年1月	4101010704	300	0	康丽萍
2008-02-18	记	0093	转汽油费分摊—2008年1月	5601020704	300	0	康丽萍
2008-02-18	记	0093	转汽油费分摊—2008年1月	5601030704	961	0	康丽萍
2008-02-18	记	0093	转汽油费分摊—2008年1月	4101010704	322	0	康丽萍
2008-02-18	记	0093	转汽油费分摊—2008年1月	56020704	321	0	康丽萍

续上表

日期	凭证种类	凭证号	摘　　要	科目代码	借方	贷方	制单人
2008-02-18	记	0093	转汽油费分摊—2008 年 1 月	400102010704	321	0	康丽萍
2008-02-18	记	0093	转汽油费分摊—2008 年 1 月	5601020704	30	0	康丽萍
2008-02-18	记	0093	转汽油费分摊—2008 年 1 月	180102	0	11561	康丽萍
2008-02-18	记	0094	计提亦庄办公区 2008 年 2 月待交华北高速水电费	41010610	454.45	0	康丽萍
2008-02-18	记	0094	计提亦庄办公区 2008 年 2 月待交华北高速水电费	560210	1818.2	0	康丽萍
2008-02-18	记	0094	计提亦庄办公区 2008 年 2 月待交华北高速水电费	41010110	454.55	0	康丽萍
2008-02-18	记	0094	计提亦庄办公区 2008 年 2 月待交华北高速水电费	41010110	5000.05	0	康丽萍
2008-02-18	记	0094	计提亦庄办公区 2008 年 2 月待交华北高速水电费	41010210	1818.2	0	康丽萍
2008-02-18	记	0094	计提亦庄办公区 2008 年 2 月待交华北高速水电费	560210	454.55	0	康丽萍
2008-02-18	记	0094	计提亦庄办公区 2008 年 2 月待交华北高速水电费	28010201	0	10000	康丽萍
2008-02-18	记	0095	银行转款	100203	100000	0	李莉
2008-02-18	记	0095	银行转款	100202	0	100000	李莉
2008-02-18	记	0096	网企卡转款	100204	100000	0	李莉
2008-02-18	记	0096	网企卡转款	100203	0	100000	李莉
2008-02-18	记	0097	付办事处拨款—北京	12310301	20000	0	李莉
2008-02-18	记	0097	付办事处拨款—北京	100204	0	20000	李莉
2008-02-18	记	0097	付办事处拨款—霸州	12310316	20000	0	李莉
2008-02-18	记	0097	付办事处拨款—霸州	100204	0	20000	李莉
2008-02-18	记	0097	付办事处拨款--天津	12310302	20000	0	李莉
2008-02-18	记	0097	付办事处拨款—天津	100203	0	20000	李莉
2008-02-18	记	0098	收天津雀巢普瑞纳 2007 年 11 月运费	100202	1158.44	0	范晓倩
2008-02-18	记	0098	收天津雀巢普瑞纳 2007 年 11 月运费	112201	0	1158.44	范晓倩
2008-02-18	记	0099	收天津雀巢普瑞纳 2007 年 12 月运费	100202	2142.05	0	范晓倩
2008-02-18	记	0099	收天津雀巢普瑞纳 2007 年 12 月运费	112201	0	2142.05	范晓倩
2008-02-18	记	0100	收大溪地辽宁分公司 2007 年 12 月运费	100202	2912	0	范晓倩
2008-02-18	记	0100	收大溪地辽宁分公司 2007 年 12 月运费	112201	0	1752	范晓倩

续上表

日期	凭证种类	凭证号	摘　　要	科目代码	借方	贷方	制单人
2008-02-18	记	0100	收大溪地辽宁分公司2007年12月运费	112201	0	560	范晓倩
2008-02-18	记	0100	收大溪地辽宁分公司2007年12月运费	112201	0	600	范晓倩
2008-02-18	记	0101	收北京图新经纬2007年11～12月运费	100202	2640	0	范晓倩
2008-02-18	记	0101	收北京图新经纬2007年11～12月运费	112201	0	2640	范晓倩
2008-02-18	记	0102	摊销2008年2月车辆保险	400101010705	275	0	康丽萍
2008-02-18	记	0102	摊销2008年2月车辆保险	400101010405	389.97	0	康丽萍
2008-02-18	记	0102	摊销2008年2月车辆保险	400101010605	275	0	康丽萍
2008-02-18	记	0102	摊销2008年2月车辆保险	400101010305	467.5	0	康丽萍
2008-02-18	记	0102	摊销2008年2月车辆保险	400101010505	280.55	0	康丽萍
2008-02-18	记	0102	摊销2008年2月车辆保险	400101010805	489.21	0	康丽萍
2008-02-18	记	0102	摊销2008年2月车辆保险	5601010705	257.17	0	康丽萍
2008-02-18	记	0102	摊销2008年2月车辆保险	400101010105	701.69	0	康丽萍
2008-02-18	记	0102	摊销2008年2月车辆保险	4101010705	396.21	0	康丽萍
2008-02-18	记	0102	摊销2008年2月车辆保险	18010305	0	275	康丽萍
2008-02-18	记	0102	摊销2008年2月车辆保险	18010308	0	389.97	康丽萍
2008-02-18	记	0102	摊销2008年2月车辆保险	18010304	0	275	康丽萍
2008-02-18	记	0102	摊销2008年2月车辆保险	18010302	0	467.5	康丽萍
2008-02-18	记	0102	摊销2008年2月车辆保险	18010301	0	280.55	康丽萍
2008-02-18	记	0102	摊销2008年2月车辆保险	18010306	0	489.21	康丽萍
2008-02-18	记	0102	摊销2008年2月车辆保险	18010307	0	257.17	康丽萍
2008-02-18	记	0102	摊销2008年2月车辆保险	18010303	0	701.69	康丽萍
2008-02-18	记	0102	摊销2008年2月车辆保险	18010309	0	396.21	康丽萍
2008-02-18	记	0103	李欣报12月手机话费	5601020601	100	0	李莉
2008-02-18	记	0103	李欣报12月手机话费	1001	0	100	李莉
2008-02-18	记	0103	李欣报1月手机话费	5601020601	100	0	李莉
2008-02-18	记	0103	李欣报1月手机话费	1001	0	100	李莉
2008-02-19	记	0104	单君报1月手机话费	5601030601	100	0	李莉
2008-02-19	记	0104	单君报1月手机话费	5601030601	100	0	李莉
2008-02-19	记	0104	单君报1月手机话费	5601030601	100	0	李莉
2008-02-19	记	0104	单君报1月手机话费	1001	0	300	李莉
2008-02-19	记	0105	张运柱报业务招待费	56010203	168	0	李莉

续上表

日期	凭证种类	凭证号	摘　　要	科目代码	借方	贷方	制单人
2008-02-19	记	0105	张运柱报业务招待费	1001	0	168	李莉
2008-02-19	记	0106	张运柱报 1 月手机话费	5601020601	300	0	李莉
2008-02-19	记	0106	张运柱报 1 月手机话费	1001	0	300	李莉
2008-02-19	记	0106	张运柱报交通费	56010202	245	0	李莉
2008-02-19	记	0106	张运柱报交通费	1001	0	245	李莉
2008-02-19	记	0107	单君报汽油费	5601030704	100	0	李莉
2008-02-19	记	0107	单君报路桥费	5601030702	140	0	李莉
2008-02-19	记	0107	单君报路桥费汽油费	1001	0	240	李莉
2008-02-19	记	0107	单君报路桥费	5601030702	66	0	李莉
2008-02-19	记	0107	单君报路桥费	1001	0	66	李莉
2008-02-19	记	0108	闫雪娇报 1 月手机话费	5601020601	100	0	李莉
2008-02-19	记	0108	闫雪娇报 1 月手机话费	1001	0	100	李莉
2008-02-19	记	0109	孙文成报 1 月手机话费	5601030601	100	0	李莉
2008-02-19	记	0109	孙文成报 1 月手机话费	1001	0	100	李莉
2008-02-19	记	0110	贾莹报加油站油卡充值	180102	2029	0	李莉
2008-02-19	记	0110	贾莹报加油站油卡充值	100202	0	2029	李莉
2008-02-19	记	0111	计提华北外派人员 2008 年 2 月住房公积金	4101060109	1083	0	康丽萍
2008-02-19	记	0111	计提华北外派人员 2008 年 2 月住房公积金	400101020109	419.5	0	康丽萍
2008-02-19	记	0111	计提华北外派人员 2008 年 2 月住房公积金	56020109	2242.5	0	康丽萍
2008-02-19	记	0111	计提华北外派人员 2008 年 2 月住房公积金	221106	0	3745	康丽萍
2008-02-19	记	0112	计提华北外派人员 2008 年 2 月企业年金	4101060110	833	0	康丽萍
2008-02-19	记	0112	计提华北外派人员 2008 年 2 月企业年金	400101020110	357	0	康丽萍
2008-02-19	记	0112	计提华北外派人员 2008 年 2 月企业年金	56020110	1623	0	康丽萍
2008-02-19	记	0112	计提华北外派人员 2008 年 2 月企业年金	22110506	0	2813	康丽萍
2008-02-19	记	0113	付圣通 2007 年 12 月至 2008 年 1 月好丽友运费	112301	131835	0	刘惠珍

续上表

日期	凭证种类	凭证号	摘　　要	科目代码	借方	贷方	制单人
2008-02-19	记	0113	付圣通 2007 年 12 月至 2008 年 1 月好丽友运费	100201	0	31835	刘惠珍
2008-02-19	记	0113	付圣通 2007 年 12 月至 2008 年 1 月好丽友运费	100202	0	100000	刘惠珍
2008-02-19	记	0114	计提华北外派人员 2008 年 2 月各项保险—养老	4101060104	1804.8	0	康丽萍
2008-02-19	记	0114	计提华北外派人员 2008 年 2 月各项保险—养老	400101020104	699	0	康丽萍
2008-02-19	记	0114	计提华北外派人员 2008 年 2 月各项保险—养老	56020104	3737.8	0	康丽萍
2008-02-19	记	0114	计提华北外派人员 2008 年 2 月各项保险—养老	2211050102	0	6241.6	康丽萍
2008-02-19	记	0114	计提华北外派人员 2008 年 2 月各项保险—失业	4101060106	135.36	0	康丽萍
2008-02-19	记	0114	计提华北外派人员 2008 年 2 月各项保险—失业	400101020106	52.43	0	康丽萍
2008-02-19	记	0114	计提华北外派人员 2008 年 2 月各项保险—失业	56020106	280.34	0	康丽萍
2008-02-19	记	0114	计提华北外派人员 2008 年 2 月各项保险—失业	2211050302	0	468.13	康丽萍
2008-02-19	记	0114	计提华北外派人员 2008 年 2 月各项保险—工伤	4101060107	27.07	0	康丽萍
2008-02-19	记	0114	计提华北外派人员 2008 年 2 月各项保险—工伤	400101020107	10.49	0	康丽萍
2008-02-19	记	0114	计提华北外派人员 2008 年 2 月各项保险—工伤	56020107	56.07	0	康丽萍
2008-02-19	记	0114	计提华北外派人员 2008 年 2 月各项保险—工伤	2211050402	0	93.63	康丽萍
2008-02-19	记	0114	计提华北外派人员 2008 年 2 月各项保险—生育	4101060108	72.19	0	康丽萍
2008-02-19	记	0114	计提华北外派人员 2008 年 2 月各项保险—生育	400101020108	27.96	0	康丽萍
2008-02-19	记	0114	计提华北外派人员 2008 年 2 月各项保险—生育	56020108	149.51	0	康丽萍

续上表

日期	凭证种类	凭证号	摘　　要	科目代码	借方	贷方	制单人
2008-02-19	记	0114	计提华北外派人员 2008 年 2 月各项保险—生育	2211050502	0	249.66	康丽萍
2008-02-19	记	0114	计提华北外派人员 2008 年 2 月各项保险—医疗	4101060105	902.4	0	康丽萍
2008-02-19	记	0114	计提华北外派人员 2008 年 2 月各项保险—医疗	400101020105	349.5	0	康丽萍
2008-02-19	记	0114	计提华北外派人员 2008 年 2 月各项保险—医疗	56020105	1868.9	0	康丽萍
2008-02-19	记	0114	计提华北外派人员 2008 年 2 月各项保险—基本医疗	2211050202	0	2808.72	康丽萍
2008-02-19	记	0114	计提华北外派人员 2008 年 2 月各项保险—医疗大额	2211050204	0	312.08	康丽萍
2008-02-19	记	0115	贾莹报马桥库房 3 部电话市话通信费	400102010602	1139	0	李莉
2008-02-19	记	0115	贾莹报马桥库房 3 部电话市话通信费	1001	0	1139	李莉
2008-02-19	记	0116	付单君报 2008 年 1 月 GEA 运费	112301	10400	0	刘惠珍
2008-02-19	记	0116	付单君报 2008 年 1 月 GEA 运费	1001	0	10400	刘惠珍
2008-02-19	记	0117	贾莹报神龙小区宿舍 1 季度房租	180101	12812	0	李莉
2008-02-19	记	0117	贾莹报神龙小区宿舍 1 季度房租	1001	0	12812	李莉
2008-02-20	记	0118	银行提现	1001	15000	0	李莉
2008-02-20	记	0118	银行提现	100203	0	15000	李莉
2008-02-20	记	0119	白立宁报交通费	4001010202	45	0	李莉
2008-02-20	记	0119	白立宁报交通费	1001	0	45	李莉
2008-02-20	记	0119	白立宁报 1 月手机话费	400101020601	200	0	李莉
2008-02-20	记	0119	白立宁报 1 月手机话费	1001	0	200	李莉
2008-02-20	记	0120	刘惠珍报 1 月手机话费	400101020601	150	0	李莉
2008-02-20	记	0120	刘惠珍报 1 月手机话费	1001	0	150	李莉
2008-02-20	记	0121	艾冬梅报 1 月手机话费	5601030601	150	0	李莉
2008-02-20	记	0121	艾冬梅报 1 月手机话费	1001	0	150	李莉
2008-02-20	记	0122	郝伟报交通费	4001010202	137	0	李莉
2008-02-20	记	0122	郝伟报交通费	1001	0	137	李莉
2008-02-20	记	0123	郝伟报地税发票	4001010205	30	0	李莉
2008-02-20	记	0123	郝伟报地税发票	1001	0	30	李莉
2008-02-20	记	0124	伦丽敏报 1 月手机话费	5601030601	100	0	李莉

续上表

日期	凭证种类	凭证号	摘　要	科目代码	借方	贷方	制单人
2008-02-20	记	0124	伦丽敏报1月手机话费	1001	0	100	李莉
2008-02-20	记	0124	路芳报1月手机话费	5601030601	50	0	李莉
2008-02-20	记	0124	路芳报1月手机话费	1001	0	50	李莉
2008-02-20	记	0125	郑秀彬报1月手机话费	5601020601	100	0	李莉
2008-02-20	记	0125	郑秀彬报1月手机话费	5601020601	100	0	李莉
2008-02-20	记	0125	郑秀彬报1月手机话费	1001	0	200	李莉
2008-02-20	记	0126	马艳伟报1月单君	5601020601	50	0	李莉
2008-02-20	记	0126	马艳伟报1月单君	1001	0	50	李莉
2008-02-20	记	0127	胡建辉报IT部活动交通费	41010202	536	0	李莉
2008-02-20	记	0127	胡建辉报IT部活动餐费礼品费	41010203	2216.54	0	李莉
2008-02-20	记	0127	胡建辉报IT部活动费用	1001	0	2752.54	李莉
2008-02-20	记	0128	胡建辉报1~2月手机话费	4101010601	200	0	李莉
2008-02-20	记	0128	胡建辉报1~2月手机话费	1001	0	200	李莉
2008-02-20	记	0129	王荣报公司领导礼品费	41010603	1512	0	李莉
2008-02-20	记	0129	王荣报公司领导礼品费	1001	0	1512	李莉
2008-02-20	记	0129	王荣报公司领导招待费	41010603	616	0	李莉
2008-02-20	记	0129	王荣报公司领导招待费	1001	0	288	李莉
2008-02-20	记	0129	王荣报公司领导招待费	1001	0	328	李莉
2008-02-20	记	0130	王荣报购办公用品	4001020105	390	0	李莉
2008-02-20	记	0130	王荣报购办公用品	4001010205	679	0	李莉
2008-02-20	记	0130	王荣报购办公用品	560205	400	0	李莉
2008-02-20	记	0130	王荣报购办公用品	41010205	23.6	0	李莉
2008-02-20	记	0130	王荣报购办公用品	141205	80.4	0	李莉
2008-02-20	记	0130	王荣报购办公用品	1001	0	1573	李莉
2008-02-20	记	0131	梁文君报分公司金马昊运库购办公家具电脑桌4个	4001020109	2000	0	李莉
2008-02-20	记	0131	梁文君报分公司金马昊运库购办公家具电脑椅4个	4001020109	400	0	李莉
2008-02-20	记	0131	梁文君报分公司金马昊运库购办公家具老板桌1个	4001020109	800	0	李莉
2008-02-20	记	0131	梁文君报分公司金马昊运库购办公家具老板椅4个	4001020109	400	0	李莉
2008-02-20	记	0131	梁文君报分公司金马昊运库购办公家具	1001	0	3600	李莉
2008-02-20	记	0132	李欣报辛克代收款—鑫红日	12310201	1880	0	李莉

续上表

日期	凭证种类	凭证号	摘　　要	科目代码	借方	贷方	制单人
2008-02-20	记	0132	李欣报辛克代收款—京诚信	12310201	9000	0	李莉
2008-02-20	记	0132	李欣报辛克代收款—京诚信	12310201	384	0	李莉
2008-02-20	记	0132	李欣报辛克代收款—天津办	12310201	7296	0	李莉
2008-02-20	记	0132	李欣报辛克代收款—东昌永顺	12310201	6000	0	李莉
2008-02-20	记	0132	李欣报辛克代收款—物华	12310201	3778	0	李莉
2008-02-20	记	0132	李欣报辛克代收款—普天	12310201	1841	0	李莉
2008-02-20	记	0132	李欣报辛克代收款	100202	0	30179	李莉
2008-02-20	记	0133	付办事处拨款—北京	12310301	5000	0	李莉
2008-02-20	记	0133	付办事处拨款—北京	100204	0	5000	李莉
2008-02-20	记	0133	付办事处拨款—新疆	12310319	30000	0	李莉
2008-02-20	记	0133	付办事处拨款—新疆	100204	0	30000	李莉
2008-02-20	记	0134	应收大溪地北京分公司 2008 年 1 月运费	112201	942.4	0	范晓倩
2008-02-20	记	0134	应收大溪地北京分公司 2008 年 1 月运费	5001010102	0	942.4	范晓倩
2008-02-20	记	0135	应收大溪地辽宁分公司 2008 年 1 月运费代垫保险费	112201	2803.2	0	范晓倩
2008-02-20	记	0135	应收大溪地辽宁分公司 2008 年 1 月运费	5001010102	0	2240	范晓倩
2008-02-20	记	0135	应收大溪地辽宁分公司 2008 年 1 月代垫保险费	50010104	0	563.2	范晓倩
2008-02-20	记	0136	应收全球国合国际 2007 年 12 月运费	112201	135546.01	0	范晓倩
2008-02-20	记	0136	应收全球国合国际 2007 年 12 月运费	5001010102	0	135546.01	范晓倩
2008-02-20	记	0137	应收嘉里大通 2008 年 1 月运费	112201	93952.06	0	范晓倩
2008-02-20	记	0137	应收嘉里大通 2008 年 1 月运费	5001010111	0	93952.06	范晓倩
2008-02-20	记	0138	银行提现	1001	10000	0	李莉
2008-02-20	记	0138	银行提现	100203	0	10000	李莉
2008-02-20	记	0139	应收中粮食品营销成都分公司 2007 年 8 月西安运费等	112201	82069.28	0	范晓倩
2008-02-20	记	0139	应收中粮食品营销成都分公司 2007 年 8 月西安运费	5001010107	0	42819.28	范晓倩
2008-02-20	记	0139	应收中粮食品营销成都分公司 2007 年 8 月西安仓储费	50010102	0	17500	范晓倩
2008-02-20	记	0139	应收中粮食品营销成都分公司 2007 年 8 月西安装卸费	50010103	0	21750	范晓倩

续上表

日期	凭证种类	凭证号	摘　　要	科目代码	借方	贷方	制单人
2008-02-20	记	0140	应收中粮食品营销成都分公司2007年7月西安运费等	112201	42898.75	0	范晓倩
2008-02-20	记	0140	应收中粮食品营销成都分公司2007年7月西安运费	5001010107	0	13890.75	范晓倩
2008-02-20	记	0140	应收中粮食品营销成都分公司2007年7月西安仓储费	50010102	0	14000	范晓倩
2008-02-20	记	0140	应收中粮食品营销成都分公司2007年7月西安装卸费	50010103	0	15008	范晓倩
2008-02-20	记	0141	应收北海粮油2008年2月番茄酱运费	112201	51108.57	0	范晓倩
2008-02-20	记	0141	应收北海粮油2008年2月番茄酱运费	5001010107	0	51108.57	范晓倩
2008-02-20	记	0142	应收北海粮油2007年11月天津运费	112201	74259.7	0	范晓倩
2008-02-20	记	0142	应收北海粮油2007年11月天津运费	5001010107	0	74259.7	范晓倩
2008-02-20	记	0142	应收东海粮油2007年11月天津运费	112201	6944	0	范晓倩
2008-02-20	记	0142	应收东海粮油2007年11月天津运费	5001010107	0	6944	范晓倩
2008-02-20	记	0142	应收中粮食品营销2008年2月天津运费	112201	9951.6	0	范晓倩
2008-02-20	记	0142	应收中粮食品营销2008年2月天津运费	5001010107	0	9951.6	范晓倩
2008-02-20	记	0142	应收中粮食品营销2007年11月天津运费	112201	473154.27	0	范晓倩
2008-02-20	记	0142	应收中粮食品营销2007年11月天津运费	5001010107	0	473154.27	范晓倩
2008-02-20	记	0142	应收中粮食品营销2007年11月机场库运费等	112201	58432.41	0	范晓倩
2008-02-20	记	0142	应收中粮食品营销2007年11月机场库运费	5001010107	0	29632.41	范晓倩
2008-02-20	记	0142	应收中粮食品营销2007年11月机场库仓储费	50010102	0	28800	范晓倩
2008-02-20	记	0143	换中粮屯河昌吉2008年1月运费发票	112201	50231.59	0	范晓倩
2008-02-20	记	0143	换中粮屯河昌吉2008年1月运费发票	5001010107	0	50231.59	范晓倩
2008-02-20	记	0144	退中粮屯河昌吉2008年1月运费	112201	-50231.59	0	范晓倩

续上表

日期	凭证种类	凭证号	摘　　要	科目代码	借方	贷方	制单人
2008-02-20	记	0144	退中粮屯河昌吉2008年1月运费	5001010107	0	-50231.59	范晓倩
2008-02-20	记	0145	因更换发票客户变更做调整客户往来	112201	50231.59	0	范晓倩
2008-02-20	记	0145	因更换发票客户变更做调整客户往来	112201	0	50231.59	范晓倩
2008-02-20	记	0146	应收维达北方纸业2007年12月运费	112201	117716.72	0	范晓倩
2008-02-20	记	0146	应收维达北方纸业2007年12月运费	5001010111	0	117716.72	范晓倩
2008-02-20	记	0147	应收河北梅花味精2008年1月运费	112201	91469.5	0	范晓倩
2008-02-20	记	0147	应收河北梅花味精2008年1月运费	5001010104	0	91469.5	范晓倩
2008-02-20	记	0148	应收河北梅花味精2008年1月运费	112201	41840	0	范晓倩
2008-02-20	记	0148	应收河北梅花味精2008年1月运费	5001010104	0	41840	范晓倩
2008-02-20	记	0148	应收廊坊绿农生化2008年1月运费	112201	17750	0	范晓倩
2008-02-20	记	0148	应收廊坊绿农生化2008年1月运费	5001010104	0	17750	范晓倩
2008-02-20	记	0148	应收河北梅花味精2008年1月运费	112201	26473	0	范晓倩
2008-02-20	记	0148	应收河北梅花味精2008年1月运费	5001010104	0	26473	范晓倩
2008-02-20	记	0149	应收河北梅花味精2008年1月运费	112201	1693880	0	范晓倩
2008-02-20	记	0149	应收河北梅花味精2008年1月运费	5001010104	0	1693880	范晓倩
2008-02-20	记	0149	应收河北梅花味精2008年1月运费	112201	13600	0	范晓倩
2008-02-20	记	0149	应收河北梅花味精2008年1月运费	5001010104	0	13600	范晓倩
2008-02-20	记	0150	购支票款	560302	60	0	李莉
2008-02-20	记	0150	购支票款	100202	0	60	李莉
2008-02-20	记	0151	付甘肃商业储运公司12月仓储费	280101	5000	0	李莉
2008-02-20	记	0151	付甘肃商业储运公司12月装卸费	4001030802	5880	0	李莉
2008-02-20	记	0151	付甘肃商业储运公司12月装卸费仓储费	100202	0	10880	李莉
2008-02-20	记	0151	付银行汇款手续费	40010305	15	0	李莉
2008-02-20	记	0151	付银行汇款手续费	100202	0	15	李莉
2008-02-20	记	0152	付张家口亨运物流公司1月仓储费	280101	1600	0	李莉
2008-02-20	记	0152	付张家口亨运物流公司1月装卸费	4001030802	2563.77	0	李莉
2008-02-20	记	0152	付张家口亨运物流公司1月仓储费	100202	0	4163.77	李莉
2008-02-20	记	0153	付外租班车1月汽油费	4101010704	1680	0	李莉
2008-02-20	记	0153	付外租班车1月路桥费	4101020702	1680	0	李莉
2008-02-20	记	0153	付外租班车1月路桥费	5601030702	2360	0	李莉
2008-02-20	记	0153	付外租班车1月汽油费	56020704	460	0	李莉
2008-02-20	记	0153	付外租班车1月汽油费	1001	0	6180	李莉
2008-02-20	记	0154	收ABB—镇江泛沃2007年10～11月运费	100202	1698.5	0	范晓倩

续上表

日期	凭证种类	凭证号	摘　　要	科目代码	借方	贷方	制单人
2008-02-20	记	0154	收ABB—镇江泛沃2007年10~11月运费	112201	0	1698.5	范晓倩
2008-02-20	记	0155	收东方海外北京分公司2007年11月运费	100202	9591.23	0	范晓倩
2008-02-20	记	0155	收东方海外北京分公司2007年11月运费	112201	0	9591.23	范晓倩
2008-02-20	记	0156	收天津高乐高2007年12月运费	100202	60114.37	0	范晓倩
2008-02-20	记	0156	收天津高乐高2007年12月运费	112201	0	60114.37	范晓倩
2008-02-20	记	0157	收天龙制锯2008年1月运费	100202	7680	0	范晓倩
2008-02-20	记	0157	收天龙制锯2008年1月运费	112201	0	7680	范晓倩
2008-02-20	记	0158	收双城雀巢2007年12月运费	100202	96323.86	0	范晓倩
2008-02-20	记	0158	收双城雀巢2007年12月运费	112201	0	96323.86	范晓倩
2008-02-21	记	0159	付办事处拨款—北京	12310301	10000	0	李莉
2008-02-21	记	0159	付办事处拨款—北京	100204	0	10000	李莉
2008-02-21	记	0160	退百事食品2007年12月运费等	112201	-79638.6	0	范晓倩
2008-02-21	记	0160	退百事食品2007年12月运费	5001010109	0	-48214.6	范晓倩
2008-02-21	记	0160	退百事食品2007年12月仓储费	50010102	0	-24000	范晓倩
2008-02-21	记	0160	退百事食品2007年12月装卸费	50010103	0	-3000	范晓倩
2008-02-21	记	0160	退百事食品2007年12月材料费	50010104	0	-1000	范晓倩
2008-02-21	记	0160	退百事食品2007年12月人工费	50010104	0	-3424	范晓倩
2008-02-21	记	0161	换百事食品2007年12月运费等	112201	75214.6	0	范晓倩
2008-02-21	记	0161	换百事食品2007年12月运费	5001010109	0	48214.6	范晓倩
2008-02-21	记	0161	换百事食品2007年12月仓储费	50010102	0	24000	范晓倩
2008-02-21	记	0161	换百事食品2007年12月装卸费	50010103	0	3000	范晓倩
2008-02-21	记	0162	换百事北京分厂2007年12月人工费材料费	112201	4424	0	范晓倩
2008-02-21	记	0162	换百事北京分厂2007年12月人工费	50010104	0	1000	范晓倩
2008-02-21	记	0162	换百事北京分厂2007年12月材料费	50010104	0	3424	范晓倩
2008-02-21	记	0163	银行转款	100203	150000	0	李莉
2008-02-21	记	0163	银行转款	100202	0	150000	李莉
2008-02-21	记	0164	网企卡转款	100204	100000	0	李莉
2008-02-21	记	0164	网企卡转款	100203	0	100000	李莉
2008-02-21	记	0164	银行提现	1001	30000	0	李莉
2008-02-21	记	0164	银行提现	100203	0	30000	李莉
2008-02-21	记	0165	张静李钧辉报沈阳差费	41010204	1086	0	李莉

续上表

日期	凭证种类	凭证号	摘 要	科目代码	借方	贷方	制单人
2008-02-21	记	0165	张静李钧辉报沈阳差费	1001	0	1086	李莉
2008-02-21	记	0166	付北京分公司报销车辆汽油费	4001030901	10000	0	郝伟
2008-02-21	记	0166	付北京分公司报销车辆汽油费	100202	0	10000	郝伟
2008-02-21	记	0167	付通辽办梅花味精购买挡板垫布和综合服务费	4001030202	1659	0	郝伟
2008-02-21	记	0167	付通辽办梅花味精购买挡板垫布和综合服务费	12310317	0	1659	郝伟
2008-02-21	记	0168	付通辽办梅花味精发货保险费用	40010310	1500	0	郝伟
2008-02-21	记	0168	付通辽办梅花味精发货保险费用	12310317	0	1500	郝伟
2008-02-21	记	0169	付通辽办梅花味精运费	4001030202	22402.6	0	郝伟
2008-02-21	记	0169	付通辽办梅花味精手续费	40010305	54	0	郝伟
2008-02-21	记	0169	付通辽办梅花味精装卸费	4001030802	1702.8	0	郝伟
2008-02-21	记	0169	付通辽办梅花味精运费费和货票费装卸费	12310317	0	24159.4	郝伟
2008-02-21	记	0170	刘利敏报百度时代网络公司服务费	41010212	3000	0	李莉
2008-02-21	记	0170	刘利敏报百度时代网络公司服务费	100202	0	3000	李莉
2008-02-21	记	0171	收东莞雀巢2007年12月运费	100202	235297.36	0	范晓倩
2008-02-21	记	0171	收东莞雀巢2007年12月运费	112201	0	17355.22	范晓倩
2008-02-21	记	0171	收东莞雀巢2007年12月运费	112201	0	217942.14	范晓倩
2008-02-21	记	0172	收ABB—苏州中兴联2007年6~7月运费	100201	51015.54	0	范晓倩
2008-02-21	记	0172	收ABB—苏州中兴联2007年6月运费	112201	0	17994.91	范晓倩
2008-02-21	记	0172	收ABB—苏州中兴联2007年6月运费	112201	0	17263.78	范晓倩
2008-02-21	记	0172	收ABB—苏州中兴联2007年7月运费	112201	0	15756.85	范晓倩
2008-02-22	记	0173	艾红枫报2月手机话费	56020601	350	0	李莉
2008-02-22	记	0173	艾红枫报2月手机话费	1001	0	350	李莉
2008-02-22	记	0173	李莉报1月手机话费	56020601	150	0	李莉
2008-02-22	记	0173	李莉报1月手机话费	1001	0	150	李莉
2008-02-22	记	0174	郑秀彬报业务招待费	56010203	410	0	李莉
2008-02-22	记	0174	郑秀彬报业务招待费	1001	0	410	李莉
2008-02-22	记	0174	郑秀彬报邮寄费	56010205	26	0	李莉
2008-02-22	记	0174	郑秀彬报邮寄费	1001	0	26	李莉

续上表

日期	凭证种类	凭证号	摘　　要	科目代码	借方	贷方	制单人
2008-02-22	记	0175	吴文征报上海差费	56010204	5155.4	0	李莉
2008-02-22	记	0175	吴文征报上海差费	1001	0	5155.4	李莉
2008-02-22	记	0176	刘玉凤借款	12310401	23000	0	李莉
2008-02-22	记	0176	刘玉凤借款	1001	0	23000	李莉
2008-02-22	记	0177	康丽萍报购食品看员工	22110402	210.8	0	李莉
2008-02-22	记	0177	康丽萍报购食品看员工	1001	0	210.8	李莉
2008-02-22	记	0178	康丽萍报外出餐费	560203	56	0	李莉
2008-02-22	记	0178	康丽萍报外出餐费	1001	0	56	李莉
2008-02-22	记	0179	应收中粮屯河廊坊番茄制品2008年1月运费	100202	420	0	范晓倩
2008-02-22	记	0179	应收中粮屯河廊坊番茄制品2008年1月运费	112201	0	420	范晓倩
2008-02-22	记	0180	收上海雀巢产品服务2007年12月运费	100202	3325.02	0	范晓倩
2008-02-22	记	0180	收上海雀巢产品服务2007年12月运费	112201	0	3325.02	范晓倩
2008-02-22	记	0181	付办事处拨款—霸州	12310316	10000	0	李莉
2008-02-22	记	0181	付办事处拨款—霸州	100204	0	10000	李莉
2008-02-22	记	0181	付办事处拨款—通辽	12310317	30000	0	李莉
2008-02-22	记	0181	付办事处拨款—通辽	100204	0	30000	李莉
2008-02-22	记	0182	付哈尔滨王宇宁劳务费	4001021112	300	0	李莉
2008-02-22	记	0182	付哈尔滨王宇宁劳务费	100204	0	300	李莉
2008-02-25	记	0183	收中粮食品营销沈阳分公司2007年12月运费	100202	411593.01	0	范晓倩
2008-02-25	记	0183	收中粮食品营销沈阳分公司2007年12月运费	112201	0	411593.01	范晓倩
2008-02-25	记	0184	张瑞佳报1月手机话费	5601020601	100	0	李莉
2008-02-25	记	0184	张瑞佳报1月手机话费	1001	0	100	李莉
2008-02-25	记	0184	李佩佩报1月手机话费	5601020601	100	0	李莉
2008-02-25	记	0184	李佩佩报1月手机话费	1001	0	100	李莉
2008-02-25	记	0185	孙海霞报1月手机话费	5601020601	200	0	李莉
2008-02-25	记	0185	孙海霞报1月手机话费	1001	0	200	李莉
2008-02-25	记	0185	孙海霞报邮寄费	56010205	22	0	李莉
2008-02-25	记	0185	孙海霞报邮寄费	1001	0	22	李莉
2008-02-25	记	0186	范晓倩购地税发票	4001010205	20	0	李莉

续上表

日期	凭证种类	凭证号	摘　　要	科目代码	借方	贷方	制单人
2008-02-25	记	0186	范晓倩购地税发票	1001	0	20	李莉
2008-02-25	记	0187	付南青班轮(营口)2008 年 1 月运费	4001030301	630229	0	刘惠珍
2008-02-25	记	0187	付南青班轮(营口)2008 年 1 月运费	100202	0	630229	刘惠珍
2008-02-25	记	0187	付南青班轮(营口)2008 年 1 月运费手续费	40010305	20	0	刘惠珍
2008-02-25	记	0187	付南青班轮(营口)2008 年 1 月运费手续费	100202	0	20	刘惠珍
2008-02-25	记	0188	付办事处拨款—北京	12310301	10000	0	李莉
2008-02-25	记	0188	付办事处拨款—北京	100204	0	10000	李莉
2008-02-25	记	0188	付办事处拨款—霸州	12310316	25000	0	李莉
2008-02-25	记	0188	付办事处拨款—霸州	100204	0	25000	李莉
2008-02-25	记	0188	付办事处拨款—新疆	12310309	40000	0	李莉
2008-02-25	记	0188	付办事处拨款—新疆	100204	0	40000	李莉
2008-02-25	记	0188	付办事处拨款—山西	12310308	8000	0	李莉
2008-02-25	记	0188	付办事处拨款—山西	100203	0	8000	李莉
2008-02-25	记	0189	付武汉分公司员工 1 月份工资	22110102	7938.64	0	郝伟
2008-02-25	记	0189	付武汉分公司员工 1 月份工资	12310306	0	7938.64	郝伟
2008-02-25	记	0189	计提武汉办员工李红星 1 月份住房补贴	400102060101	100	0	郝伟
2008-02-25	记	0189	计提武汉办员工李红星 1 月份住房补贴	22110102	0	100	郝伟
2008-02-25	记	0189	付武汉办员工李红星 1 月份住房补贴	22110102	100	0	郝伟
2008-02-25	记	0189	付武汉办员工李红星 1 月份住房补贴	12310306	0	100	郝伟
2008-02-25	记	0190	付武汉分公司好丽友运费	400103010102	17890	0	郝伟
2008-02-25	记	0190	付武汉分公司好丽友运费	12310306	0	17890	郝伟
2008-02-25	记	0190	付武汉分公司好丽友装卸费	4001030802	2418	0	郝伟
2008-02-25	记	0190	付武汉分公司好丽友装卸费	12310306	0	2418	郝伟
2008-02-25	记	0191	付武汉分公司好丽友运费	400103010102	4944	0	郝伟
2008-02-25	记	0191	付武汉分公司国合运费	400103010102	100	0	郝伟
2008-02-25	记	0191	付武汉分公司徐思众运费	400103010102	10	0	郝伟
2008-02-25	记	0191	付武汉分公司好丽友国合徐思众运费	12310306	0	5054	郝伟
2008-02-25	记	0192	付武汉分公司报销邮寄费用	4001020605	36	0	郝伟
2008-02-25	记	0192	付武汉分公司报销邮寄费用	4001020605	4	0	郝伟
2008-02-25	记	0192	付武汉分公司报销邮寄费用	12310306	0	40	郝伟
2008-02-25	记	0192	付武汉分公司报销市内交通费	4001020602	24	0	郝伟

续上表

日期	凭证种类	凭证号	摘　　要	科目代码	借方	贷方	制单人
2008-02-25	记	0192	付武汉分公司报销市内交通费	4001020602	24	0	郝伟
2008-02-25	记	0192	付武汉分公司报销市内交通费	4001020602	9.5	0	郝伟
2008-02-25	记	0192	付武汉分公司报销市内交通费	12310306	0	57.5	郝伟
2008-02-25	记	0192	付武汉分公司报销业务招待费	4001020603	568	0	郝伟
2008-02-25	记	0192	付武汉分公司报销业务招待费	12310306	0	568	郝伟
2008-02-25	记	0192	付武汉分公司报销员工1月份手机话费	400102060601	225	0	郝伟
2008-02-25	记	0192	付武汉分公司报销员工1月份手机话费	400102060601	25	0	郝伟
2008-02-25	记	0192	付武汉分公司报销员工1月份手机话费	12310306	0	250	郝伟
2008-02-25	记	0192	付武汉分公司报销库房1月19日~2月18日租金	400103070102	2600	0	郝伟
2008-02-25	记	0192	付武汉分公司报销宿舍1月19日~2月18日租金	4001020611	480	0	郝伟
2008-02-25	记	0192	付武汉分公司报销库房和宿舍1月19日~2月18日租金	12310306	0	3080	郝伟
2008-02-25	记	0192	付武汉分公司报销好丽友7月~12月临时库房租金	400103070102	1400	0	郝伟
2008-02-25	记	0192	付武汉分公司报销好丽友7月~12月临时库房租金	12310306	0	1400	郝伟
2008-02-25	记	0192	付武汉分公司报销1月份座机费用	400102060602	191.7	0	郝伟
2008-02-25	记	0192	付武汉分公司报销1月份座机费用	400102060602	21.3	0	郝伟
2008-02-25	记	0192	付武汉分公司报销1月份座机费用	12310306	0	213	郝伟
2008-02-25	记	0193	付新疆办陈国喜福临门运费	400103010102	119239	0	郝伟
2008-02-25	记	0193	付新疆办陈国喜福临门运费	12310319	0	119239	郝伟
2008-02-25	记	0194	付新疆办陈国喜报销邮寄和打印费用	4001020905	47.2	0	郝伟
2008-02-25	记	0194	付新疆办陈国喜报销邮寄和打印费用	12310319	0	47.2	郝伟
2008-02-25	记	0194	付新疆办陈国喜报销租车费用	4001020902	139	0	郝伟
2008-02-25	记	0194	付新疆办陈国喜报销租车费用	12310319	0	139	郝伟
2008-02-25	记	0194	付新疆办陈国喜报销1月份电费	4001020910	62.4	0	郝伟
2008-02-25	记	0194	付新疆办陈国喜报销1月份电费	12310309	0	62.4	郝伟
2008-02-25	记	0194	付新疆办陈国喜报销客户业务招待费	4001020903	300	0	郝伟
2008-02-25	记	0194	付新疆办陈国喜报销客户业务招待费	12310319	0	300	郝伟
2008-02-25	记	0194	付新疆办陈国喜报销1月份手机话费	400102090601	450	0	郝伟

续上表

日期	凭证种类	凭证号	摘　　要	科目代码	借方	贷方	制单人
2008-02-25	记	0194	付新疆办陈国喜报销1月份手机话费	12310319	0	450	郝伟
2008-02-25	记	0194	付新疆办陈国喜报销差旅费报销	4001020904	168	0	郝伟
2008-02-25	记	0194	付新疆办陈国喜报销差旅费报销	12310319	0	168	郝伟
2008-02-25	记	0195	贾莹报分公司1月办公区电费	4001010210	271.17	0	李莉
2008-02-25	记	0195	贾莹报分公司1月办公区电费	560210	271.17	0	李莉
2008-02-25	记	0195	贾莹报分公司1月办公区电费	4001010210	67.79	0	李莉
2008-02-25	记	0195	贾莹报分公司1月办公区电费	4001010210	67.79	0	李莉
2008-02-25	记	0195	贾莹报分公司1月办公区电费	4001010210	135.58	0	李莉
2008-02-25	记	0195	贾莹报分公司1月办公区电费	4001010210	203.38	0	李莉
2008-02-25	记	0195	贾莹报分公司1月办公区电费	4001010210	271.17	0	李莉
2008-02-25	记	0195	贾莹报分公司1月办公区电费	4001010210	135.58	0	李莉
2008-02-25	记	0195	贾莹报分公司1月办公区电费	56010110	67.79	0	李莉
2008-02-25	记	0195	贾莹报分公司1月办公区电费	56010210	949.09	0	李莉
2008-02-25	记	0195	贾莹报分公司1月办公区电费	56010310	1084.67	0	李莉
2008-02-25	记	0195	贾莹报分公司1月办公区电费	100202	0	3525.18	李莉
2008-02-25	记	0196	贾莹报加油站油卡冲值	180102	7392	0	李莉
2008-02-25	记	0196	贾莹报加油站油卡冲值	100202	0	7392	李莉
2008-02-25	记	0197	付广州办员工1月份工资	22110102	3556.95	0	郝伟
2008-02-25	记	0197	付广州办员工1月份工资	12310304	0	3556.95	郝伟
2008-02-25	记	0197	计提广州办徐素琴2月份住房补助	400102040101	300	0	郝伟
2008-02-25	记	0197	计提广州办徐素琴2月份住房补助	22110102	0	300	郝伟
2008-02-25	记	0197	付广州办徐素琴2月份住房补助	22110102	300	0	郝伟
2008-02-25	记	0197	付广州办徐素琴2月份住房补助	12310304	0	300	郝伟
2008-02-25	记	0198	贾莹报1月长话费	5601020602	1355.22	0	李莉
2008-02-25	记	0198	贾莹报1月长话费	5601030602	1397.93	0	李莉
2008-02-25	记	0198	贾莹报1月长话费	400101020602	45.55	0	李莉
2008-02-25	记	0198	贾莹报1月长话费	400101020602	19.93	0	李莉
2008-02-25	记	0198	贾莹报1月长话费	400101020602	11.39	0	李莉
2008-02-25	记	0198	贾莹报1月长话费	56020602	17.08	0	李莉
2008-02-25	记	0198	贾莹报1月长话费	100202	0	2847.1	李莉
2008-02-26	记	0199	姜世建报长沙差费	41010104	3268	0	李莉
2008-02-26	记	0199	姜世建报长沙差费还借款	12310401	0	3000	李莉

续上表

日期	凭证种类	凭证号	摘　要	科目代码	借方	贷方	制单人
2008-02-26	记	0199	姜世建报长沙差费	1001	0	268	李莉
2008-02-26	记	0200	贾莹报库房装卸工春节去河南租车费	400102010704	803	0	李莉
2008-02-26	记	0200	贾莹报库房装卸工春节去河南租车费	400102010702	3127	0	李莉
2008-02-26	记	0200	贾莹报库房装卸工春节去河南租车费	1001	0	3930	李莉
2008-02-26	记	0201	唐少鹏报工商大学项目30%款—付重庆三元家具公司	410103	12300	0	李莉
2008-02-26	记	0201	唐少鹏报工商大学项目30%款—付重庆三元家具公司	220202	0	8610	李莉
2008-02-26	记	0201	唐少鹏报工商大学项目30%款—付重庆三元家具公司	100202	0	3690	李莉
2008-02-26	记	0202	付广州办好丽友运费	400103010102	4410	0	郝伟
2008-02-26	记	0202	付广州办好丽友运费	12310304	0	4410	郝伟
2008-02-26	记	0202	付广州办好丽友装卸费	4001030802	240	0	郝伟
2008-02-26	记	0202	付广州办好丽友装卸费	12310304	0	240	郝伟
2008-02-26	记	0202	付广州办ABB运费	400103010102	6134	0	郝伟
2008-02-26	记	0202	付广州办国合运费	400103010102	90	0	郝伟
2008-02-26	记	0202	付广州办北京到货运费	400103010102	1315	0	郝伟
2008-02-26	记	0202	付广州办ABB国合北京到货运费	12310304	0	7539	郝伟
2008-02-26	记	0203	付广州办报销周斌1月份手机话费	400102040601	100	0	郝伟
2008-02-26	记	0203	付广州办报销周斌1月份手机话费	400102040601	50	0	郝伟
2008-02-26	记	0203	付广州办报销周斌1月份手机话费	400102040601	25	0	郝伟
2008-02-26	记	0203	付广州办报销周斌1月份手机话费	400102040601	25	0	郝伟
2008-02-26	记	0203	付广州办报销周斌1月份手机话费	12310304	0	200	郝伟
2008-02-26	记	0203	付广州办报销好丽友装卸工伙食费	4001020403	73	0	郝伟
2008-02-26	记	0203	付广州办报销好丽友装卸工伙食费	12310304	0	73	郝伟
2008-02-26	记	0203	付广州办报销市内交通费	4001020402	80	0	郝伟
2008-02-26	记	0203	付广州办报销市内交通费	4001020402	58	0	郝伟
2008-02-26	记	0203	付广州办报销市内交通费	12310304	0	138	郝伟
2008-02-26	记	0203	付广州办报销邮寄费用和宿舍管理费用	4001020405	80	0	郝伟
2008-02-26	记	0203	付广州办报销邮寄费用和宿舍管理费用	4001020405	25.1	0	郝伟
2008-02-26	记	0203	付广州办报销邮寄费用和宿舍管理费用	12310304	0	105.1	郝伟

续上表

日期	凭证种类	凭证号	摘　　要	科目代码	借方	贷方	制单人
2008-02-26	记	0203	付广州办报销办公室2月12日至3月12日房租	4001020411	1200	0	郝伟
2008-02-26	记	0203	付广州办报销办公室2月12日至3月12日房租	12310304	0	1200	郝伟
2008-02-26	记	0203	付广州办报销办公室电费2007年11月5日至2008年1月4日	4001020410	114.85	0	郝伟
2008-02-26	记	0203	付广州办报销办公室电费2007年11月5日至2008年1月4日	12310304	0	114.85	郝伟
2008-02-26	记	0203	付广州办报销ADSL12月份上网费用	400102040602	100	0	郝伟
2008-02-26	记	0203	付广州办报销ADSL12月份上网费用	400102040602	50	0	郝伟
2008-02-26	记	0203	付广州办报销ADSL12月份上网费用	12310304	0	150	郝伟
2008-02-26	记	0203	付广州办报销购买电暖器鼠标和插座费用	4001020409	264	0	郝伟
2008-02-26	记	0203	付广州办报销购买电暖器鼠标和插座费用	12310304	0	264	郝伟
2008-02-26	记	0204	银行转款	100203	150000	0	李莉
2008-02-26	记	0204	银行转款	100202	0	150000	李莉
2008-02-26	记	0205	网企卡转款	100204	100000	0	李莉
2008-02-26	记	0205	网企卡转款	100203	0	100000	李莉
2008-02-26	记	0205	银行提现	1001	5000	0	李莉
2008-02-26	记	0205	银行提现	100203	0	5000	李莉
2008-02-26	记	0206	收北海粮油2007年11月天津运费	100202	74259.7	0	范晓倩
2008-02-26	记	0206	收北海粮油2007年11月天津运费	112201	0	74259.7	范晓倩
2008-02-26	记	0207	付沈阳办福临门运费	400103010102	32375	0	郝伟
2008-02-26	记	0207	付沈阳办福临门运费	12310305	0	32375	郝伟
2008-02-26	记	0207	付沈阳办福临门装卸费用	4001030802	22881.28	0	郝伟
2008-02-26	记	0207	付沈阳办福临门装卸费用	12310305	0	22881.28	郝伟
2008-02-26	记	0207	付沈阳办福临门2~5月库房租金	280101	57600	0	郝伟
2008-02-26	记	0207	付沈阳办福临门2~5月库房租金	12310305	0	57600	郝伟
2008-02-26	记	0208	付沈阳办国合运费	400103010102	540	0	郝伟
2008-02-26	记	0208	付沈阳办国合运费	12310305	0	540	郝伟
2008-02-26	记	0208	付沈阳办好丽友运费	400103010102	12502	0	郝伟
2008-02-26	记	0208	付沈阳办榄菊运费	400103010202	40	0	郝伟
2008-02-26	记	0208	付沈阳办好丽友榄菊运费	12310305	0	12542	郝伟
2008-02-26	记	0209	付沈阳办报销员工1月份工资	22110102	15260.95	0	郝伟

续上表

日期	凭证种类	凭证号	摘　　要	科目代码	借方	贷方	制单人
2008-02-26	记	0209	付沈阳办报销员工 1 月份工资	12310305	0	15260.95	郝伟
2008-02-26	记	0210	付沈阳办报销叉车汽油费费用	400103070302	5600	0	郝伟
2008-02-26	记	0210	付沈阳办报销叉车汽油费费用	12310305	0	5600	郝伟
2008-02-26	记	0210	付沈阳办报销防冻液费用	400103070301	220	0	郝伟
2008-02-26	记	0210	付沈阳办报销防冻液费用	12310305	0	220	郝伟
2008-02-26	记	0210	付沈阳办报销购买纸箱费用	400103070302	1620	0	郝伟
2008-02-26	记	0210	付沈阳办报销购买纸箱费用	12310305	0	1620	郝伟
2008-02-26	记	0211	付沈阳办报销 12 月份座机话费	400102050602	230	0	郝伟
2008-02-26	记	0211	付沈阳办报销 12 月份座机话费	400102050602	31	0	郝伟
2008-02-26	记	0211	付沈阳办报销 12 月份座机话费	12310305	0	261	郝伟
2008-02-26	记	0211	付沈阳办报销 IP 长途话费	400102050603	420	0	郝伟
2008-02-26	记	0211	付沈阳办报销 IP 长途话费	400102050603	30	0	郝伟
2008-02-26	记	0211	付沈阳办报销 IP 长途话费	400102050603	50	0	郝伟
2008-02-26	记	0211	付沈阳办报销 IP 长途话费	12310305	0	500	郝伟
2008-02-26	记	0211	付沈阳办报销车辆包车费用	4001030903	1000	0	郝伟
2008-02-26	记	0211	付沈阳办报销车辆包车费用	4001030903	488	0	郝伟
2008-02-26	记	0211	付沈阳办报销车辆包车费用	12310305	0	1488	郝伟
2008-02-26	记	0211	付沈阳办报销 1 月份员工手机话费	400102050601	300	0	郝伟
2008-02-26	记	0211	付沈阳办报销 1 月份员工手机话费	400102050601	50	0	郝伟
2008-02-26	记	0211	付沈阳办报销 1 月份员工手机话费	12310305	0	350	郝伟
2008-02-26	记	0211	付沈阳办报销快递邮寄费用	4001020505	41	0	郝伟
2008-02-26	记	0211	付沈阳办报销快递邮寄费用	12310305	0	41	郝伟
2008-02-26	记	0212	付西安办员工 1 月份工资	22110102	9339.45	0	郝伟
2008-02-26	记	0212	付西安办员工 1 月份工资	12310307	0	9339.45	郝伟
2008-02-26	记	0212	付西安办实习生补助及奖金费用	22110102	1080	0	郝伟
2008-02-26	记	0212	付西安办实习生补助及奖金费用	12310307	0	1080	郝伟
2008-02-26	记	0213	付西安办报销豪特项目运费	400103010102	11350	0	郝伟
2008-02-26	记	0213	付西安办报销豪特项目运费	12310307	0	11350	郝伟
2008-02-26	记	0213	付西安办报销国合运费	400103010102	733	0	郝伟
2008-02-26	记	0213	付西安办报销国合运费	12310307	0	733	郝伟
2008-02-26	记	0214	付西安办报销福临门 10 月 21 日至 12 月 19 日包车费用	4001030903	3700	0	郝伟
2008-02-26	记	0214	付西安办报销福临门 10 月 21 日至 12 月 19 日包车费用	12310307	0	3700	郝伟

续上表

日期	凭证种类	凭证号	摘　　要	科目代码	借方	贷方	制单人
2008-02-26	记	0214	付西安办报销福临门10月21日至12月19日汽油费	4001030901	1629	0	郝伟
2008-02-26	记	0214	付西安办报销福临门10月21日至12月19日过路过桥费	4001030902	660	0	郝伟
2008-02-26	记	0214	付西安办报销福临门10月21日至12月19日汽油费和过路过桥费	12310307	0	2289	郝伟
2008-02-26	记	0215	付西安办报销好丽友项目城间运费	400103010102	40591	0	郝伟
2008-02-26	记	0215	付西安办报销好丽友项目城间运费	12310307	0	40591	郝伟
2008-02-26	记	0216	付西安办报销好丽友项目10月21日至12月19日包车费用	4001030903	3800	0	郝伟
2008-02-26	记	0216	付西安办报销好丽友项目10月21日至12月19日包车费用	12310307	0	3800	郝伟
2008-02-26	记	0216	付西安办报销福临门10月21日至12月19日汽油费用	4001030901	1325	0	郝伟
2008-02-26	记	0216	付西安办报销福临门10月21日至12月19日过路过桥和停车费用	4001030902	407	0	郝伟
2008-02-26	记	0216	付西安办报销福临门10月21日至12月19日汽油费过路过桥和停车费用	12310307	0	1732	郝伟
2008-02-26	记	0217	付西安办福临门城间运费	400103010102	30594	0	郝伟
2008-02-26	记	0217	付西安办福临门城间运费	12310307	0	30594	郝伟
2008-02-26	记	0218	付新疆办员工1月份工资	22110102	9490.95	0	郝伟
2008-02-26	记	0218	付新疆办员工1月份工资	12310309	0	9490.95	郝伟
2008-02-26	记	0219	付新疆办报销邮寄费用	4001020905	192.6	0	郝伟
2008-02-26	记	0219	付新疆办报销邮寄费用	12310309	0	192.6	郝伟
2008-02-26	记	0219	付新疆办报销2007年10月至2008年1月水电费	4001020910	398	0	郝伟
2008-02-26	记	0219	付新疆办报销2007年10月至2008年1月水电费	12310309	0	398	郝伟
2008-02-26	记	0219	付新疆办报销1月份黄启宏手机话费	400102090601	100	0	郝伟
2008-02-26	记	0219	付新疆办报销1月份黄启宏手机话费	12310309	0	100	郝伟
2008-02-26	记	0219	付新疆办报销购买上下床一套	4001020909	200	0	郝伟
2008-02-26	记	0219	付新疆办报销购买上下床一套	12310309	0	200	郝伟
2008-02-26	记	0219	付新疆办报销福临门客户业务招待费	4001020903	500	0	郝伟

续上表

日期	凭证种类	凭证号	摘　　要	科目代码	借方	贷方	制单人
2008-02-26	记	0219	付新疆办报销福临门客户业务招待费	12310309	0	500	郝伟
2008-02-26	记	0219	付新疆办报销 2007～2008 年取暖费	4001020905	1291	0	郝伟
2008-02-26	记	0219	付新疆办报销 2007～2008 年取暖费	12310309	0	1291	郝伟
2008-02-26	记	0220	付新疆办报销好丽友项目城间运费	400103010102	18105	0	郝伟
2008-02-26	记	0220	付新疆办报销好丽友项目城间运费	12310309	0	18105	郝伟
2008-02-26	记	0221	付新疆办报销福临门城间项目运费	400103010102	79830	0	郝伟
2008-02-26	记	0221	付新疆办报销福临门城间项目运费	12310309	0	79830	郝伟
2008-02-26	记	0221	付新疆办报销车皮和市内运费	400103010102	43813	0	郝伟
2008-02-26	记	0221	付新疆办报销车皮和市内运费	12310309	0	43813	郝伟
2008-02-26	记	0221	付新疆办报销仓储费费 2007 年 12 月至 2008 年 2 月	280101	9000	0	郝伟
2008-02-26	记	0221	付新疆办报销仓储费费 2007 年 12 月至 2008 年 2 月	280101	6000	0	郝伟
2008-02-26	记	0221	付新疆办报销仓储费费 2007 年 12 月至 2008 年 2 月	12310309	0	15000	郝伟
2008-02-26	记	0222	付霸州办报销邮寄费用	4001021005	22	0	郝伟
2008-02-26	记	0222	付霸州办报销邮寄费用	12310316	0	22	郝伟
2008-02-26	记	0223	付霸州办报销 1 月份手机费	400102100601	150	0	郝伟
2008-02-26	记	0223	付霸州办报销 1 月份手机费	12310316	0	150	郝伟
2008-02-26	记	0224	付霸州办报销 1 月份电费	4001021010	178	0	郝伟
2008-02-26	记	0224	付霸州办报销 1 月份电费	12310316	0	178	郝伟
2008-02-26	记	0225	付霸州办报销 1 月房租	280101	330	0	郝伟
2008-02-26	记	0225	付霸州办报销 1 月房租	12310316	0	330	郝伟
2008-02-26	记	0225	付霸州办报销 2 月房租	4001021011	330	0	郝伟
2008-02-26	记	0225	付霸州办报销 2 月房租	12310316	0	330	郝伟
2008-02-26	记	0226	付霸州办报销 1 月份汽油费用	400102100704	100	0	郝伟
2008-02-26	记	0226	付霸州办报销 1 月份汽油费用	12310316	0	100	郝伟
2008-02-26	记	0227	付办事处拨款—沈阳	12310305	30000	0	李莉
2008-02-26	记	0227	付办事处拨款—沈阳	100204	0	30000	李莉
2008-02-26	记	0228	付姜世建湖北出差借款	12310401	2000	0	李莉
2008-02-26	记	0228	付姜世建湖北出差借款	1001	0	2000	李莉
2008-02-26	记	0229	常明报黑 DC6046 车汽油费	400101020704	100	0	李莉
2008-02-26	记	0229	常明报黑 DC6046 车路桥费	400101020702	10	0	李莉
2008-02-26	记	0229	常明报黑 DC6046 车路桥费汽油费	1001	0	110	李莉

续上表

日期	凭证种类	凭证号	摘　要	科目代码	借方	贷方	制单人
2008-02-26	记	0230	付上海办好丽友项目运费	400103010102	37512	0	郝伟
2008-02-26	记	0230	付上海办好丽友项目运费	12310303	0	37512	郝伟
2008-02-26	记	0230	付上海办 ABB 项目运费	400103010102	2813	0	郝伟
2008-02-26	记	0230	付上海办 ABB 项目运费	12310303	0	2813	郝伟
2008-02-26	记	0230	付上海办天龙制锯运费	400103010102	1280	0	郝伟
2008-02-26	记	0230	付上海办天龙制锯运费	12310303	0	1280	郝伟
2008-02-26	记	0230	付上海办榄菊项目运费	400103010102	2740	0	郝伟
2008-02-26	记	0230	付上海办榄菊项目运费	12310303	0	2740	郝伟
2008-02-27	记	0231	付办事处拨款—上海	12310303	10000	0	李莉
2008-02-27	记	0231	付办事处拨款—上海	100204	0	10000	李莉
2008-02-27	记	0232	石家庄周连魁报 12 ~2 月电话费	400102100602	110	0	李莉
2008-02-27	记	0232	石家庄周连魁报 1 月办公用品	4001021005	45	0	李莉
2008-02-27	记	0232	石家庄周连魁报 1 月邮寄费	4001021005	44	0	李莉
2008-02-27	记	0232	石家庄周连魁报费用	100204	0	199	李莉
2008-02-27	记	0233	付上海办好丽友运费	400103010102	14808	0	郝伟
2008-02-27	记	0233	付上海办好丽友运费	12310303	0	14808	郝伟
2008-02-27	记	0233	付上海办榄菊零散运费	400103010102	990	0	郝伟
2008-02-27	记	0233	付上海办 ABB 运费	400103010102	710	0	郝伟
2008-02-27	记	0233	付上海办国合运费	400103010102	300	0	郝伟
2008-02-27	记	0233	付上海办飞利浦运费	400103010102	80	0	郝伟
2008-02-27	记	0233	付上海办徐思众珠心算运费	400103010102	80	0	郝伟
2008-02-27	记	0233	付上海办榄菊国合 ABB 飞利浦徐思众珠心算运费	12310303	0	2160	郝伟
2008-02-27	记	0234	付上海办好丽友项目城间运费	400103010102	55521	0	郝伟
2008-02-27	记	0234	付上海办好丽友项目城间运费	12310303	0	55521	郝伟
2008-02-27	记	0235	付上海办报销员工 1 月份工资	22110102	10696.79	0	郝伟
2008-02-27	记	0235	付上海办报销员工 1 月份工资	12310303	0	10696.79	郝伟
2008-02-27	记	0236	付上海办报销天龙制锯往返车费和取单车费	400103010202	40	0	郝伟
2008-02-27	记	0236	付上海办报销天龙制锯往返车费和取单费	12310303	0	40	郝伟
2008-02-27	记	0236	付上海办报销天龙制锯进仓费用	4001030802	90	0	郝伟
2008-02-27	记	0236	付上海办报销天龙制锯进仓费用	12310303	0	90	郝伟
2008-02-27	记	0237	付西安办报销回单邮寄财务报表费用	4001020705	70	0	郝伟
2008-02-27	记	0237	付西安办报销回单邮寄财务报表费用	4001020705	70	0	郝伟

续上表

日期	凭证种类	凭证号	摘　要	科目代码	借方	贷方	制单人
2008-02-27	记	0237	付西安办报销回单邮寄财务报表费用	12310307	0	140	郝伟
2008-02-27	记	0237	付西安办报销员工1月份手机话费	400102070601	300	0	郝伟
2008-02-27	记	0237	付西安办报销员工1月份手机话费	400102070601	200	0	郝伟
2008-02-27	记	0237	付西安办报销员工1月份手机话费	400102070601	100	0	郝伟
2008-02-27	记	0237	付西安办报销员工1月份手机话费	12310307	0	600	郝伟
2008-02-27	记	0237	付西安办报销1月份座机话费	400102070602	150	0	郝伟
2008-02-27	记	0237	付西安办报销1月份座机话费	400102070602	150	0	郝伟
2008-02-27	记	0237	付西安办报销1月份座机话费	400102070602	150	0	郝伟
2008-02-27	记	0237	付西安办报销1月份座机话费	12310307	0	450	郝伟
2008-02-27	记	0237	付西安办报销外出办事和去银行交通费	4001020702	65	0	郝伟
2008-02-27	记	0237	付西安办报销外出办事和去银行交通费	4001020702	63.7	0	郝伟
2008-02-27	记	0237	付西安办报销外出办事和去银行交通费	12310307	0	128.7	郝伟
2008-02-27	记	0237	付西安办报销好丽友项目业务招待费	4001020703	268	0	郝伟
2008-02-27	记	0237	付西安办报销好丽友项目业务招待费	12310307	0	268	郝伟
2008-02-27	记	0237	付西安办购买现金支票工本费用	560302	20	0	郝伟
2008-02-27	记	0237	付西安办购买现金支票工本费用	12310307	0	20	郝伟
2008-02-27	记	0238	付天津报销高乐高运费	400103010102	1621	0	郝伟
2008-02-27	记	0238	付天津报销高乐高运费	12310302	0	1621	郝伟
2008-02-27	记	0239	付成都办报销好丽友项目运费	400103010102	13499.22	0	郝伟
2008-02-27	记	0239	付成都办报销好丽友项目运费	12310318	0	13499.22	郝伟
2008-02-27	记	0240	付成都办报销购买办公用品费用	4001021005	75.6	0	郝伟
2008-02-27	记	0240	付成都办报销购买办公用品费用	4001021005	32.4	0	郝伟
2008-02-27	记	0240	付成都办报销购买办公用品费用	12310318	0	108	郝伟
2008-02-27	记	0240	付成都办报销交通费用	4001021002	126	0	郝伟
2008-02-27	记	0240	付成都办报销交通费用	4001021002	54	0	郝伟
2008-02-27	记	0240	付成都办报销交通费用	12310318	0	180	郝伟
2008-02-27	记	0240	付成都办报销好丽友业务招待费	4001021003	120	0	郝伟
2008-02-27	记	0240	付成都办报销梅花味精业务招待费	4001021003	100	0	郝伟
2008-02-27	记	0240	付成都办报销业务招待费	12310318	0	220	郝伟
2008-02-27	记	0240	付成都办报销李东手机话费	400102100601	210	0	郝伟
2008-02-27	记	0240	付成都办报销李东手机话费	400102100602	90	0	郝伟
2008-02-27	记	0240	付成都办报销李东手机话费	12310318	0	300	郝伟

续上表

日期	凭证种类	凭证号	摘　　要	科目代码	借方	贷方	制单人
2008-02-27	记	0240	付成都办报销12月和1月座机话费	400102100602	295	0	郝伟
2008-02-27	记	0240	付成都办报销12月和1月座机话费	400102100602	55	0	郝伟
2008-02-27	记	0240	付成都办报销12月和1月座机话费	12310318	0	350	郝伟
2008-02-27	记	0241	收好丽友食品2008年1月运费	100202	2769065.6	0	范晓倩
2008-02-27	记	0241	收好丽友食品2008年1月运费	112201	0	429811.52	范晓倩
2008-02-27	记	0241	收好丽友食品2008年1月运费	112201	0	2339254.12	范晓倩
2008-02-27	记	0242	收中粮食品营销北京分公司2007年11～12月太原运费	100202	53864.35	0	范晓倩
2008-02-27	记	0242	收中粮食品营销北京分公司2007年12月太原运费	112201	0	30013.25	范晓倩
2008-02-27	记	0242	收中粮食品营销北京分公司2007年11月太原运费	112201	0	23851.1	范晓倩
2008-02-27	记	0243	银行转款	100203	400000	0	李莉
2008-02-27	记	0243	银行转款	100202	0	400000	李莉
2008-02-27	记	0244	网企卡转款	100204	300000	0	李莉
2008-02-27	记	0244	网企卡转款	100203	0	300000	李莉
2008-02-27	记	0245	银行购结算申请书	560302	10	0	李莉
2008-02-27	记	0245	银行购结算申请书	100202	0	10	李莉
2008-02-27	记	0246	付办事处拨款—西安	12310307	40000	0	李莉
2008-02-27	记	0246	付办事处拨款—西安	100203	0	40000	李莉
2008-02-27	记	0246	付办事处拨款—天津	12310302	30000	0	李莉
2008-02-27	记	0246	付办事处拨款—天津	100203	0	30000	李莉
2008-02-27	记	0247	收天津分公司喜利得货款	12310302	7296	0	郝伟
2008-02-27	记	0247	收天津分公司喜利得货款	12310201	0	7296	郝伟
2008-02-27	记	0248	付张运柱报2008年1月百事运费	112301	78121.63	0	刘惠珍
2008-02-27	记	0248	付张运柱报2008年1月百事运费	100204	0	38121.63	刘惠珍
2008-02-27	记	0248	付张运柱报2008年1月百事运费	100204	0	40000	刘惠珍
2008-02-27	记	0249	付霸州办报销梅花味精运费	400103010102	34499	0	郝伟
2008-02-27	记	0249	付霸州办报销梅花味精运费	400103010102	21848	0	郝伟
2008-02-27	记	0249	付霸州办报销梅花味精运费	12310316	0	56347	郝伟
2008-02-27	记	0250	付天津办报销员工1月份工资	22110102	22706.25	0	郝伟
2008-02-27	记	0250	付天津办报销员工1月份工资	12310302	0	22706.25	郝伟
2008-02-27	记	0251	付天津分公司北海装卸费	4001030802	1485	0	郝伟
2008-02-27	记	0251	付天津分公司派克兰帝装卸费	4001030802	660	0	郝伟
2008-02-27	记	0251	付天津分公司飞利浦装卸费	4001030802	260	0	郝伟

续上表

日期	凭证种类	凭证号	摘　　要	科目代码	借方	贷方	制单人
2008-02-27	记	0251	付天津分公司百事装卸费	4001030802	3909	0	郝伟
2008-02-27	记	0251	付天津分公司好丽友装卸费	4001030802	690	0	郝伟
2008-02-27	记	0251	付天津分公司高乐高装卸费	4001030802	2784	0	郝伟
2008-02-27	记	0251	付天津分公司北海飞利浦好丽友百事高乐高装卸费	12310302	0	9788	郝伟
2008-02-27	记	0252	付天津分公司报销购买 A4 纸办公用品费用	4001020205	50	0	郝伟
2008-02-27	记	0252	付天津分公司报销购买 A4 纸办公用品费用	4001020205	50	0	郝伟
2008-02-27	记	0252	付天津分公司报销购买 A4 纸办公用品费用	4001020205	301.6	0	郝伟
2008-02-27	记	0252	付天津分公司报销购买 A4 纸办公用品费用	12310302	0	401.6	郝伟
2008-02-27	记	0252	付天津办报销购买炉子和炉盖取暖设备费用	4001020209	236	0	郝伟
2008-02-27	记	0252	付天津办报销购买炉子和炉盖取暖设备费用	12310302	0	236	郝伟
2008-02-27	记	0252	付天津分公司报销报账往返车费	4001020202	87.5	0	郝伟
2008-02-27	记	0252	付天津分公司报销报账往返车费	12310302	0	87.5	郝伟
2008-02-27	记	0252	付天津分公司报销汇款手续费和购买支票费用	560302	27.2	0	郝伟
2008-02-27	记	0252	付天津分公司报销汇款手续费和购买支票费用	12310302	0	27.2	郝伟
2008-02-27	记	0252	付天津分公司报销 12 月份座机话费	400102020602	250	0	郝伟
2008-02-27	记	0252	付天津分公司报销 12 月份座机话费	4001020602	250	0	郝伟
2008-02-27	记	0252	付天津分公司报销 12 月份座机话费	400102020602	250	0	郝伟
2008-02-27	记	0252	付天津分公司报销 12 月份座机话费	400102020602	320	0	郝伟
2008-02-27	记	0252	付天津分公司报销 12 月份座机话费	12310302	0	1070	郝伟
2008-02-27	记	0253	付天津分公司报销部分员工 1 月和 2 月手机话费	400102020601	530	0	郝伟
2008-02-27	记	0253	付天津分公司报销部分员工 1 月和 2 月手机话费	400102020601	300	0	郝伟
2008-02-27	记	0253	付天津分公司报销部分员工 1 月和 2 月手机话费	400102020601	250	0	郝伟

续上表

日期	凭证种类	凭证号	摘　　要	科目代码	借方	贷方	制单人
2008-02-27	记	0253	付天津分公司报销部分员工1月和2月手机话费	400102020601	220	0	郝伟
2008-02-27	记	0253	付天津分公司报销部分员工1月和2月手机话费	12310302	0	1300	郝伟
2008-02-27	记	0254	付天津分公司报销购买香烟费用	4001020212	1200	0	郝伟
2008-02-27	记	0254	付天津分公司报销购买香烟费用	12310302	0	1200	郝伟
2008-02-27	记	0254	付天津分公司报销客户招待费	4001020203	815	0	郝伟
2008-02-27	记	0254	付天津分公司报销客户招待费	12310302	0	815	郝伟
2008-02-27	记	0254	付天津分公司报销住宿差旅费	4001020204	295	0	郝伟
2008-02-27	记	0254	付天津分公司报销住宿差旅费	12310302	0	295	郝伟
2008-02-27	记	0255	付2008年2月好丽友零散运费	112301	36300	0	刘惠珍
2008-02-27	记	0255	付2008年2月好丽友零散运费	100202	0	36300	刘惠珍
2008-02-27	记	0256	付京兰新2008年2月好丽友零散运费	112301	37000	0	刘惠珍
2008-02-27	记	0256	付京兰新2008年2月好丽友零散运费	100204	0	18500	刘惠珍
2008-02-27	记	0256	付京兰新2008年2月好丽友零散运费	100204	0	18500	刘惠珍
2008-02-27	记	0257	付盛丰2008年1月运费	400103010101	158479.35	0	刘惠珍
2008-02-27	记	0257	付盛丰2008年1月运费代收款	5001010107	0	2877.5	刘惠珍
2008-02-27	记	0257	付盛丰2008年1月运费代	100202	0	155601.85	刘惠珍
2008-02-27	记	0258	付上海办报销银行取款租车费	4001020302	10	0	郝伟
2008-02-27	记	0258	付上海办报销银行取款租车费	4001020302	15	0	郝伟
2008-02-27	记	0258	付上海办报销银行取款租车费	12310303	0	25	郝伟
2008-02-27	记	0258	付上海办报销好丽友年底盘库业务招待费	4001020303	260	0	郝伟
2008-02-27	记	0258	付上海办报销好丽友年底盘库业务招待费	12310303	0	260	郝伟
2008-02-27	记	0258	付上海办报销纯净水费用	4001020305	160	0	郝伟
2008-02-27	记	0258	付上海办报销纯净水费用	12310303	0	160	郝伟
2008-02-27	记	0258	付上海办报销1月份水电费	4001020310	947	0	郝伟
2008-02-27	记	0258	付上海办报销1月份水电费	12310303	0	947	郝伟
2008-02-27	记	0258	付上海办报销12月和1月份座机话费	400102030602	300	0	郝伟
2008-02-27	记	0258	付上海办报销12月和1月份座机话费	400102030602	150	0	郝伟
2008-02-27	记	0258	付上海办报销12月和1月份座机话费	400102030602	343.9	0	郝伟

续上表

日期	凭证种类	凭证号	摘　　要	科目代码	借方	贷方	制单人
2008-02-27	记	0258	付上海办报销 12 月和 1 月份座机话费	12310303	0	793.9	郝伟
2008-02-27	记	0258	付上海办报销员工 1 月份手机话费	400102030601	200	0	郝伟
2008-02-27	记	0258	付上海办报销员工 1 月份手机话费	400102030601	50	0	郝伟
2008-02-27	记	0258	付上海办报销员工 1 月份手机话费	400102030601	300	0	郝伟
2008-02-27	记	0258	付上海办报销员工 1 月份手机话费	12310303	0	550	郝伟
2008-02-27	记	0258	付上海办报销购买挂锁费用	4001020309	75	0	郝伟
2008-02-27	记	0258	付上海办报销购买挂锁费用	12310303	0	75	郝伟
2008-02-27	记	0258	付上海办报销液压车维修费用	400103070302	200	0	郝伟
2008-02-27	记	0258	付上海办报销液压车维修费用	12310303	0	200	郝伟
2008-02-27	记	0259	付营口津伟物流 2008 年 1 月运费	400103010101	281600	0	刘惠珍
2008-02-27	记	0259	付营口津伟物流 2008 年 1 月运费	100202	0	281600	刘惠珍
2008-02-27	记	0259	付营口津伟物流 2008 年 1 月运费手续费	40010305	55	0	刘惠珍
2008-02-27	记	0259	付营口津伟物流 2008 年 1 月运费手续费	100202	0	55	刘惠珍
2008-02-27	记	0260	付马桥库房市话通信费	400102010602	412.46	0	李莉
2008-02-27	记	0260	付马桥库房市话通信费	100202	0	38	李莉
2008-02-27	记	0260	付马桥库房市话通信费	100202	0	374.46	李莉
2008-02-27	记	0261	付市话通信费	56020602	253.84	0	李莉
2008-02-27	记	0261	付市话通信费	400101020602	253.84	0	李莉
2008-02-27	记	0261	付市话通信费	400101020602	63.46	0	李莉
2008-02-27	记	0261	付市话通信费	400101020602	63.46	0	李莉
2008-02-27	记	0261	付市话通信费	400101020602	126.92	0	李莉
2008-02-27	记	0261	付市话通信费	400101020602	126.92	0	李莉
2008-02-27	记	0261	付市话通信费	400101020602	190.38	0	李莉
2008-02-27	记	0261	付市话通信费	400101020602	190.38	0	李莉
2008-02-27	记	0261	付市话通信费	5601010602	63.46	0	李莉
2008-02-27	记	0261	付市话通信费	5601020602	1142.29	0	李莉
2008-02-27	记	0261	付市话通信费	5601030602	824.99	0	李莉
2008-02-27	记	0261	付市话通信费	4101060602	7.64	0	李莉
2008-02-27	记	0261	付市话通信费	4101010602	7.64	0	李莉
2008-02-27	记	0261	付市话通信费	56020602	22.93	0	李莉
2008-02-27	记	0261	付市话通信费	4101010602	76.43	0	李莉
2008-02-27	记	0261	付市话通信费	4101020602	38.24	0	李莉

续上表

日期	凭证种类	凭证号	摘　　要	科目代码	借方	贷方	制单人
2008-02-27	记	0261	付市话通信费	100202	0	55.24	李莉
2008-02-27	记	0261	付市话通信费	100202	0	174.26	李莉
2008-02-27	记	0261	付市话通信费	100202	0	1917.3	李莉
2008-02-27	记	0261	付市话通信费	100202	0	1153.16	李莉
2008-02-27	记	0261	付市话通信费	100202	0	152.86	李莉
2008-02-27	记	0262	付新疆办报销北海和唯好车皮入库装卸费	4001030802	17237.4	0	郝伟
2008-02-27	记	0262	付新疆办报销北海和唯好车皮入库装卸费	12310309	0	17237.4	郝伟
2008-02-27	记	0263	付新疆办报销北海和唯好车皮出库装卸费	4001030802	12340.8	0	郝伟
2008-02-27	记	0263	付新疆办报销北海和唯好车皮出库装卸费	12310309	0	12340.8	郝伟
2008-02-27	记	0264	唐少鹏报上海齐鑫公司物流实验系统款—湖南职院	410103	118000	0	李莉
2008-02-27	记	0264	唐少鹏报上海齐鑫公司物流实验系统款—湖南职院	100202	0	118000	李莉
2008-02-27	记	0265	收东海粮油张家港公司款	100202	47427.49	0	李莉
2008-02-27	记	0265	收东海粮油张家港公司款	224103	0	47427.49	李莉
2008-02-27	记	0266	退回东海粮油张家港公司汇错款	224103	47427.49	0	李莉
2008-02-27	记	0266	退回东海粮油张家港公司汇错款	100202	0	47427.49	李莉
2008-02-27	记	0267	付天津分公司报销京 ER6107 车辆维修费	400102020701	265	0	郝伟
2008-02-27	记	0267	付天津分公司报销津 AB1063 手工费	400102020701	41	0	郝伟
2008-02-27	记	0267	付天津分公司报销 ER6107 维修费和津 AB1063 手工费	12310302	0	306	郝伟
2008-02-27	记	0268	付天津分公司报销津 AB1063 公路运输管理费用和 2 月 3 月通行证费用	400102020706	905	0	郝伟
2008-02-27	记	0268	付天津分公司报销津 AB10632 月份养路费	400102020703	460	0	郝伟
2008-02-27	记	0268	付天津分公司报销津 AB10632 月份养路费 2 月和 3 月通行证费用	12310302	0	1365	郝伟
2008-02-27	记	0269	付天津分公司报销租车费用	4001020202	8	0	郝伟
2008-02-27	记	0269	付天津分公司报销租车费用	12310302	0	8	郝伟

续上表

日期	凭证种类	凭证号	摘　　要	科目代码	借方	贷方	制单人
2008-02-27	记	0270	付天津分公司报销高乐高项目城间运费	400103010102	36670	0	郝伟
2008-02-27	记	0270	付天津分公司报销高乐高项目城间运费	12310302	0	36670	郝伟
2008-02-27	记	0271	付天津分公司报销福临门项目运费	400103010102	28544	0	郝伟
2008-02-27	记	0271	付天津分公司报销福临门项目运费	12310302	0	28544	郝伟
2008-02-27	记	0272	付天津分公司报销福临门运费	400103010102	25484	0	郝伟
2008-02-27	记	0272	收天津分公司福临门货损款	40010306	-666	0	郝伟
2008-02-27	记	0272	付天津分公司报销福临门运费	12310302	0	24818	郝伟
2008-02-27	记	0273	付天津分公司报销高乐高运费	400103010102	12570	0	郝伟
2008-02-27	记	0273	付天津分公司报销高乐高运费	12310302	0	12570	郝伟
2008-02-27	记	0274	转养老保险	400101020104	540.6	0	康丽萍
2008-02-27	记	0274	转养老保险	56020104	1581.2	0	康丽萍
2008-02-27	记	0274	转养老保险	4101010104	1940.2	0	康丽萍
2008-02-27	记	0274	转养老保险	4101020104	1203	0	康丽萍
2008-02-27	记	0274	转养老保险	400101020104	609.2	0	康丽萍
2008-02-27	记	0274	转养老保险	400101020104	368.6	0	康丽萍
2008-02-27	记	0274	转养老保险	400102050104	609.2	0	康丽萍
2008-02-27	记	0274	转养老保险	400102010104	5324	0	康丽萍
2008-02-27	记	0274	转养老保险	5601010104	800	0	康丽萍
2008-02-27	记	0274	转养老保险	5601030104	2893.4	0	康丽萍
2008-02-27	记	0274	转养老保险	5601020104	3312.2	0	康丽萍
2008-02-27	记	0274	转养老保险	400101020104	540.6	0	康丽萍
2008-02-27	记	0274	转养老保险	400101020104	540.6	0	康丽萍
2008-02-27	记	0274	转养老保险	400102030104	609.2	0	康丽萍
2008-02-27	记	0274	转养老保险	400102020104	721.8	0	康丽萍
2008-02-27	记	0274	转养老保险	400102060104	240.6	0	康丽萍
2008-02-27	记	0274	转养老保险	400102070104	481.2	0	康丽萍
2008-02-27	记	0274	转养老保险	12310401	240.6	0	康丽萍
2008-02-27	记	0274	转养老保险	12310401	240.6	0	康丽萍
2008-02-27	记	0274	转养老保险	12310401	240.6	0	康丽萍
2008-02-27	记	0274	转养老保险	12310401	240.6	0	康丽萍
2008-02-27	记	0274	转养老保险	12310401	240.6	0	康丽萍
2008-02-27	记	0274	转养老保险	12310401	240.6	0	康丽萍
2008-02-27	记	0274	转养老保险	56020104	240.6	0	康丽萍

续上表

日期	凭证种类	凭证号	摘　　要	科目代码	借方	贷方	制单人
2008-02-27	记	0286	付长沙办报销2007年5月至2007年12月水电费	4001021010	805	0	郝伟
2008-02-27	记	0286	付长沙办报销2007年5月至2007年12月水电费	12310310	0	805	郝伟
2008-02-27	记	0287	付长沙办报销福人地板装卸费	4001030802	3713	0	郝伟
2008-02-27	记	0287	付长沙办报销福人地板装卸费	12310310	0	3713	郝伟
2008-02-27	记	0287	付长沙办报销汽油费用	400102100704	3600	0	郝伟
2008-02-27	记	0287	付长沙办报销汽油费用	12310310	0	3600	郝伟
2008-02-27	记	0288	付长沙办报销维修叉车费用	400103070302	40	0	郝伟
2008-02-27	记	0288	付长沙办报销维修叉车费用	12310310	0	40	郝伟
2008-02-27	记	0289	付长沙办报销福人地板2007年12月18日至12月31日仓储费	400103070102	2470	0	郝伟
2008-02-27	记	0289	付长沙办报销福人地板2007年12月18日至12月31日仓储费	12310310	0	2470	郝伟
2008-02-27	记	0290	付长沙办报销福人地板运费	400103010102	80747	0	郝伟
2008-02-27	记	0290	付长沙办报销福人地板运费	12310310	0	80747	郝伟
2008-02-27	记	0291	付大连办报销2月份公交费用	4001021002	100	0	郝伟
2008-02-27	记	0291	付大连办报销2月份公交费用	12310311	0	100	郝伟
2008-02-27	记	0292	付大连办报销邮寄费用	4001021005	40	0	郝伟
2008-02-27	记	0292	付大连办报销邮寄费用	12310311	0	40	郝伟
2008-02-27	记	0293	付办事处拨款—北京办	12310301	45000	0	李莉
2008-02-27	记	0293	付办事处拨款—北京办	100204	0	45000	李莉
2008-02-27	记	0293	付办事处拨款—广州办	12310304	30000	0	李莉
2008-02-27	记	0293	付办事处拨款—广州办	100204	0	30000	李莉
2008-02-27	记	0293	付办事处拨款—新疆办	12310309	20000	0	李莉
2008-02-27	记	0293	付办事处拨款—新疆办	100204	0	20000	李莉
2008-02-27	记	0293	付办事处拨款—武汉办	12310306	40000	0	李莉
2008-02-27	记	0293	付办事处拨款—武汉办	100203	0	40000	李莉
2008-02-27	记	0293	付办事处拨款—天津办	12310302	40000	0	李莉
2008-02-27	记	0293	付办事处拨款—天津办	100203	0	40000	李莉
2008-02-27	记	0294	付大连办报销12月和1月座机话费	400102100602	362	0	郝伟
2008-02-27	记	0294	付大连办报销12月和1月座机话费	12310311	0	362	郝伟
2008-02-27	记	0295	刘玉凤报华北外派人员12月企业年金	22110506	4690	0	李莉

续上表

日期	凭证种类	凭证号	摘要	科目代码	借方	贷方	制单人
2008-02-27	记	0295	刘玉凤报华北外派人员12月企业年金	100202	0	4690	李莉
2008-02-27	记	0296	付大连办报销福临门项目装卸费	4001030802	9838	0	郝伟
2008-02-27	记	0296	付大连办报销福临门项目装卸费	12310311	0	9838	郝伟
2008-02-27	记	0297	付兰州办报销1月份手机话费	400102100601	100	0	郝伟
2008-02-27	记	0297	付兰州办报销1月份手机话费	12310320	0	100	郝伟
2008-02-28	记	0298	收维达北方纸业2007年12月运费	100202	117716.72	0	范晓倩
2008-02-28	记	0298	收维达北方纸业2007年12月运费	112201	0	117716.72	范晓倩
2008-02-28	记	0299	刘玉凤报恒安库购电脑电源1个	4001020109	295	0	李莉
2008-02-28	记	0299	刘玉凤报恒安库购电脑电源1个	1001	0	295	李莉
2008-02-28	记	0300	付大连办报销12月份和1月份手机话费	400102100601	200	0	郝伟
2008-02-28	记	0300	付大连办报销12月份和1月份手机话费	12310311	0	200	郝伟
2008-02-28	记	0301	收西安办好丽友货损款项	40010306	-7486.4	0	郝伟
2008-02-28	记	0301	收西安办好丽友货损款项	12310307	7486.4	0	郝伟
2008-02-28	记	0302	付大连办报销北海市内租车费	400103010202	300	0	郝伟
2008-02-28	记	0302	付大连办报销北海市内租车费	12310311	0	300	郝伟
2008-02-28	记	0303	付石家庄仓库2007年12月25日至2008年2月15日租赁费用	280101	5250	0	郝伟
2008-02-28	记	0303	付石家庄仓库2007年12月25日至2008年2月15日租赁费用	12310401	0	5250	郝伟
2008-02-28	记	0304	付石家庄福临门项目运费	400103010102	23800	0	郝伟
2008-02-28	记	0304	付石家庄福临门项目运费	12310401	0	23800	郝伟
2008-02-28	记	0305	贾莹报丰田车保险费	4101010705	4073.46	0	李莉
2008-02-28	记	0305	贾莹报丰田车保险费	100202	0	4073.46	李莉
2008-02-28	记	0306	单萌报1月手机话费	5601020601	100	0	李莉
2008-02-28	记	0306	单萌报1月手机话费	1001	0	100	李莉
2008-02-28	记	0306	单萌报交通费	56010202	60	0	李莉
2008-02-28	记	0306	单萌报交通费	1001	0	60	李莉
2008-02-28	记	0307	单萌报宿舍实习生水电费	56010310	35.5	0	李莉
2008-02-28	记	0307	单萌报宿舍实习生水电费	41010210	25.5	0	李莉
2008-02-28	记	0307	单萌报宿舍实习生水电费	1001	0	61	李莉
2008-02-28	记	0308	艾红枫报路桥费	56020702	41	0	李莉
2008-02-28	记	0308	艾红枫报路桥费	1001	0	41	李莉

续上表

日期	凭证种类	凭证号	摘　要	科目代码	借方	贷方	制单人
2008-02-28	记	0309	付柳州二运2007年9月运费	400103010102	96483.46	0	刘惠珍
2008-02-28	记	0309	付柳州二运2007年9月运费	4001030202	44691.6	0	刘惠珍
2008-02-28	记	0309	付柳州二运2007年9月运费	100202	0	141175.06	刘惠珍
2008-02-28	记	0310	付锦州南青2008年1月运费	4001030301	206930	0	刘惠珍
2008-02-28	记	0310	付锦州南青2008年1月运费	100202	0	206930	刘惠珍
2008-02-28	记	0311	付锦州隆承物流2008年1运费	400103010101	176400	0	刘惠珍
2008-02-28	记	0311	付锦州隆承物流2008年1运费	100202	0	176400	刘惠珍
2008-02-28	记	0311	付锦州隆承物流2008年1运费手续费	40010305	55	0	刘惠珍
2008-02-28	记	0311	付锦州隆承物流2008年1运费手续费	100202	0	55	刘惠珍
2008-02-28	记	0312	付锦州鑫龙物流2008年1月运费	400103010101	16800	0	刘惠珍
2008-02-28	记	0312	付锦州鑫龙物流2008年1月运费	100202	0	16800	刘惠珍
2008-02-28	记	0313	摊销北京分公司2008年2月叉车6台低值易耗品费用	4001020109	762.5	0	康丽萍
2008-02-28	记	0313	摊销北京分公司2008年2月叉车6台低值易耗品费用	141206	0	762.5	康丽萍
2008-02-28	记	0314	计提各分支机构2008年2月仓储租金—上海	400103070102	8300	0	康丽萍
2008-02-28	记	0314	计提各分支机构2008年2月仓储租金—西安	4001020711	130	0	康丽萍
2008-02-28	记	0314	计提各分支机构2008年2月仓储租金—西安	400103070102	2400	0	康丽萍
2008-02-28	记	0314	计提各分支机构2008年2月仓储租金—西安	4001020711	600	0	康丽萍
2008-02-28	记	0314	计提各分支机构2008年2月仓储租金—西安	400103070102	14000	0	康丽萍
2008-02-28	记	0314	计提各分支机构2008年2月仓储租金—天津	4001020211	1666.63	0	康丽萍
2008-02-28	记	0314	计提各分支机构2008年2月仓储租金—天津	400103070102	1100	0	康丽萍
2008-02-28	记	0314	计提各分支机构2008年2月仓储租金—石家庄	400103070102	8400	0	康丽萍
2008-02-28	记	0314	计提各分支机构2008年2月仓储租金—雀巢	4001020111	600	0	康丽萍
2008-02-28	记	0314	计提各分支机构2008年2月仓储租金—北京二处	400103070101	22500	0	康丽萍

续上表

日期	凭证种类	凭证号	摘　　要	科目代码	借方	贷方	制单人
2008-02-28	记	0314	计提各分支机构 2008 年 2 月仓储租金—北京	4001020111	11000	0	康丽萍
2008-02-28	记	0314	计提各分支机构 2008 年 2 月仓储租金—北京	400103070101	41000	0	康丽萍
2008-02-28	记	0314	计提各分支机构 2008 年 2 月仓储租金—北京恒安	400103070101	30000	0	康丽萍
2008-02-28	记	0314	计提各分支机构 2008 年 2 月仓储租金—北京其他	400103070101	600	0	康丽萍
2008-02-28	记	0314	计提各分支机构 2008 年 2 月仓储租金—北京其他	400103070101	600	0	康丽萍
2008-02-28	记	0314	计提各分支机构 2008 年 2 月仓储租金—北京其他	400103070101	800	0	康丽萍
2008-02-28	记	0314	计提各分支机构 2008 年 2 月仓储租金—北京其他	400103070101	500	0	康丽萍
2008-02-28	记	0314	计提各分支机构 2008 年 2 月仓储租金—北京其他	400103070101	500	0	康丽萍
2008-02-28	记	0314	计提各分支机构 2008 年 2 月仓储租金—北京其他	400103070101	800	0	康丽萍
2008-02-28	记	0314	计提各分支机构 2008 年 2 月仓储租金—北京其他	400103070101	1700	0	康丽萍
2008-02-28	记	0314	计提各分支机构 2008 年 2 月仓储租金—北京其他	400103070101	2500	0	康丽萍
2008-02-28	记	0314	计提各分支机构 2008 年 2 月仓储租金—北京其他	4001020811	502.2	0	康丽萍
2008-02-28	记	0314	计提各分支机构 2008 年 2 月仓储租金—太原	400103070102	13640	0	康丽萍
2008-02-28	记	0314	计提各分支机构 2008 年 2 月仓储租金—大连	400103070102	4500	0	康丽萍
2008-02-28	记	0314	计提各分支机构 2008 年 2 月仓储租金—新疆	4001020911	450	0	康丽萍
2008-02-28	记	0314	计提各分支机构 2008 年 2 月仓储租金—新疆	400103070102	22680	0	康丽萍
2008-02-28	记	0314	计提各分支机构 2008 年 2 月仓储租金—新疆	400103070102	2160	0	康丽萍

续上表

日期	凭证种类	凭证号	摘　要	科目代码	借方	贷方	制单人
2008-02-28	记	0314	计提各分支机构 2008 年 2 月仓储租金—新疆	4001020911	350	0	康丽萍
2008-02-28	记	0314	计提各分支机构 2008 年 2 月仓储租金—邯郸	400103070102	4500	0	康丽萍
2008-02-28	记	0314	计提各分支机构 2008 年 2 月仓储租金—张家口	400103070102	1600	0	康丽萍
2008-02-28	记	0314	计提各分支机构 2008 年 2 月仓储租金—邢台	400103070102	4500	0	康丽萍
2008-02-28	记	0314	计提各分支机构 2008 年 2 月仓储租金—秦皇岛	400103070102	2400	0	康丽萍
2008-02-28	记	0314	计提各分支机构 2008 年 2 月仓储租金—长沙	400103070102	5680	0	康丽萍
2008-02-28	记	0314	计提各分支机构 2008 年 2 月仓储租金—沈阳	4001020511	762	0	康丽萍
2008-02-28	记	0314	计提各分支机构 2008 年 2 月仓储租金—沈阳	400103070102	14400	0	康丽萍
2008-02-28	记	0314	计提各分支机构 2008 年 2 月仓储租金—沈阳	400103070102	67500	0	康丽萍
2008-02-28	记	0314	计提各分支机构 2008 年 2 月仓储租金—南宁	400103070102	15000	0	康丽萍
2008-02-28	记	0314	计提各分支机构 2008 年 2 月仓储租金—成都	4001021011	600	0	康丽萍
2008-02-28	记	0314	计提各分支机构 2008 年 2 月仓储租金—成都	400103070102	2000	0	康丽萍
2008-02-28	记	0314	计提各分支机构 2008 年 2 月仓储租金—兰州	4001021011	450	0	康丽萍
2008-02-28	记	0314	计提各分支机构 2008 年 2 月仓储租金—甘肃	400103070102	3000	0	康丽萍
2008-02-28	记	0314	计提各分支机构 2008 年 2 月仓储租金—唐山	400103070102	1000	0	康丽萍
2008-02-28	记	0314	计提各分支机构 2008 年 2 月仓储租金—上海	280101	0	8300	康丽萍
2008-02-28	记	0314	计提各分支机构 2008 年 2 月仓储租金—西安	280101	0	17130	康丽萍

续上表

日期	凭证种类	凭证号	摘　　要	科目代码	借方	贷方	制单人
2008-02-28	记	0314	计提各分支机构2008年2月仓储租金—天津	280101	0	2766.63	康丽萍
2008-02-28	记	0314	计提各分支机构2008年2月仓储租金—石家庄	280101	0	8400	康丽萍
2008-02-28	记	0314	计提各分支机构2008年2月仓储租金—北京	280101	0	113100	康丽萍
2008-02-28	记	0314	计提各分支机构2008年2月仓储租金—太原	280101	0	14142.2	康丽萍
2008-02-28	记	0314	计提各分支机构2008年2月仓储租金—大连	280101	0	4500	康丽萍
2008-02-28	记	0314	计提各分支机构2008年2月仓储租金—新疆	280101	0	25640	康丽萍
2008-02-28	记	0314	计提各分支机构2008年2月仓储租金—邯郸	280101	0	4500	康丽萍
2008-02-28	记	0314	计提各分支机构2008年2月仓储租金—张家口	280101	0	1600	康丽萍
2008-02-28	记	0314	计提各分支机构2008年2月仓储租金—邢台	280101	0	4500	康丽萍
2008-02-28	记	0314	计提各分支机构2008年2月仓储租金—秦皇岛	280101	0	2400	康丽萍
2008-02-28	记	0314	计提各分支机构2008年2月仓储租金—长沙	280101	0	5680	康丽萍
2008-02-28	记	0314	计提各分支机构2008年2月仓储租金—沈阳	280101	0	82662	康丽萍
2008-02-28	记	0314	计提各分支机构2008年2月仓储租金—南宁	280101	0	15000	康丽萍
2008-02-28	记	0314	计提各分支机构2008年2月仓储租金—成都	280101	0	2600	康丽萍
2008-02-28	记	0314	计提各分支机构2008年2月仓储租金—兰州	280101	0	3450	康丽萍
2008-02-28	记	0314	计提各分支机构2008年2月仓储租金—唐山	280101	0	1000	康丽萍
2008-02-28	记	0315	计提2008年2月福利费	56020103	210.8	0	康丽萍
2008-02-28	记	0315	计提2008年2月福利费	400102010103	296	0	康丽萍

续上表

日期	凭证种类	凭证号	摘　　要	科目代码	借方	贷方	制单人
2008-02-28	记	0315	计提2008年2月福利费	400102020103	148	0	康丽萍
2008-02-28	记	0315	计提2008年2月福利费	400102030103	148	0	康丽萍
2008-02-28	记	0315	计提2008年2月福利费	400102050103	148	0	康丽萍
2008-02-28	记	0315	计提2008年2月福利费	400102060103	148	0	康丽萍
2008-02-28	记	0315	计提2008年2月福利费	400102070103	148	0	康丽萍
2008-02-28	记	0315	计提2008年2月福利费	400102080103	148	0	康丽萍
2008-02-28	记	0315	计提2008年2月福利费	400102090103	148	0	康丽萍
2008-02-28	记	0315	计提2008年2月福利费	400102100103	148	0	康丽萍
2008-02-28	记	0315	计提2008年2月福利费	22110401	0	1690.8	康丽萍
2008-02-28	记	0316	摊销2008年2月职工宿舍房租	4001010211	230	0	康丽萍
2008-02-28	记	0316	摊销2008年2月职工宿舍房租	560211	230	0	康丽萍
2008-02-28	记	0316	摊销2008年2月职工宿舍房租	56010211	570	0	康丽萍
2008-02-28	记	0316	摊销2008年2月职工宿舍房租	56010311	684	0	康丽萍
2008-02-28	记	0316	摊销2008年2月职工宿舍房租	4001010211	114	0	康丽萍
2008-02-28	记	0316	摊销2008年2月职工宿舍房租	41010211	229	0	康丽萍
2008-02-28	记	0316	摊销2008年2月职工宿舍房租	4001010211	114	0	康丽萍
2008-02-28	记	0316	摊销2008年2月职工宿舍房租	4001010211	229	0	康丽萍
2008-02-28	记	0316	摊销2008年2月职工宿舍房租	56010311	110	0	康丽萍
2008-02-28	记	0316	摊销2008年2月职工宿舍房租	4001010211	110	0	康丽萍
2008-02-28	记	0316	摊销2008年2月职工宿舍房租	41010211	110	0	康丽萍
2008-02-28	记	0316	摊销2008年2月职工宿舍房租	4001010211	220	0	康丽萍
2008-02-28	记	0316	摊销2008年2月职工宿舍房租	56010211	955.4	0	康丽萍
2008-02-28	记	0316	摊销2008年2月职工宿舍房租	4001010211	239	0	康丽萍
2008-02-28	记	0316	摊销2008年2月ABB项目职工宿舍房租	4001020111	800	0	康丽萍
2008-02-28	记	0316	摊销2008年2月职工宿舍房租	180101	0	4944.4	康丽萍
2008-02-28	记	0317	付通辽办报销1月份手机话费	400102100601	200	0	郝伟
2008-02-28	记	0317	付通辽办报销1月份手机话费	12310317	0	200	郝伟
2008-02-28	记	0318	付通辽办报销2月份邮寄费用	4001021005	80	0	郝伟
2008-02-28	记	0318	付通辽办报销2月份邮寄费用	12310317	0	80	郝伟
2008-02-28	记	0318	付通辽办报销2007年4月至2007年12月票据复印费用	4001021005	128	0	郝伟
2008-02-28	记	0318	付通辽办报销2007年4月至2007年12月票据复印费用	12310317	0	128	郝伟
2008-02-28	记	0319	付通辽办报销海运交通费用	400103010202	405	0	郝伟

续上表

日期	凭证种类	凭证号	摘　要	科目代码	借方	贷方	制单人
2008-02-28	记	0319	付通辽办报销海运交通费用	12310317	0	405	郝伟
2008-02-28	记	0320	付通辽办报销梅花味精2月份保险费用	40010310	600	0	郝伟
2008-02-28	记	0320	付通辽办报销梅花味精2月份保险费用	12310317	0	600	郝伟
2008-02-28	记	0321	付通辽办报销铁路租车费用	400103010202	40	0	郝伟
2008-02-28	记	0321	付通辽办报销铁路租车费用	12310317	0	40	郝伟
2008-02-28	记	0322	付通辽办报销购买侧重费挡板垫布及综合服务费用	4001030202	553	0	郝伟
2008-02-28	记	0322	付通辽办报销购买侧重费挡板垫布及综合服务费用	12310317	0	553	郝伟
2008-02-28	记	0323	付通辽办报销购梅花味精2月份发货手续费	40010305	18	0	郝伟
2008-02-28	记	0323	付通辽办报销购梅花味精2月份发货运费	4001030202	15950	0	郝伟
2008-02-28	记	0323	付通辽办报销购梅花味精2月份发货装卸费	4001030802	681.1	0	郝伟
2008-02-28	记	0323	付通辽办报销购梅花味精2月份发货手续费和运费	12310317	0	16649.1	郝伟
2008-02-28	记	0324	付北京分公司报销车辆汽油费	4001030901	3913	0	郝伟
2008-02-28	记	0324	付北京分公司报销车辆过路过桥费	4001030902	185	0	郝伟
2008-02-28	记	0324	付北京分公司报销车辆汽油费和过路过桥费	12310301	0	4098	郝伟
2008-02-28	记	0325	付北京分公司报销恒安项目装卸费	4001030801	7397	0	郝伟
2008-02-28	记	0325	付北京分公司报销恒安项目装卸费	12310301	0	7397	郝伟
2008-02-28	记	0326	付北京分公司报销北海项目装卸费用	4001030801	19561	0	郝伟
2008-02-28	记	0326	付北京分公司报销北海项目装卸费用	12310301	0	19561	郝伟
2008-02-28	记	0327	付北京分公司报销维达项目1月9日至2月9日房租	4001020111	150	0	郝伟
2008-02-28	记	0327	付北京分公司报销维达项目1月9日至2月9日房租	12310301	0	150	郝伟
2008-02-28	记	0327	付北京分公司报销维达项目交通费	4001020102	100	0	郝伟
2008-02-28	记	0327	付北京分公司报销维达项目交通费	12310301	0	100	郝伟
2008-02-28	记	0328	付天津分公司报销高乐高配送费	400103010202	2200	0	郝伟
2008-02-28	记	0328	付天津分公司报销高乐高配送费	12310302	0	2200	郝伟

续上表

日期	凭证种类	凭证号	摘　　要	科目代码	借方	贷方	制单人
2008-02-28	记	0329	付天津分公司报销高乐高项目配送费	400103010202	2010	0	郝伟
2008-02-28	记	0329	付天津分公司报销高乐高项目配送费	12310302	0	2010	郝伟
2008-02-28	记	0330	付天津分公司报销国合配送费	4001030202	690	0	郝伟
2008-02-28	记	0330	付天津分公司报销百事配送费	400103010202	16020	0	郝伟
2008-02-28	记	0330	付天津分公司报销高乐高配送费	4001030202	895	0	郝伟
2008-02-28	记	0330	付天津分公司报销 ABB 配送费	4001030202	40	0	郝伟
2008-02-28	记	0330	付天津分公司报销飞利浦配送费	4001030202	1370	0	郝伟
2008-02-28	记	0330	付天津分公司报销好丽友配送费	4001030202	990	0	郝伟
2008-02-28	记	0330	付天津分公司报销北海配送费	4001030202	900	0	郝伟
2008-02-28	记	0330	付天津分公司报销配送费	12310302	0	20905	郝伟
2008-02-28	记	0331	付天津分公司报销百事项目配送费	400103010202	2630	0	郝伟
2008-02-28	记	0331	付天津分公司报销百事项目配送费	12310302	0	2630	郝伟
2008-02-28	记	0332	付北京分公司报销百事取单交通费	4001020102	108	0	郝伟
2008-02-28	记	0332	付北京分公司报销恒安取单交通费	4001020102	239	0	郝伟
2008-02-28	记	0332	付北京分公司报销北海取单交通费	4001020102	148	0	郝伟
2008-02-28	记	0332	付北京分公司报销取单交通费	12310301	0	495	郝伟
2008-02-28	记	0333	付北京分公司报销 ABB 运费	400103010101	2738	0	郝伟
2008-02-28	记	0333	付北京分公司报销 ABB 运费	12310301	0	2738	郝伟
2008-02-28	记	0334	付北京分公司报销恒安豫 B08703 车辆汽油费	4001030901	91	0	郝伟
2008-02-28	记	0334	付北京分公司报销恒安豫 B08703 车辆过路过桥费	4001030902	100	0	郝伟
2008-02-28	记	0334	付北京分公司报销恒安豫 B08703 车辆汽油费和过路过桥费	12310301	0	191	郝伟
2008-02-28	记	0334	付北京分公司报销恒安豫 B07197 车辆汽油费	4001030901	1470	0	郝伟
2008-02-28	记	0334	付北京分公司报销恒安豫 B07197 车辆过路过桥费	4001030902	250	0	郝伟
2008-02-28	记	0334	付北京分公司报销豫 B07197 车辆汽油费和过路过桥费	12310301	0	1720	郝伟
2008-02-28	记	0335	付北京分公司报销雀巢豫 B07197 车辆汽油费	4001030901	737	0	郝伟
2008-02-28	记	0335	付北京分公司报销雀巢豫 B08703 车辆汽油费	4001030901	242	0	郝伟

续上表

日期	凭证种类	凭证号	摘　　要	科目代码	借方	贷方	制单人
2008-02-28	记	0335	付北京分公司报销北海辽 HP3588 车辆汽油费	4001030901	869	0	郝伟
2008-02-28	记	0335	付北京分公司报销车辆汽油费	12310301	0	1848	郝伟
2008-02-29	记	0336	付银行汇款手续费	40010305	400.5	0	李莉
2008-02-29	记	0336	付银行汇款手续费	100204	0	400.5	李莉
2008-02-29	记	0337	银行提现	1001	4480	0	李莉
2008-02-29	记	0337	银行提现	1001	10000	0	李莉
2008-02-29	记	0337	银行提现	100203	0	4480	李莉
2008-02-29	记	0337	银行提现	100203	0	10000	李莉
2008-02-29	记	0338	付银行汇款手续费	40010305	116.5	0	李莉
2008-02-29	记	0338	付银行汇款手续费	100203	0	10.5	李莉
2008-02-29	记	0338	付银行汇款手续费	100203	0	10.5	李莉
2008-02-29	记	0338	付银行汇款手续费	100203	0	10.5	李莉
2008-02-29	记	0338	付银行汇款手续费	100203	0	10.5	李莉
2008-02-29	记	0338	付银行汇款手续费	100203	0	10.5	李莉
2008-02-29	记	0338	付银行汇款手续费	100203	0	10.5	李莉
2008-02-29	记	0338	付银行汇款手续费	100203	0	10.5	李莉
2008-02-29	记	0338	付银行汇款手续费	100203	0	10.5	李莉
2008-02-29	记	0338	付银行汇款手续费	100203	0	10.5	李莉
2008-02-29	记	0338	付银行汇款手续费	100203	0	5.5	李莉
2008-02-29	记	0338	付银行汇款手续费	100203	0	5.5	李莉
2008-02-29	记	0338	付银行汇款手续费	100203	0	5.5	李莉
2008-02-29	记	0338	付银行汇款手续费	100203	0	5.5	李莉
2008-02-29	记	0339	李国国报办事处参加年会餐费	22110402	1480	0	李莉
2008-02-29	记	0339	李国国报办事处参加年会餐费	1001	0	1480	李莉
2008-02-29	记	0340	刘丽君报 1 月手机话费	400101020601	200	0	李莉
2008-02-29	记	0340	刘丽君报 1 月手机话费	1001	0	200	李莉
2008-02-29	记	0341	付天津分公司报销飞利浦项目配送费	400103010202	1140	0	郝伟
2008-02-29	记	0341	付天津分公司报销国合项目配送费	400103010202	870	0	郝伟
2008-02-29	记	0341	付天津分公司报销百事项目配送费	400103010102	11785	0	郝伟
2008-02-29	记	0341	付天津分公司报销福临门项目配送费	400103010202	840	0	郝伟
2008-02-29	记	0341	付天津分公司报销好丽友项目配送费	400103010202	505	0	郝伟
2008-02-29	记	0341	付天津分公司报销派克兰蒂项目配送费	400103010202	285	0	郝伟
2008-02-29	记	0341	付天津分公司报销项目配送费	12310302	0	15425	郝伟

续上表

日期	凭证种类	凭证号	摘　　要	科目代码	借方	贷方	制单人
2008-02-29	记	0342	亓钢报业务招待费	56010103	968	0	李莉
2008-02-29	记	0342	亓钢报业务招待费	56010103	117	0	李莉
2008-02-29	记	0342	亓钢报业务招待费	1001	0	150	李莉
2008-02-29	记	0342	亓钢报业务招待费	1001	0	189	李莉
2008-02-29	记	0342	亓钢报业务招待费	1001	0	629	李莉
2008-02-29	记	0342	亓钢报业务招待费	1001	0	117	李莉
2008-02-29	记	0343	亓钢报手机话费	5601010601	565	0	李莉
2008-02-29	记	0343	亓钢报手机话费	1001	0	565	李莉
2008-02-29	记	0344	亓钢报汽油费	5601010704	300	0	李莉
2008-02-29	记	0344	亓钢报路桥费	5601010702	83.5	0	李莉
2008-02-29	记	0344	亓钢报路桥费汽油费	1001	0	200	李莉
2008-02-29	记	0344	亓钢报路桥费汽油费	1001	0	183.5	李莉
2008-02-29	记	0345	亓钢报 895 车保养费	5601010701	242	0	李莉
2008-02-29	记	0345	亓钢报 895 车保养费	1001	0	242	李莉
2008-02-29	记	0346	收东方海外天津保税物流园区 2007 年 12 月运费	100202	815	0	范晓倩
2008-02-29	记	0346	收东方海外天津保税物流园区 2007 年 12 月运费	112201	0	815	范晓倩
2008-02-29	记	0347	收天龙制据 2008 年 1 月运费	100202	16755.66	0	范晓倩
2008-02-29	记	0347	收天龙制据 2008 年 1 月运费	112201	0	16755.66	范晓倩
2008-02-29	记	0348	收上海雀巢 2007 年 1 月运费	100202	7802.72	0	范晓倩
2008-02-29	记	0348	收上海雀巢 2007 年 1 月运费	112201	0	7802.72	范晓倩
2008-02-29	记	0349	退廊坊绿农生化工程 2008 年 1 月运费	112201	-17750	0	范晓倩
2008-02-29	记	0349	退廊坊绿农生化工程 2008 年 1 月运费	5001010104	0	-17750	范晓倩
2008-02-29	记	0350	换河北美化味精 2008 年 1 月运费	112201	17750	0	范晓倩
2008-02-29	记	0350	换河北美化味精 2008 年 1 月运费	5001010104	0	17750	范晓倩
2008-02-29	记	0351	应收河北梅花味精 2008 年 1 月运费	112201	9900	0	范晓倩
2008-02-29	记	0351	应收河北梅花味精 2008 年 1 月运费	5001010104	0	9900	范晓倩
2008-02-29	记	0352	应收东方海外北京分公司 2007 年 12 月至 2008 年 1 月运费	112201	11581.79	0	范晓倩
2008-02-29	记	0352	应收东方海外北京分公司 2007 年 12 月至 2008 年 1 月运费	5001010111	0	11581.79	范晓倩

续上表

日期	凭证种类	凭证号	摘　要	科目代码	借方	贷方	制单人
2008-02-29	记	0353	应收东方海外天津保税物流园区2007年12月运费	112201	12612.5	0	范晓倩
2008-02-29	记	0353	应收东方海外天津保税物流园区2007年12月运费	5001010111	0	12612.5	范晓倩
2008-02-29	记	0354	应收天龙制据2008年2月运费	112201	10908	0	范晓倩
2008-02-29	记	0354	应收天龙制据2008年2月运费	5001010111	0	10908	范晓倩
2008-02-29	记	0355	应收天龙制据2008年2月运费	112201	4080	0	范晓倩
2008-02-29	记	0355	应收天龙制据2008年2月运费	5001010111	0	4080	范晓倩
2008-02-29	记	0356	应收东方海外天津保税物流园区2008年1月运费	112201	735	0	范晓倩
2008-02-29	记	0356	应收东方海外天津保税物流园区2008年1月运费	5001010111	0	735	范晓倩
2008-02-29	记	0357	应收中粮食品营销北京分公司2007年12月石家庄运费	112201	19634.05	0	范晓倩
2008-02-29	记	0357	应收中粮食品营销北京分公司2007年12月石家庄运费	5001010107	0	19634.05	范晓倩
2008-02-29	记	0357	应收中粮食品营销北京分公司2008年1月石家庄运费	112201	26000.75	0	范晓倩
2008-02-29	记	0357	应收中粮食品营销北京分公司2008年1月石家庄运费	5001010107	0	26000.75	范晓倩
2008-02-29	记	0357	应收中粮食品营销北京分公司2007年12月至2008年1月石家庄运费	112201	25200	0	范晓倩
2008-02-29	记	0357	应收中粮食品营销北京分公司2007年12月至2008年1月石家庄运费	5001010107	0	25200	范晓倩
2008-02-29	记	0357	应收中粮食品营销北京分公司2008年1月石家庄装卸费	112201	11944.17	0	范晓倩
2008-02-29	记	0357	应收中粮食品营销北京分公司2008年1月石家庄装卸费	50010103	0	11944.17	范晓倩
2008-02-29	记	0357	应收中粮食品营销北京分公司2008年1月石家庄仓储费	112201	12390	0	范晓倩
2008-02-29	记	0357	应收中粮食品营销北京分公司2008年1月石家庄仓储费	50010102	0	12390	范晓倩
2008-02-29	记	0357	应收中粮食品营销北京分公司2007年12月石家庄仓储费	112201	10719	0	范晓倩

续上表

日期	凭证种类	凭证号	摘　要	科目代码	借方	贷方	制单人
2008-02-29	记	0357	应收中粮食品营销北京分公司2007年12月石家庄仓储费	50010102	0	10719	范晓倩
2008-02-29	记	0357	应收中粮食品营销北京分公司2007年12月石家庄装卸费	112201	11452.8	0	范晓倩
2008-02-29	记	0357	应收中粮食品营销北京分公司2007年12月石家庄装卸费	50010103	0	11452.8	范晓倩
2008-02-29	记	0358	应收中粮食品营销2008年1月唐山运费	112201	5200.6	0	范晓倩
2008-02-29	记	0358	应收中粮食品营销2008年1月唐山运费	5001010107	0	5200.6	范晓倩
2008-02-29	记	0358	应收中粮食品营销2008年1月唐山仓储费	112201	2883	0	范晓倩
2008-02-29	记	0358	应收中粮食品营销2008年1月唐山仓储费	50010102	0	2883	范晓倩
2008-02-29	记	0358	应收中粮食品营销2008年1月唐山装卸费	112201	5043.8	0	范晓倩
2008-02-29	记	0358	应收中粮食品营销2008年1月唐山装卸费	50010103	0	5043.8	范晓倩
2008-02-29	记	0359	应收中粮食品营销北京分公司2007年12月河北四库仓储费	112201	13000	0	范晓倩
2008-02-29	记	0359	应收中粮食品营销北京分公司2007年12月河北四库仓储费	50010102	0	13000	范晓倩
2008-02-29	记	0359	应收中粮食品营销北京分公司2008年1月河北四库仓储费	112201	13000	0	范晓倩
2008-02-29	记	0359	应收中粮食品营销北京分公司2008年1月河北四库仓储费	50010102	0	13000	范晓倩
2008-02-29	记	0360	应收好丽友食品2008年2月运费	112201	1984879	0	范晓倩
2008-02-29	记	0360	应收好丽友食品2008年2月运费	5001010101	0	1984879	范晓倩
2008-02-29	记	0361	应收好丽友食品2008年2月运费	112201	416450.6	0	范晓倩
2008-02-29	记	0361	应收好丽友食品2008年2月运费	5001010101	0	416450.6	范晓倩
2008-02-29	记	0362	应收中粮食品营销北京分公司2007年12月北京运费	112201	60063.25	0	范晓倩
2008-02-29	记	0362	应收中粮食品营销北京分公司2007年12月北京运费	5001010107	0	60063.25	范晓倩

续上表

日期	凭证种类	凭证号	摘　　要	科目代码	借方	贷方	制单人
2008-02-29	记	0362	应收中粮食品营销北京分公司2007年12月北京仓储费	112201	14955	0	范晓倩
2008-02-29	记	0362	应收中粮食品营销北京分公司2007年12月北京仓储费	50010102	0	14955	范晓倩
2008-02-29	记	0362	应收中粮食品营销北京分公司2007年12月北京装卸费	112201	11859.47	0	范晓倩
2008-02-29	记	0362	应收中粮食品营销北京分公司2007年12月北京装卸费	50010103	0	11859.47	范晓倩
2008-02-29	记	0363	孙德威报1月手机话费	5601030601	100	0	李莉
2008-02-29	记	0363	孙德威报1月手机话费	1001	0	100	李莉
2008-02-29	记	0364	收河北梅花味精2007年12月~2008年1月费用	100202	597656	0	范晓倩
2008-02-29	记	0364	收河北梅花味精2007年12月运费	112201	0	215166.6	范晓倩
2008-02-29	记	0364	收河北梅花味精2007年12月运费	112201	0	213118.4	范晓倩
2008-02-29	记	0364	收河北梅花味精2007年12月运费	112201	0	41040	范晓倩
2008-02-29	记	0364	收河北梅花味精2007年12月运费	112201	0	11090	范晓倩
2008-02-29	记	0364	收河北梅花味精2007年11月堆置费	112201	0	34820	范晓倩
2008-02-29	记	0364	收河北梅花味精2007年6~9月堆置费	112201	0	55666	范晓倩
2008-02-29	记	0364	收河北梅花味精2007年10月堆置费	112201	0	26755	范晓倩
2008-02-29	记	0365	收廊坊绿农生化2007年12月运费	100202	31174	0	范晓倩
2008-02-29	记	0365	收廊坊绿农生化2007年12月运费	112201	0	31174	范晓倩
2008-02-29	记	0366	应收北京财贸职业学院物流信息网络平台软件及数据库系统费用	112202	658000	0	范晓倩
2008-02-29	记	0366	应收北京财贸职业学院物流信息网络平台软件及数据库系统费用	500102	0	658000	范晓倩
2008-02-29	记	0367	张智萍报1月手机话费	400101020601	150	0	李莉
2008-02-29	记	0367	张智萍报1月手机话费	1001	0	150	李莉
2008-02-29	记	0368	白立宁报交通费	4001010202	15	0	李莉
2008-02-29	记	0368	白立宁报交通费	1001	0	15	李莉
2008-02-29	记	0369	结转2008年1月18#预付运费	400103010101	299275	0	刘惠珍
2008-02-29	记	0369	结转2008年1月18#预付运费	112301	0	204775	刘惠珍
2008-02-29	记	0369	结转2008年1月18#预付运费	112301	0	94500	刘惠珍
2008-02-29	记	0370	收长沙办福人地板运费	12310310	5000	0	郝伟
2008-02-29	记	0370	收长沙办福人地板运费	220501	0	5000	郝伟

续上表

日期	凭证种类	凭证号	摘　　要	科目代码	借方	贷方	制单人
2008-02-29	记	0371	付天津分公司报销津 B1063 停车费	400102020702	45	0	郝伟
2008-02-29	记	0371	付天津分公司报销津 ER6107 停车费	400102020702	61	0	郝伟
2008-02-29	记	0371	付天津分公司报销津 AD1985 停车费	400102020702	30	0	郝伟
2008-02-29	记	0371	付天津分公司报销 2 月振东物流停车费	400102020702	300	0	郝伟
2008-02-29	记	0371	付天津分公司报销飞利浦停车费	400102020702	44	0	郝伟
2008-02-29	记	0371	付天津分公司报销停车费	12310302	0	480	郝伟
2008-02-29	记	0372	付天津分公司报销百事项目租车费用	4001020202	58.4	0	郝伟
2008-02-29	记	0372	付天津分公司报销北海项目租车费用	4001020202	230.4	0	郝伟
2008-02-29	记	0372	付天津分公司报销项目租车费用	12310302	0	288.8	郝伟
2008-02-29	记	0373	付天津分公司报销百事过路过桥费	400102020702	40	0	郝伟
2008-02-29	记	0373	付天津分公司报销津 CU8620 过路过桥费	400102020702	30	0	郝伟
2008-02-29	记	0373	付天津分公司报销过路过桥费	12310302	0	70	郝伟
2008-02-29	记	0374	分配 2008 年 2 月分支机构工资—北京区	400102010101	110511	0	康丽萍
2008-02-29	记	0374	分配 2008 年 2 月分支机构工资—北京区	400102010102	17935	0	康丽萍
2008-02-29	记	0374	分配 2008 年 2 月分支机构工资—北京区代扣款	22110102	11090.17	0	康丽萍
2008-02-29	记	0374	分配 2008 年 2 月分支机构工资—北京区扣回商玉明借款	12310401	0	700	康丽萍
2008-02-29	记	0374	分配 2008 年 2 月分支机构工资—北京区养老保险	2211050104	0	1892.08	康丽萍
2008-02-29	记	0374	分配 2008 年 2 月分支机构工资—北京区失业保险	2211050303	0	102.34	康丽萍
2008-02-29	记	0374	分配 2008 年 2 月分支机构工资—北京区医疗个人	2211050203	0	613.7	康丽萍
2008-02-29	记	0374	分配 2008 年 2 月分支机构工资—北京区医疗大额	2211050205	0	51	康丽萍
2008-02-29	记	0374	分配 2008 年 2 月分支机构工资—北京区个人所得税	222106	0	1631.05	康丽萍
2008-02-29	记	0374	分配 2008 年 2 月分支机构工资—北京区留存补助	221107	0	6100	康丽萍

续上表

日期	凭证种类	凭证号	摘　　要	科目代码	借方	贷方	制单人
2008-02-29	记	0374	分配2008年2月分支机构工资—北京区	22110102	0	128446	康丽萍
2008-02-29	记	0375	太原办1月份员工工资	22110102	4211.55	0	郝伟
2008-02-29	记	0375	太原办1月份员工工资	221108	0	4211.55	郝伟
2008-02-29	记	0376	冲账1月份计提各分支机构办公室租金—广州	4001020411	-1200	0	康丽萍
2008-02-29	记	0376	冲账1月份计提各分支机构办公室租金—广州	280101	0	-1200	康丽萍
2008-02-29	记	0377	转2008年2月办公用品领用	560205	145.5	0	康丽萍
2008-02-29	记	0377	转2008年2月办公用品领用	41010205	1146	0	康丽萍
2008-02-29	记	0377	转2008年2月办公用品领用	41010105	9.8	0	康丽萍
2008-02-29	记	0377	转2008年2月办公用品领用	56010305	134.4	0	康丽萍
2008-02-29	记	0377	转2008年2月办公用品领用	4001010205	1254.7	0	康丽萍
2008-02-29	记	0377	转2008年2月办公用品领用	56010205	13	0	康丽萍
2008-02-29	记	0377	转2008年2月办公用品领用	4001010205	6	0	康丽萍
2008-02-29	记	0377	转2008年2月办公用品领用	4001010205	107	0	康丽萍
2008-02-29	记	0377	转2008年2月办公用品领用	560205	57	0	康丽萍
2008-02-29	记	0377	转2008年2月办公用品领用	141205	0	2873.4	康丽萍
2008-02-29	记	0378	转2008年2月IP卡领用	4101020603	25	0	康丽萍
2008-02-29	记	0378	转2008年2月IP卡领用	56020603	100	0	康丽萍
2008-02-29	记	0378	转2008年2月IP卡领用	141204	0	125	康丽萍
2008-02-29	记	0379	冲武汉办报销1月份好丽友仓库租金	4001020611	-2600	0	郝伟
2008-02-29	记	0379	冲武汉办报销1月份好丽友仓库租金	12310306	0	-2600	郝伟
2008-02-29	记	0379	付武汉办报销好丽友1月份仓库租金	280101	2600	0	郝伟
2008-02-29	记	0379	付武汉办报销好丽友1月份仓库租金	12310306	0	2600	郝伟
2008-02-29	记	0380	付天津分公司报销百事配送费	400103010202	1075	0	郝伟
2008-02-29	记	0380	付天津分公司报销百事配送费	12310302	0	1075	郝伟
2008-02-29	记	0381	付北京分公司报销百事项目装卸费	4001030801	1430	0	郝伟
2008-02-29	记	0381	付北京分公司报销百事项目装卸费	12310301	0	1430	郝伟
2008-02-29	记	0382	付北京分公司好丽友项目豫B08703车辆汽油费	4001030901	6470	0	郝伟
2008-02-29	记	0382	付北京分公司好丽友项目豫B08703车辆过路过桥费	4001030902	289	0	郝伟
2008-02-29	记	0382	付北京分公司好丽友项目豫B007197车辆汽油费	4001030901	6709	0	郝伟

续上表

日期	凭证种类	凭证号	摘　　要	科目代码	借方	贷方	制单人
2008-02-29	记	0382	付北京分公司好丽友项目豫 B007197 车辆过路过桥费	4001030902	160	0	郝伟
2008-02-29	记	0382	付北京分公司好丽友项目车辆汽油费和过路过桥费	12310301	0	13628	郝伟
2008-02-29	记	0383	付北京分公司好丽友招待费	4001020103	500	0	郝伟
2008-02-29	记	0383	付北京分公司好丽友招待费	12310301	0	500	郝伟
2008-02-29	记	0383	付北京分公司报销好丽友交通费	4001020102	236	0	郝伟
2008-02-29	记	0383	付北京分公司报销好丽友交通费	12310301	0	236	郝伟
2008-02-29	记	0384	付北京分公司报销好丽友项目装卸费	4001030801	14863.3	0	郝伟
2008-02-29	记	0384	付北京分公司报销好丽友项目装卸费	12310301	0	14863.3	郝伟
2008-02-29	记	0385	付北京分公司报销维达项目运费	400103010101	132019	0	郝伟
2008-02-29	记	0385	付北京分公司报销飞利浦项目运费	400103010101	2590	0	郝伟
2008-02-29	记	0385	付北京分公司报销雀巢项目运费	400103010101	2400	0	郝伟
2008-02-29	记	0385	付北京分公司报销 ABB 项目运费	400103010101	2600	0	郝伟
2008-02-29	记	0385	付北京分公司报销项目运费	12310301	0	139609	郝伟
2008-02-29	记	0386	付北京分公司报销好丽友交通费用	4001020102	1361	0	郝伟
2008-02-29	记	0386	付北京分公司报销好丽友交通费用	12310301	0	1361	郝伟
2008-02-29	记	0387	付北京分公司报销财务部京 HU6435 车辆维修费	56020704	160	0	郝伟
2008-02-29	记	0387	付北京分公司报销市场部京 F54889 车辆维修费	5601010701	220	0	郝伟
2008-02-29	记	0387	付北京分公司报销京 GNW147 车辆维修费	400101010701	590	0	郝伟
2008-02-29	记	0387	付北京分公司报销京 G22148 车辆维修费	400101010801	660	0	郝伟
2008-02-29	记	0387	付北京分公司报销京 GNW506 车辆维修费	400101010601	930	0	郝伟
2008-02-29	记	0387	付北京分公司报销鲁 Q4888 车辆维修费	4001030904	2750	0	郝伟
2008-02-29	记	0387	付北京分公司报销京 GR1029 车辆维修费	4001030904	240	0	郝伟
2008-02-29	记	0387	付北京分公司报黑 DC6046 车辆维修费	400102010701	660	0	郝伟
2008-02-29	记	0387	付北京分公司报叉车车辆维修费	4001030904	694	0	郝伟

续上表

日期	凭证种类	凭证号	摘　　要	科目代码	借方	贷方	制单人
2008-02-29	记	0387	付北京分公司报京 F01043 车辆维修费	4001030904	100	0	郝伟
2008-02-29	记	0387	付北京分公司报销车辆维修费用	12310301	0	7004	郝伟
2008-02-29	记	0388	付北京分公司报销恒安项目汽柴油费	400102010704	500	0	郝伟
2008-02-29	记	0388	付北京分公司报销国合项目汽柴油费	400102010704	50	0	郝伟
2008-02-29	记	0388	报销田春青汽柴油费用	400101020704	440	0	郝伟
2008-02-29	记	0388	报销常明汽柴油费用	400101020704	200	0	郝伟
2008-02-29	记	0388	付北京分公司报销项目汽柴油费	400102010704	900	0	郝伟
2008-02-29	记	0388	付北京分公司报销项目汽柴油费	12310301	0	2090	郝伟
2008-02-29	记	0389	付北京分公司报销 2 月份电费	4001020110	2167	0	郝伟
2008-02-29	记	0389	付北京分公司报销 2 月份电费	12310301	0	2167	郝伟
2008-02-29	记	0390	付北京分公司报销百事豫 B07197 车辆汽油费	4001030901	1582	0	郝伟
2008-02-29	记	0390	付北京分公司报销百事豫 B06931 车辆汽油费	4001030901	294	0	郝伟
2008-02-29	记	0390	付北京分公司报销百事豫 B08703 车辆汽油费	4001030901	322	0	郝伟
2008-02-29	记	0390	付北京分公司报销百事车辆汽油费	12310301	0	2198	郝伟
2008-02-29	记	0391	付北京分公司报销好丽友项目豫 B06931 车辆汽油费	4001030901	6024	0	郝伟
2008-02-29	记	0391	付北京分公司报销北海项目豫 B06931 车辆汽油费	4001030901	700	0	郝伟
2008-02-29	记	0391	付北京分公司报销飞利浦项目豫 B06931 车辆汽油费	4001030901	1030	0	郝伟
2008-02-29	记	0391	付北京分公司报销 ABB 项目豫 B06931 车辆汽油费	4001030901	595	0	郝伟
2008-02-29	记	0391	付北京分公司报销恒安东方海外项目豫 B06931 车辆汽油费	4001030901	1087	0	郝伟
2008-02-29	记	0391	付北京分公司报销 ABB 东方海外项目豫 B07197 车辆汽油费	4001030901	92	0	郝伟
2008-02-29	记	0391	付北京分公司报销维达辽 H07090 车辆汽油费	4001030901	3980	0	郝伟
2008-02-29	记	0391	北京分公司报销北海辽 H07090 车辆汽油费	4001030901	876	0	郝伟

续上表

日期	凭证种类	凭证号	摘　　要	科目代码	借方	贷方	制单人
2008-02-29	记	0391	北京分公司报销东方海外辽 H07090 车辆汽油费	4001030901	340	0	郝伟
2008-02-29	记	0391	北京分公司报销车辆汽油费	12310301	0	14724	郝伟
2008-02-29	记	0392	付北京分公司报销百事项目配送费	400103010201	1240	0	郝伟
2008-02-29	记	0392	付北京分公司报销北海项目配送费	400103010201	24005	0	郝伟
2008-02-29	记	0392	付北京分公司报销东方海外项目配送费	400103010201	5140	0	郝伟
2008-02-29	记	0392	付北京分公司报销好丽友项目配送费	400103010201	370	0	郝伟
2008-02-29	记	0392	付北京分公司报销国合项目配送费	400103010201	3456	0	郝伟
2008-02-29	记	0392	付北京分公司报销恒安项目配送费	400103010201	4010	0	郝伟
2008-02-29	记	0392	付北京分公司报销项目配送费	12310301	0	38221	郝伟
2008-02-29	记	0393	付北京分公司报销百事项目装卸费	4001030801	30929	0	郝伟
2008-02-29	记	0393	付北京分公司报销百事项目装卸费	12310301	0	30929	郝伟
2008-02-29	记	0394	付北京分公司报销京 GNW506 车辆汽油费	400101010604	387	0	郝伟
2008-02-29	记	0394	付北京分公司报销京 GNW147 车辆汽油费	400101010704	510	0	郝伟
2008-02-29	记	0394	付北京分公司报销京 G22148 车辆汽油费	400101010804	600	0	郝伟
2008-02-29	记	0394	付北京分公司报销京 ER6107 车辆汽油费	400101010504	100	0	郝伟
2008-02-29	记	0394	报销齐经理京 GTW895 车辆第一季度养路费	5601010703	339.9	0	郝伟
2008-02-29	记	0394	报销齐经理京 GTW895 车辆汽柴油费	5601010704	200	0	郝伟
2008-02-29	记	0394	报销市场部京 F54889 费	5601030704	100	0	郝伟
2008-02-29	记	0394	付北京分公司报销京 GY1029 京 F01043 豫 B07001 豫 B07551 车辆汽油费	4001030901	3867	0	郝伟
2008-02-29	记	0394	付北京分公司报销黑 DC6046 车辆汽油费	400102010704	380	0	郝伟
2008-02-29	记	0394	付北京分公司报销车辆汽油费	12310301	0	6483.9	郝伟
2008-02-29	记	0395	付北京分公司报销北海项目辽 H07090 车辆汽油费	4001030901	6680	0	郝伟
2008-02-29	记	0395	付北京分公司报销东方海外项目辽 H07090 车辆汽油费	4001030901	401	0	郝伟

续上表

日期	凭证种类	凭证号	摘　　要	科目代码	借方	贷方	制单人
2008-02-29	记	0395	付北京分公司报销项目辽 H07090 车辆汽油费	4001030901	394	0	郝伟
2008-02-29	记	0395	付北京分公司报销项目辽 H07090 车辆汽油费	12310301	0	7475	郝伟
2008-02-29	记	0396	付北京分公司报销京 G22148 车辆汽油费	400101010804	767	0	郝伟
2008-02-29	记	0396	付北京分公司报销京 GNW147 车辆汽油费	400101010704	650	0	郝伟
2008-02-29	记	0396	付北京分公司报销京 GNW506 车辆汽油费	400101010604	100	0	郝伟
2008-02-29	记	0396	付北京分公司报销京 GNW589 豫 B07197 辽 H07090 车辆汽油费	4001030901	509	0	郝伟
2008-02-29	记	0396	付北京分公司报销车辆汽油费	12310301	0	2026	郝伟
2008-02-29	记	0397	付北京分公司报销北海配送费	400103010201	1650	0	郝伟
2008-02-29	记	0397	付北京分公司报销东方海外配送费	400103010201	1400	0	郝伟
2008-02-29	记	0397	付北京分公司报销北海和东方海外配送费	12310301	0	3050	郝伟
2008-02-29	记	0398	付北京分公司报销恒安项目装卸费	4001030801	2190	0	郝伟
2008-02-29	记	0398	付北京分公司报销北海项目装卸费	4001030801	1350	0	郝伟
2008-02-29	记	0398	付北京分公司报销百事项目装卸费	4001030801	660	0	郝伟
2008-02-29	记	0398	付北京分公司报销好丽友项目装卸费	4001030801	120	0	郝伟
2008-02-29	记	0398	付北京分公司报销项目装卸费	12310301	0	4320	郝伟
2008-02-29	记	0399	付北京分公司报销雀巢装卸费	4001030801	900	0	郝伟
2008-02-29	记	0399	付北京分公司报销装卸费	4001030801	2387	0	郝伟
2008-02-29	记	0399	付北京分公司报销装卸费	12310301	0	3287	郝伟
2008-02-29	记	0399	付北京分公司报销来京员工差旅费	4001020104	870	0	郝伟
2008-02-29	记	0399	付北京分公司报销来京员工差旅费	12310301	0	870	郝伟
2008-02-29	记	0400	付北京分公司报销员工手机话费	400102010601	286	0	郝伟
2008-02-29	记	0400	付北京分公司报销员工手机话费	400102010601	802	0	郝伟
2008-02-29	记	0400	付北京分公司报销员工手机话费	400102010601	802	0	郝伟
2008-02-29	记	0400	付北京分公司报销员工手机话费	400102010601	57	0	郝伟
2008-02-29	记	0400	付北京分公司报销员工手机话费	400102010601	802	0	郝伟
2008-02-29	记	0400	付北京分公司报销员工手机话费	400102010601	230	0	郝伟
2008-02-29	记	0400	付北京分公司报销员工手机话费	400102010601	1318	0	郝伟
2008-02-29	记	0400	付北京分公司报销员工手机话费	400102010601	57	0	郝伟

续上表

日期	凭证种类	凭证号	摘　　要	科目代码	借方	贷方	制单人
2008-02-29	记	0400	付北京分公司报销员工手机话费	400102010601	58	0	郝伟
2008-02-29	记	0400	付北京分公司报销员工手机话费	400102010601	1318	0	郝伟
2008-02-29	记	0400	付北京分公司报销员工手机话费	12310301	0	5730	郝伟
2008-02-29	记	0401	付北京分公司报销北海项目辽H07090汽油费	4001030901	1100	0	郝伟
2008-02-29	记	0401	付北京分公司报销东方海外项目辽H07090汽油费	4001030901	284	0	郝伟
2008-02-29	记	0401	付北京分公司报销恒安项目辽H07090汽油费	4001030901	3318	0	郝伟
2008-02-29	记	0401	付北京分公司报销项目豫B07001豫B07551汽油费	4001030901	4373	0	郝伟
2008-02-29	记	0401	付北京分公司报销项目汽油费	12310301	0	9075	郝伟
2008-02-29	记	0402	付北京分公司报销ABB装卸费	4001030801	210	0	郝伟
2008-02-29	记	0402	付北京分公司报销百事装卸费	4001030801	2390	0	郝伟
2008-02-29	记	0402	付北京分公司报销北海装卸费	4001030801	18170	0	郝伟
2008-02-29	记	0402	付北京分公司报销东方海外装卸费	4001030801	432	0	郝伟
2008-02-29	记	0402	付北京分公司报销好丽友装卸费	4001030801	1739	0	郝伟
2008-02-29	记	0402	付北京分公司报销恒安装卸费	4001030801	6558	0	郝伟
2008-02-29	记	0402	付北京分公司报销飞利浦装卸费	4001030801	68	0	郝伟
2008-02-29	记	0402	付北京分公司报销装卸费	12310301	0	29567	郝伟
2008-02-29	记	0403	付北京分公司报销百事豫B07197车辆汽油费	4001030901	1582	0	郝伟
2008-02-29	记	0403	付北京分公司报销百事豫B06931车辆汽油费	4001030901	294	0	郝伟
2008-02-29	记	0403	付北京分公司报销豫B08703百事车辆汽油费	4001030901	322	0	郝伟
2008-02-29	记	0403	付北京分公司报销百事车辆汽油费	12310301	0	2198	郝伟
2008-02-29	记	0404	计提2008年2月固定资产折旧	41010608	305.7	0	康丽萍
2008-02-29	记	0404	计提2008年2月固定资产折旧	560208	398.59	0	康丽萍
2008-02-29	记	0404	计提2008年2月固定资产折旧	560208	465.71	0	康丽萍
2008-02-29	记	0404	计提2008年2月固定资产折旧	400101010206	656.32	0	康丽萍
2008-02-29	记	0404	计提2008年2月固定资产折旧	400101010406	945.72	0	康丽萍
2008-02-29	记	0404	计提2008年2月固定资产折旧	400101010306	969.56	0	康丽萍
2008-02-29	记	0404	计提2008年2月固定资产折旧	400101010106	965.16	0	康丽萍
2008-02-29	记	0404	计提2008年2月固定资产折旧	400101010706	1101.4	0	康丽萍

续上表

日期	凭证种类	凭证号	摘　要	科目代码	借方	贷方	制单人
2008-02-29	记	0404	计提2008年2月固定资产折旧	400101010606	987.88	0	康丽萍
2008-02-29	记	0404	计提2008年2月固定资产折旧	400101010806	1027.18	0	康丽萍
2008-02-29	记	0404	计提2008年2月固定资产折旧	4001010208	2439.13	0	康丽萍
2008-02-29	记	0404	计提2008年2月固定资产折旧	4001010208	219.86	0	康丽萍
2008-02-29	记	0404	计提2008年2月固定资产折旧	4001010208	288.98	0	康丽萍
2008-02-29	记	0404	计提2008年2月固定资产折旧	4001010208	216.52	0	康丽萍
2008-02-29	记	0404	计提2008年2月固定资产折旧	4001010208	77.77	0	康丽萍
2008-02-29	记	0404	计提2008年2月固定资产折旧	4001010208	233.28	0	康丽萍
2008-02-29	记	0404	计提2008年2月固定资产折旧	4001010208	87.12	0	康丽萍
2008-02-29	记	0404	计提2008年2月固定资产折旧	56010108	101.32	0	康丽萍
2008-02-29	记	0404	计提2008年2月固定资产折旧	56010308	1114.51	0	康丽萍
2008-02-29	记	0404	计提2008年2月固定资产折旧	56010208	823.27	0	康丽萍
2008-02-29	记	0404	计提2008年2月固定资产折旧	4001020108	3750.95	0	康丽萍
2008-02-29	记	0404	计提2008年2月固定资产折旧	4001020208	4112.02	0	康丽萍
2008-02-29	记	0404	计提2008年2月固定资产折旧	4001020308	196.61	0	康丽萍
2008-02-29	记	0404	计提2008年2月固定资产折旧	4001020708	169.95	0	康丽萍
2008-02-29	记	0404	计提2008年2月固定资产折旧	4001020808	32.46	0	康丽萍
2008-02-29	记	0404	计提2008年2月固定资产折旧	4001020408	65.9	0	康丽萍
2008-02-29	记	0404	计提2008年2月固定资产折旧	4001020508	92.75	0	康丽萍
2008-02-29	记	0404	计提2008年2月固定资产折旧	4001020908	88.35	0	康丽萍
2008-02-29	记	0404	计提2008年2月固定资产折旧	4001021008	58.41	0	康丽萍
2008-02-29	记	0404	计提2008年2月固定资产折旧	41010108	302.08	0	康丽萍
2008-02-29	记	0404	计提2008年2月固定资产折旧	41010108	3927.04	0	康丽萍
2008-02-29	记	0404	计提2008年2月固定资产折旧	41010208	1208.27	0	康丽萍
2008-02-29	记	0404	计提2008年2月固定资产折旧	16020101	0	281.99	康丽萍
2008-02-29	记	0404	计提2008年2月固定资产折旧	16020102	0	531.91	康丽萍
2008-02-29	记	0404	计提2008年2月固定资产折旧	16020301	0	1346.36	康丽萍
2008-02-29	记	0404	计提2008年2月固定资产折旧	16020201	0	49.08	康丽萍
2008-02-29	记	0404	计提2008年2月固定资产折旧	160207	0	909.1	康丽萍
2008-02-29	记	0404	计提2008年2月固定资产折旧	16020401	0	5462.38	康丽萍
2008-02-29	记	0404	计提2008年2月固定资产折旧	16020402	0	1144.17	康丽萍
2008-02-29	记	0404	计提2008年2月固定资产折旧	16020403	0	38.79	康丽萍
2008-02-29	记	0404	计提2008年2月固定资产折旧	16020404	0	281.43	康丽萍
2008-02-29	记	0404	计提2008年2月固定资产折旧	16020405	0	353.8	康丽萍
2008-02-29	记	0404	计提2008年2月固定资产折旧	16020406	0	1005.65	康丽萍

续上表

日期	凭证种类	凭证号	摘　要	科目代码	借方	贷方	制单人
2008-02-29	记	0404	计提 2008 年 2 月固定资产折旧	16020611	0	920.96	康丽萍
2008-02-29	记	0404	计提 2008 年 2 月固定资产折旧	16020609	0	1027.18	康丽萍
2008-02-29	记	0404	计提 2008 年 2 月固定资产折旧	16020610	0	1758.11	康丽萍
2008-02-29	记	0404	计提 2008 年 2 月固定资产折旧	16020607	0	987.88	康丽萍
2008-02-29	记	0404	计提 2008 年 2 月固定资产折旧	16020601	0	1741	康丽萍
2008-02-29	记	0404	计提 2008 年 2 月固定资产折旧	16020602	0	656.32	康丽萍
2008-02-29	记	0404	计提 2008 年 2 月固定资产折旧	16020603	0	945.72	康丽萍
2008-02-29	记	0404	计提 2008 年 2 月固定资产折旧	16020604	0	874.01	康丽萍
2008-02-29	记	0404	计提 2008 年 2 月固定资产折旧	16020605	0	969.56	康丽萍
2008-02-29	记	0404	计提 2008 年 2 月固定资产折旧	16020606	0	965.16	康丽萍
2008-02-29	记	0404	计提 2008 年 2 月固定资产折旧	16020608	0	1101.4	康丽萍
2008-02-29	记	0404	计提 2008 年 2 月固定资产折旧	16020613	0	1781.25	康丽萍
2008-02-29	记	0404	计提 2008 年 2 月固定资产折旧	16020612	0	2296.56	康丽萍
2008-02-29	记	0405	补提 2007 年 10 月 66#车船税	560226	3912	0	康丽萍
2008-02-29	记	0405	补提 2007 年 10 月 66#车船税	222105	0	3912	康丽萍
2008-02-29	记	0406	计提 2008 年 2 月营业税金及附加	540301	17043.98	0	康丽萍
2008-02-29	记	0406	计提 2008 年 2 月营业税金及附加	2221020101	0	15494.53	康丽萍
2008-02-29	记	0406	计提 2008 年 2 月营业税金及附加	22210301	0	1084.61	康丽萍
2008-02-29	记	0406	计提 2008 年 2 月营业税金及附加	22210401	0	464.84	康丽萍
2008-02-29	记	0406	计提 2008 年 2 月营业税金及附加	540301	7360.5	0	康丽萍
2008-02-29	记	0406	计提 2008 年 2 月营业税金及附加	2221020203	0	6691.36	康丽萍
2008-02-29	记	0406	计提 2008 年 2 月营业税金及附加	22210304	0	468.4	康丽萍
2008-02-29	记	0406	计提 2008 年 2 月营业税金及附加	22210404	0	200.74	康丽萍
2008-02-29	记	0406	计提 2008 年 2 月营业税金及附加	540302	36190	0	康丽萍
2008-02-29	记	0406	计提 2008 年 2 月营业税金及附加	2221020201	0	32900	康丽萍
2008-02-29	记	0406	计提 2008 年 2 月营业税金及附加	22210302	0	2303	康丽萍
2008-02-29	记	0406	计提 2008 年 2 月营业税金及附加	22210402	0	987	康丽萍
2008-02-29	记	0407	董艳冬报北京分公司 1 月预付郑继峰包车款	12310301	40000	0	李莉
2008-02-29	记	0407	董艳冬报北京分公司 1 月预付郑继峰包车款	100202	0	40000	李莉
2008-02-29	记	0408	结转营业税及附加	310301	48808.97	0	康丽萍
2008-02-29	记	0408	结转营业税及附加	540301	0	48808.97	康丽萍
2008-02-29	记	0408	结转营业税及附加	310302	72380	0	康丽萍
2008-02-29	记	0408	结转营业税及附加	540302	0	72380	康丽萍
2008-02-29	记	0408	结转营业税及附加	310302	72380	0	康丽萍
2008-02-29	记	0408	结转营业税及附加	540302	0	72380	康丽萍

第二节　编制科目汇总表

根据记账凭证编制公司2月份的科目汇总表如表4-2所示：

表4-2

科目编码	科目名称	期末借方	期末贷方
1001	现金	3,838.43	
1002	银行存款	2,632,848.60	
100201	工行经济技术开发区支行	468,846.83	
100202	总公司农行马驹桥分理处	1,494,943.71	
100203	分公司农行马驹桥分理处	398,868.79	
100204	分公司网企卡	270,189.27	
1015	其他货币资金	10,512,347.66	
101501	袁宇一卡通	2,000.00	
101502	交易结算款	10,510,347.66	
1122	应收账款	8,548,264.52	
112201	应收运费(物流)	7,574,222.52	
112202	应收开发款(IT)	974,042.00	
1123	预付账款	434,470.00	
112301	预付运费(物流)	434,470.00	
112303	预付其他业务款项	0.00	
1231	其他应收款	3,216,276.98	
123101	单位押金	1,337,801.20	
12310101	物流业务押金	1,004,000.00	
12310102	IT业务押金	328,351.20	
12310103	其他业务押金	5,450.00	
123102	暂付款(代垫款)	201,993.45	
12310201	辛克(代垫款)	46,754.05	
12310202	其他单位(代垫款)	155,239.40	
123103	拨付分公司业务款	1,454,197.50	
12310301	北京	362,588.18	
12310302	天津	109,997.51	
12310303	上海	157,768.93	
12310304	广州	26,820.04	
12310305	沈阳	103,800.74	
12310306	武汉	56,094.25	
12310307	西安	169,121.82	

续上表

科目编码	科 目 名 称	期末借方	期末贷方
12310308	山西	1,989.32	
12310309	新疆	117,597.85	
12310310	长沙	90,831.30	
12310311	大连	16,142.62	
12310312	山西煤运	6,369.80	
12310313	通化	5,260.61	
12310314	南京	0.00	5,621.58
12310315	顺德	39,922.37	
12310316	霸州	60,283.00	
12310317	通辽	42,818.50	
12310318	成都	27,169.13	
12310319	新疆2(陈国喜)	62,942.11	
12310320	兰州	2,301.00	
123104	备用金	222,284.83	
12310401	个人借款	222,284.83	
1241	坏账准备	0.00	309,228.99
124101	应收账款坏账准备	0.00	33,220.21
124102	其他应收款坏账准备	0.00	276,008.78
1412	包装物及低值易耗品	198,494.36	
141201	货架及地胶	85,116.67	
141202	空调	2,995.19	
141203	工作服	9,010.00	
141204	IP 电话卡	1,019.00	
141205	办公用品	92,416.00	
141206	液压搬运车	7,937.50	
1511	长期股权投资	30,000.00	
151101	易运盛物流咨询公司	30,000.00	
1601	固定资产	3,289,618.49	
160101	网络设备	164,980.00	
16010101	广域网设备工程	17,810.00	
16010102	防火墙	9,300.00	
16010103	路由器	14,100.00	
16010104	服务器	123,770.00	
160102	多媒体设备	3,100.00	
16010201	数码相机	3,100.00	
160103	建筑物	255,100.00	
16010301	天津库房	255,100.00	

续上表

科目编码	科 目 名 称	期末借方	期末贷方
160104	办公设备	544,096.10	
16010401	台式微机	311,932.64	
16010402	笔记本式微机	61,353.46	
16010403	传真机	5,900.00	
16010404	复印机	17,774.00	
16010405	打印机	22,300.00	
16010406	程控交换机	124,836.00	
160106	运输设备	1,724,910.89	
16010601	东南福利卡	172,309.00	
16010602	凯特厢式货车	64,955.00	
16010603	东风厢式货车	93,597.00	
16010604	叉车	215,000.00	
16010605	东风厢货京 A96288	95,956.00	
16010606	东风厢货京 A96492	95,521.00	
16010607	福田轻型客车京 FV0147(50	97,770.30	
16010608	福田轻型客车京 FV0901(14	109,007.20	
16010609	东风厢式运输车京 G22148	101,659.08	
16010610	桑塔纳京 H68833	173,998.31	
16010611	东风厢货(天津)	93,065.00	
16010612	丰田轿车	232,073.00	
16010613	叉车(永恒力 EFG115)	180,000.00	
160107	其他设备	75,268.50	
16010701	恒安库房垃圾箱	4,800.00	
16010702	税控发票打印机	4,380.00	
16010703	34 英寸电视	4,888.50	
16010704	投影仪	17,300.00	
16010705	打包机	3,000.00	
16010706	空调	12,150.00	
16010707	液压搬运车	2,900.00	
16010708	雨棚及卷帘门	8,850.00	
16010709	调码扫描终端	17,000.00	
160111	提足折旧资产	522,163.00	
16011101	办公设备	429,085.00	
1601110101	台式微机	190,905.00	
1601110102	笔记本式微机	164,640.00	
1601110103	传真机	2,400.00	
1601110104	打印机	19,940.00	

续上表

科目编码	科 目 名 称	期末借方	期末贷方
1601110105	复印机	51,200.00	
16011102	网络设备	2,200.00	
1601110201	桌面共享 HUB	2,200.00	
16011103	多媒体设备	7,350.00	
1601110301	数码相机	7,350.00	
16011104	办公家具	80,628.00	
1601110401	班台	65,928.00	
1601110402	会议桌	14,700.00	
16011105	其他设备	2,900.00	
1602	累计折旧	0.00	1,779,480.59
160201	网络设备	0.00	138,137.94
16020101	广域网设备工程	0.00	7,049.75
16020102	服务器	0.00	131,088.19
160202	多媒体设备	0.00	1,276.08
16020201	数码相机	0.00	1,276.08
160203	建筑物	0.00	35,005.36
16020301	天津库房	0.00	35,005.36
160204	办公设备	0.00	265,222.20
16020401	台式微机	0.00	137,128.90
16020402	笔记本式微机	0.00	28,918.54
16020403	传真机	0.00	4,626.57
16020404	复印机	0.00	5,471.82
16020405	打印机	0.00	11,428.05
16020406	程控交换机	0.00	77,648.32
160206	运输设备	0.00	805,001.71
16020601	东南福利卡	0.00	144,952.59
16020602	凯特厢式货车	0.00	53,818.20
16020603	东风厢式货车	0.00	69,983.28
16020604	叉车 CPCD25AL	0.00	60,306.69
16020605	东风厢式京 A96288	0.00	66,899.64
16020606	东风厢式货车 A96492	0.00	63,700.56
16020607	福田轻型客车京 FV0147(50	0.00	50,381.88
16020608	福田轻型客车京 FV0901(14	0.00	55,070.00
16020609	东风厢式运输车京 G2214	0.00	50,331.82
16020610	桑塔纳京 H68833	0.00	80,668.31
16020611	东风厢式货车(天津)	0.00	25,786.61
16020612	丰田轿车	0.00	52,820.88

续上表

科目编码	科 目 名 称	期末借方	期末贷方
16020613	叉车(永恒力 EFG115)	0.00	30,281.25
160207	其他设备	0.00	28,239.10
160211	提足资产折旧	0.00	506,598.20
16021101	办公设备	0.00	416,311.00
1602110101	台式微机	0.00	182,176.52
1602110102	笔记本式微机	0.00	159,701.42
1602110103	传真机	0.00	2,328.00
1602110104	打印机	0.00	22,440.78
1602110105	复印机	0.00	49,664.28
16021102	网络设备	0.00	2,134.00
1602110201	桌面共享 HUB	0.00	2,134.00
16021103	多媒体设备	0.00	7,130.00
1602110301	数码相机	0.00	7,130.00
16021104	办公家具	0.00	78,210.20
1602110401	班台	0.00	63,951.20
1602110402	会议桌	0.00	14,259.00
16021105	其他设备	0.00	2,813.00
1701	无形资产	7,325.57	
1801	待摊费用	52,153.95	
180101	房租	8,166.24	
180102	汽油	26,069.71	
180103	车辆保险	17,918.00	
18010301	京 ER6107 保险费	1,402.78	
18010302	京 A96288 保险费	2,337.50	
18010303	京 A96492 保险费	1,948.30	
18010304	京 GNW506 保险费	2,200.00	
18010305	京 GNW147 保险费	2,200.00	
18010306	京 G22148 保险费	4,892.10	
18010307	京 H68833 保险费	514.37	
18010308	京 AY7686 保险费	2,026.74	
18010309	丰田轿车保险费	396.21	
1811	递延所得税资产	10,399.76	
181101	应收账款	0.00	5,657.10
181102	其他应收款	16,056.86	0.00
资产小计		28,936,038.32	2,088,709.58
2202	应付账款	203,322.99	0.00
220201	运输款(物流)	0.00	2,953.00

续上表

科目编码	科 目 名 称	期末借方	期末贷方
220203	其他业务	0.00	357,500.00
220204	应付货损款	563,775.99	0.00
2205	预收账款	0.00	242,408.05
220501	运输款(物流)	0.00	4,408.05
220502	开发款(IT)	0.00	238,000.00
2211	应付职工薪酬	0.00	259,752.14
221101	应付工资	0.00	0.00
22110101	职工工资	0.00	0.00
22110102	分支机构工资	0.00	0.00
221104	应付福利费	0.00	0.00
22110401	计提福利费	0.00	57,969.35
22110402	福利费支出	57,969.35	0.00
221105	应付社会保险费	0.00	36,171.06
22110501	养老保险	0.00	25,795.48
2211050101	支付养老保险金	329,926.80	0.00
2211050102	企业养老金	0.00	260,744.52
2211050104	个人养老金	0.00	94,977.76
22110502	医疗保险	1,344.14	0.00
2211050201	支付医疗保险	229,065.36	0.00
2211050202	企业基本医疗保险	0.00	171,994.52
2211050203	个人基本医疗保险	0.00	34,553.02
2211050204	企业大额医疗 1	0.00	18,428.68
2211050205	个人大额互助医疗 3	0.00	2,745.00
22110503	失业保险	0.00	2,171.99
2211050301	支付失业保险	22,921.51	0.00
2211050302	企业失业保险	0.00	19,547.39
2211050303	个人失业保险	0.00	5,546.11
22110504	企业工伤保险	0.00	675.89
2211050401	支付工伤保险	5,682.44	0.00
2211050402	企业工伤保险	0.00	6,358.33
22110505	生育保险	0.00	1,368.84
2211050501	支付生育保险	7,865.68	0.00
2211050502	企业生育保险	0.00	9,234.52
22110506	企业年金	0.00	7,503.00
221106	住房公积金	0.00	17,774.93
221107	工资留存补助	0.00	65,750.54
221108	待兑现工资	0.00	140,055.61

续上表

科目编码	科 目 名 称	期末借方	期末贷方
2221	应交税费	0.00	293,061.25
222102	应交营业税	0.00	244,017.50
22210201	物流服务	0.00	47,488.49
2221020101	公路内河	0.00	47,488.49
22210202	服务业	0.00	196,529.01
2221020201	综合技术服务	0.00	182,918.40
2221020203	其他服务	0.00	13,610.61
222103	应交城建税	0.00	17,081.24
22210301	物流服务	0.00	3,324.20
22210302	综合技术服务	0.00	12,804.30
22210304	其他服务	0.00	952.74
222104	教育费附加	0.00	7,320.53
22210401	物流服务	0.00	1,424.65
22210402	综合技术服务	0.00	5,487.56
22210404	其他服务	0.00	408.32
222105	应交车船税	3,912.00	0.00
222106	应交个人所得税	0.00	1,415.29
222107	应交企业所得税	0.00	27,138.69
2241	其他应付款	0.00	62,597.41
224101	押金	0.00	31,242.00
22410101	临时工押金	0.00	8,442.00
22410102	职工押金	0.00	2,400.00
22410103	运输款(物流)	0.00	20,000.00
22410104	开发款(IT)	0.00	400.00
224102	中国交通运输协会	0.00	1,998.64
224103	其他应付款项	0.00	29,566.46
224104	京 H68833 车贷款	209.69	0.00
2801	预提费用	514,844.45	0.00
280101	仓库租金	642,986.09	0.00
280102	水电费	0.00	128,141.64
28010201	华北水电费	0.00	130,000.00
28010202	分公司水电费	1,858.36	0.00
负债小计		718,167.44	857,818.85
3001	实收资本	0.00	50,000,000.00
300101	华北高速	0.00	38,000,000.00
300102	华祺投资有限责任公司	0.00	6,000,000.00
300103	华建交通经济开发中心	0.00	5,000,000.00

续上表

科目编码	科 目 名 称	期末借方	期末贷方
300104	福建交通科研所	0.00	500,000.00
300105	北京路安交通科技发展有限公司	0.00	500,000.00
3103	本年利润	471,712.92	0.00
310301	物流服务	289,030.28	0.00
310305	管理费用	66,936.95	0.00
310306	财务费用	0.00	242.13
310307	销售费用	115,987.82	0.00
3104	利润分配	22,363,532.89	0.00
310403	未分配利润	22,363,532.89	0.00
权益小计		22,835,245.81	50,000,000.00
4001	物流技术服务成本		
400101	自营物流成本		
40010101	车辆成本		
4001010101	车辆京 A96492		
400101010102	停过路桥费		
400101010103	养路费		
400101010105	车辆保险费		
400101010106	车辆折旧费		
4001010102	车辆京 ER7021		
400101010206	车辆折旧费		
4001010103	车辆京 A96288		
400101010302	停过路桥费		
400101010303	养路费		
400101010305	车辆保险费		
400101010306	车辆折旧费		
4001010104	车辆京 AY7686		
400101010401	修理保养费		
400101010402	停过路桥费		
400101010403	养路费		
400101010405	车辆保险费		
400101010406	车辆折旧费		
4001010105	车辆京 ER6107		
400101010502	停过路桥费		
400101010503	养路费		
400101010505	车辆保险费		
4001010106	车辆京 GNW506		
400101010601	修理保养费		

续上表

科目编码	科 目 名 称	期末借方	期末贷方
400101010602	停过路桥费		
400101010603	养路费		
400101010604	汽柴油费		
400101010605	车辆保险费		
400101010606	车辆折旧费		
4001010107	车辆京 GNW147		
400101010701	修理保养费		
400101010702	停过路桥费		
400101010703	养路费		
400101010704	汽柴油费		
400101010705	车辆保险费		
400101010706	车辆折旧费		
4001010108	车辆京 G22148		
400101010801	修理保养费		
400101010802	停过路桥费		
400101010803	养路费		
400101010804	汽柴油费		
400101010805	车辆保险费		
400101010806	车辆折旧费		
40010102	营运间接费用		
4001010201	职工薪酬		
400101020101	工资		
400101020102	午餐费		
400101020103	福利费		
400101020104	养老保险费		
400101020105	基本医疗费		
400101020106	失业保险费		
400101020107	工伤保险费		
400101020108	生育保险费		
400101020109	住房公积金		
400101020110	企业年金		
4001010202	交通费		
4001010203	业务招待费		
4001010204	差旅费		
4001010205	办公费		
4001010206	通讯费		
400101020601	手机话费		

续上表

科目编码	科 目 名 称	期末借方	期末贷方
400101020602	座机话费		
4001010207	车辆支出		
400101020701	修理保养费		
400101020702	停过路桥费		
400101020704	汽柴油费		
4001010208	折旧费		
4001010210	水电费		
4001010211	房租		
4001010212	其他		
400102	分支机构成本		
40010201	北京		
4001020101	职工薪酬		
400102010101	工资		
400102010102	午餐费		
400102010103	福利费		
400102010104	养老保险费		
400102010105	基本医疗费		
400102010106	失业保险费		
400102010107	工伤保险费		
400102010108	生育保险费		
4001020102	交通费		
4001020103	业务招待费		
4001020105	办公费		
4001020106	通讯费		
400102010601	手机话费		
400102010602	座机话费		
400102010603	IP 话费		
4001020107	车辆支出		
400102010701	修理保养费		
400102010702	停过路桥费		
400102010703	养路费		
400102010704	汽柴油费		
4001020108	折旧费		
4001020109	低值易耗品		
4001020110	水电费		
4001020111	房租		
4001020112	其他		

续上表

科目编码	科目名称	期末借方	期末贷方
40010202	天津		
4001020201	职工薪酬		
400102020101	工资		
400102020102	午餐费		
400102020103	福利费		
400102020104	养老保险费		
400102020105	基本医疗费		
400102020106	失业保险费		
400102020107	工伤保险费		
400102020108	生育保险费		
4001020202	交通费		
4001020203	业务招待费		
4001020204	差旅费		
4001020205	办公费		
4001020206	通讯费		
400102020601	手机话费		
400102020602	座机话费		
4001020207	车辆支出		
400102020702	停过路桥费		
400102020703	养路费		
400102020704	汽柴油费		
4001020208	折旧费		
4001020209	低值易耗品		
4001020210	水电费		
4001020211	房租		
4001020212	其他		
40010203	上海		
4001020301	职工薪酬		
400102030101	工资		
400102030102	午餐费		
400102030103	福利费		
400102030104	养老保险费		
400102030105	基本医疗费		
400102030106	失业保险费		
400102030107	工伤保险费		
4001020302	交通费		
4001020303	业务招待费		

续上表

科目编码	科 目 名 称	期末借方	期末贷方
4001020304	差旅费		
4001020305	办公费		
4001020306	通讯费		
400102030601	手机话费		
400102030602	座机话费		
400102030603	IP 话费		
4001020308	折旧费		
4001020310	水电费		
40010204	广州		
4001020401	职工薪酬		
400102040101	工资		
400102040102	午餐费		
400102040103	福利费		
400102040105	基本医疗费		
400102040107	工伤保险费		
4001020402	交通费		
4001020403	业务招待费		
4001020405	办公费		
4001020406	通讯费		
400102040601	手机话费		
400102040602	座机话费		
4001020408	折旧费		
4001020410	水电费		
4001020411	房租		
40010205	沈阳		
4001020501	职工薪酬		
400102050101	工资		
400102050102	午餐费		
400102050103	福利费		
400102050104	养老保险费		
400102050105	基本医疗费		
400102050106	失业保险费		
400102050107	工伤保险费		
4001020505	办公费		
4001020506	通讯费		
400102050601	手机话费		
400102050602	座机话费		

续上表

科目编码	科 目 名 称	期末借方	期末贷方
4001020508	折旧费		
4001020510	水电费		
4001020511	房租		
40010206	武汉		
4001020601	职工薪酬		
400102060101	工资		
400102060102	午餐费		
400102060103	福利费		
400102060104	养老保险费		
400102060105	基本医疗费		
400102060106	失业保险费		
400102060107	工伤保险费		
4001020602	交通费		
4001020603	业务招待费		
4001020604	差旅费		
4001020605	办公费		
4001020606	通讯费		
400102060601	手机话费		
400102060602	座机话费		
4001020607	车辆支出		
400102060704	汽柴油费		
4001020611	房租		
40010207	西安		
4001020701	职工薪酬		
400102070101	工资		
400102070102	午餐费		
400102070103	福利费		
400102070104	养老保险费		
400102070105	基本医疗费		
400102070106	失业保险费		
400102070107	工伤保险费		
4001020702	交通费		
4001020703	业务招待费		
4001020704	差旅费		
4001020705	办公费		
4001020706	通讯费		
400102070601	手机话费		

续上表

科目编码	科 目 名 称	期末借方	期末贷方
400102070602	座机话费		
4001020708	折旧费		
4001020709	低值易耗品		
4001020711	房租		
40010208	山西		
4001020801	职工薪酬		
400102080101	工资		
400102080102	午餐费		
400102080103	福利费		
400102080105	基本医疗费		
400102080107	工伤保险费		
4001020802	交通费		
4001020803	业务招待费		
4001020805	办公费		
4001020806	通讯费		
400102080601	手机话费		
4001020808	折旧费		
4001020811	房租		
40010209	新疆		
4001020901	职工薪酬		
400102090101	工资		
400102090102	午餐费		
400102090103	福利费		
4001020902	交通费		
4001020903	业务招待费		
4001020904	差旅费		
4001020905	办公费		
4001020906	通讯费		
400102090601	手机话费		
400102090602	座机话费		
4001020908	折旧费		
4001020909	低值易耗品		
4001020911	房租		
40010210	配送点		
4001021001	职工薪酬		
400102100101	工资		
400102100102	午餐费		

续上表

科目编码	科 目 名 称	期末借方	期末贷方
400102100103	福利费		
4001021002	交通费		
4001021003	业务招待费		
4001021005	办公费		
4001021006	通讯费		
400102100601	手机话费		
4001021007	车辆支出		
400102100704	汽柴油费		
4001021008	折旧费		
4001021010	水电费		
4001021011	房租		
40010211	哈尔滨		
4001021112	其他		
40010212	通辽		
400103	外包物流成本		
40010301	公路运输费		
4001030101	城间运输费		
400103010101	北京分公司		
400103010102	外埠分公司		
4001030102	市内配送费		
400103010201	北京分公司		
400103010202	外埠分公司		
40010302	铁路运费		
4001030202	外埠分公司		
40010303	水运、航空运费		
4001030301	北京分公司		
40010305	手续费		
40010306	货损		
40010307	仓储费		
4001030701	仓储租金		
400103070101	北京分公司		
400103070102	外埠分公司		
4001030702	仓储水电费		
400103070201	北京分公司		
4001030703	包装费		
400103070301	北京分公司		
400103070302	外埠分公司		

续上表

科目编码	科 目 名 称	期末借方	期末贷方
40010308	装卸费		
4001030801	北京分公司		
4001030802	外埠分公司		
40010309	挂靠车辆		
4001030901	汽油费		
4001030902	过路过桥费		
4001030903	包车费		
4001030904	其他		
40010310	保险费		
4101	制造费用	457,076.86	
410101	软件开发费用	85,597.42	
41010101	职工薪酬	65,977.03	
4101010101	工资	58,453.93	
4101010102	午餐费	2,750.00	
4101010103	福利费	892.00	
4101010104	养老保险费	1,940.20	
4101010105	基本医疗费	1,660.60	
4101010106	失业保险费	145.55	
4101010107	工伤保险费	48.11	
4101010108	生育保险费	86.64	
41010102	交通费	10.00	
41010103	业务招待费	2,069.00	
41010105	办公费	8.70	
41010106	通讯费	623.97	
4101010601	手机话费	516.97	
4101010602	座机话费	107.00	
41010107	车辆支出	6,047.46	
4101010701	修理保养费	533.30	
4101010702	停过路桥费	50.00	
4101010703	养路费	330.00	
4101010704	汽柴油费	4,738.00	
4101010705	车辆保险费	396.16	
41010108	折旧费	4,229.12	
41010110	水电费	5,652.14	
41010112	其他	980.00	
410102	市场开发费	26,925.78	
41010201	职工薪酬	10,686.72	

续上表

科目编码	科 目 名 称	期末借方	期末贷方
4101020101	工资	7,900.00	
4101020102	午餐费	610.00	
4101020103	福利费	372.00	
4101020104	养老保险费	962.40	
4101020105	基本医疗费	722.00	
4101020106	失业保险费	72.20	
4101020107	工伤保险费	19.24	
4101020108	生育保险费	28.88	
41010202	交通费	101.00	
41010203	业务招待费	1,806.00	
41010204	差旅费	5,648.30	
41010205	办公费	2,255.96	
41010206	通讯费	826.41	
4101020601	手机话费	750.00	
4101020602	座机话费	38.91	
4101020603	IP 话费	37.50	
41010207	车辆支出	1,613.00	
4101020704	汽柴油费	1,613.00	
41010208	折旧费	1,208.27	
41010210	水电费	1,739.12	
41010211	房租	1,041.00	
410103	技术合作费	324,210.00	
410106	其他费用	20,343.66	
41010601	职工薪酬	14,916.82	
4101060101	工资	9,500.00	
4101060102	午餐费	410.00	
4101060103	福利费	149.00	
4101060104	养老保险费	1,804.80	
4101060105	基本医疗费	902.40	
4101060106	失业保险费	135.36	
4101060107	工伤保险费	27.07	
4101060108	生育保险费	72.19	
4101060109	住房公积金	1,083.00	
4101060110	企业年金	833.00	
41010603	业务招待费	561.00	
41010605	办公费	1,373.52	
41010606	通讯费	1,276.78	

续上表

科目编码	科 目 名 称	期末借方	期末贷方
4101060601	手机话费	1,267.05	
4101060602	座机话费	9.73	
41010607	车辆支出	1,475.00	
4101060703	养路费	330.00	
4101060704	汽柴油费	1,145.00	
41010608	折旧费	305.70	
41010610	水电费	434.84	
成本小计		457,076.86	
5001	主营业务收入		
500101	物流服务收入		
50010101	公路收入		
5001010101	好丽友		
5001010103	雀巢		
5001010104	梅花味精		
5001010106	ABB		
5001010107	油脂项目		
5001010108	家电		
5001010109	食品		
5001010111	其他		
50010102	仓储租赁收入		
50010103	装卸费收入		
50010104	其他服务收入		
5401	主营业务成本		
540101	物流服务成本		
5403	营业税金及附加		
540301	物流服务税金及附加		
5601	销售费用		
560101	综合管理费用—亓刚		
56010101	职工薪酬		
5601010101	工资		
5601010102	午餐费		
5601010103	福利费		
5601010104	养老保险费		
5601010105	基本医疗费		
5601010106	失业保险费		
5601010107	工伤保险费		
5601010108	生育保险费		

续上表

科目编码	科 目 名 称	期末借方	期末贷方
56010103	业务招待费		
56010106	通讯费		
5601010601	手机话费		
5601010602	座机话费		
56010107	车辆支出		
5601010702	停过路桥费		
5601010703	养路费		
5601010704	汽柴油费		
5601010705	车辆保险费		
56010108	折旧费		
56010110	水电费		
560102	市场—大项目部费用		
56010201	职工薪酬		
5601020101	工资		
5601020102	午餐费		
5601020103	福利费		
5601020104	养老保险费		
5601020105	基本医疗费		
5601020106	失业保险费		
5601020107	工伤保险费		
5601020108	生育保险费		
56010202	交通费		
56010203	业务招待费		
56010204	差旅费		
56010205	办公费		
56010206	通讯费		
5601020601	手机话费		
5601020602	座机话费		
56010207	车辆支出		
5601020702	停过路桥费		
5601020704	汽柴油费		
56010208	折旧费		
56010210	水电费		
56010211	房租		
560103	市场—其他人员费用		
56010301	职工薪酬		
5601030101	工资		

续上表

科目编码	科 目 名 称	期末借方	期末贷方
5601030102	午餐费		
5601030103	福利费		
5601030104	养老保险费		
5601030105	基本医疗费		
5601030106	失业保险费		
5601030107	工伤保险费		
5601030108	生育保险费		
56010302	交通费		
56010303	业务招待费		
56010305	办公费		
56010306	通讯费		
5601030601	手机话费		
5601030602	座机话费		
5601030603	IP 话费		
56010307	车辆支出		
5601030702	停过路桥费		
5601030704	汽柴油费		
56010308	折旧费		
56010310	水电费		
56010311	房租		
5602	管理费用		
560201	职工薪酬		
56020101	工资		
56020102	午餐费		
56020103	福利费		
56020104	养老保险费		
56020105	基本医疗费		
56020106	失业保险费		
56020107	工伤保险费		
56020108	生育保险费		
56020109	住房公积金		
56020110	企业年金		
560202	交通费		
560203	业务招待费		
560204	差旅费		
560205	办公费		
560206	通讯费		

续上表

科目编码	科 目 名 称	期末借方	期末贷方
56020601	手机话费		
56020602	座机话费		
56020603	IP 话费		
560207	车辆支出		
56020702	停过路桥费		
56020703	养路费		
56020704	汽车柴油		
560208	折旧费		
560210	水电费		
560211	房租		
560212	其他		
560216	宣传广告费		
5603	财务费用		
560301	利息收入		
560302	金融机构手续费		
损益小计			
合计		52,946,528.43	52,946,528.43
1001	现金	9,175.04	
1002	银行存款	2,831,162.81	
100201	工行经济技术开发区支行	376,304.70	
100202	总公司农行马驹桥分理处	2,234,381.93	
100203	分公司农行马驹桥分理处	49,409.28	
100204	分公司网企卡	171,066.90	
1015	其他货币资金	9,112,347.66	
101501	袁宇一卡通	2,000.00	
101502	交易结算款	9,110,347.66	
1122	应收账款	9,703,153.86	
112201	应收运费(物流)	8,071,111.86	
112202	应收开发款(IT)	1,632,042.00	
1123	预付账款	440,851.63	
112301	预付运费(物流)	440,851.63	
112303	预付其他业务款项	0.00	
1231	其他应收款	2,737,258.76	
123101	单位押金	1,327,801.20	
12310101	物流业务押金	1,004,000.00	
12310102	IT 业务押金	318,351.20	
12310103	其他业务押金	5,450.00	

续上表

科目编码	科 目 名 称	期末借方	期末贷方
123102	暂付款(代垫款)	224,876.45	
12310201	辛克(代垫款)	69,637.05	
12310202	其他单位(代垫款)	155,239.40	
123103	拨付分公司业务款	971,273.88	
12310301	北京	209,647.98	
12310302	天津	82,591.16	
12310303	上海	79,097.24	
12310304	广州	44,529.14	
12310305	沈阳	58,521.51	
12310306	武汉	65,085.11	
12310307	西安	121,793.07	
12310308	山西	16,989.32	
12310309	新疆	104,036.70	
12310310	长沙	766.01	
12310311	大连	5,302.62	
12310312	山西煤运	6,369.80	
12310313	通化	5,260.61	
12310314	南京	0.00	5,621.58
12310315	顺德	39,922.37	0.00
12310316	霸州	57,826.00	0.00
12310317	通辽	26,845.00	0.00
12310318	成都	12,511.91	0.00
12310319	新疆2(陈国喜)	32,598.91	0.00
12310320	兰州	7,201.00	0.00
123104	备用金	213,307.23	0.00
12310401	个人借款	213,307.23	0.00
1241	坏账准备	0.00	309,228.99
124101	应收账款坏账准备	0.00	33,220.21
124102	其他应收款坏账准备	0.00	276,008.78
1412	包装物及低值易耗品	196,224.34	
141201	货架及地胶	82,916.67	
141202	空调	2,828.67	
141203	工作服	9,010.00	
141204	IP电话卡	894.00	
141205	办公用品	93,400.00	
141206	液压搬运车	7,175.00	
1511	长期股权投资	30,000.00	

续上表

科目编码	科 目 名 称	期末借方	期末贷方
151101	易运盛物流咨询公司	30,000.00	
1601	固定资产	3,289,618.49	
160101	网络设备	164,980.00	
16010101	广域网设备工程	17,810.00	
16010102	防火墙	9,300.00	
16010103	路由器	14,100.00	
16010104	服务器	123,770.00	
160102	多媒体设备	3,100.00	
16010201	数码相机	3,100.00	
160103	建筑物	255,100.00	
16010301	天津库房	255,100.00	
160104	办公设备	544,096.10	
16010401	台式微机	311,932.64	
16010402	笔记本式微机	61,353.46	
16010403	传真机	5,900.00	
16010404	复印机	17,774.00	
16010405	打印机	22,300.00	
16010406	程控交换机	124,836.00	
160106	运输设备	1,724,910.89	
16010601	东南福利卡	172,309.00	
16010602	凯特厢式货车	64,955.00	
16010603	东风厢式货车	93,597.00	
16010604	叉车	215,000.00	
16010605	东风厢货京 A96288	95,956.00	
16010606	东风厢货京 A96492	95,521.00	
16010607	福田轻型客车京 FV0147(50	97,770.30	
16010608	福田轻型客车京 FV0901(14	109,007.20	
16010609	东风厢式运输车京 G22148	101,659.08	
16010610	桑塔纳京 H68833	173,998.31	
16010611	东风厢货(天津)	93,065.00	
16010612	丰田轿车	232,073.00	
16010613	叉车(永恒力 EFG115)	180,000.00	
160107	其他设备	75,268.50	
16010701	恒安库房垃圾箱	4,800.00	
16010702	税控发票打印机	4,380.00	
16010703	34 英寸电视	4,888.50	
16010704	投影仪	17,300.00	

续上表

科目编码	科 目 名 称	期末借方	期末贷方
16010705	打包机	3,000.00	
16010706	空调	12,150.00	
16010707	液压搬运车	2,900.00	
16010708	雨棚及卷帘门	8,850.00	
16010709	调码扫描终端	17,000.00	
160111	提足折旧资产	522,163.00	
16011101	办公设备	429,085.00	
1601110101	台式微机	190,905.00	
1601110102	笔记本式微机	164,640.00	
1601110103	传真机	2,400.00	
1601110104	打印机	19,940.00	
1601110105	复印机	51,200.00	
16011102	网络设备	2,200.00	
1601110201	桌面共享 HUB	2,200.00	
16011103	多媒体设备	7,350.00	
1601110301	数码相机	7,350.00	
16011104	办公家具	80,628.00	
1601110401	班台	65,928.00	
1601110402	会议桌	14,700.00	
16011105	其他设备	2,900.00	
1602	累计折旧	0.00	1,806,910.36
160201	网络设备	0.00	138,951.84
16020101	广域网设备工程	0.00	7,331.74
16020102	服务器	0.00	131,620.10
160202	多媒体设备	0.00	1,325.16
16020201	数码相机	0.00	1,325.16
160203	建筑物	0.00	36,351.72
16020301	天津库房	0.00	36,351.72
160204	办公设备	0.00	273,508.42
16020401	台式微机	0.00	142,591.28
16020402	笔记本式微机	0.00	30,062.71
16020403	传真机	0.00	4,665.36
16020404	复印机	0.00	5,753.25
16020405	打印机	0.00	11,781.85
16020406	程控交换机	0.00	78,653.97
160206	运输设备	0.00	821,026.82
16020601	东南福利卡	0.00	146,693.59

续上表

科目编码	科目名称	期末借方	期末贷方
16020602	凯特厢式货车	0.00	54,474.52
16020603	东风厢式货车	0.00	70,929.00
16020604	叉车 CPCD25AL	0.00	61,180.70
16020605	东风厢式京 A96288	0.00	67,869.20
16020606	东风厢式货车 A96492	0.00	64,665.72
16020607	福田轻型客车京 FV0147	0.00	51,369.76
16020608	福田轻型客车京 FV0901	0.00	56,171.40
16020609	东风厢式运输车京 G2214	0.00	51,359.00
16020610	桑塔纳京 H68833	0.00	82,426.42
16020611	东风厢式货车(天津)	0.00	26,707.57
16020612	丰田轿车	0.00	55,117.44
16020613	叉车(永恒力 EFG115)	0.00	32,062.50
160207	其他设备	0.00	29,148.20
160211	提足资产折旧	0.00	506,598.20
16021101	办公设备	0.00	416,311.00
1602110101	台式微机	0.00	182,176.52
1602110102	笔记本式微机	0.00	159,701.42
1602110103	传真机	0.00	2,328.00
1602110104	打印机	0.00	22,440.78
1602110105	复印机	0.00	49,664.28
16021102	网络设备	0.00	2,134.00
1602110201	桌面共享 HUB	0.00	2,134.00
16021103	多媒体设备	0.00	7,130.00
1602110301	数码相机	0.00	7,130.00
16021104	办公家具	0.00	78,210.20
1602110401	班台	0.00	63,951.20
1602110402	会议桌	0.00	14,259.00
16021105	其他设备	0.00	2,813.00
1701	无形资产	7,325.57	0.00
1801	待摊费用	112,349.25	0.00
180101	房租	16,033.84	0.00
180102	汽油	23,929.71	0.00
180103	车辆保险	14,385.70	0.00
18010301	京 ER6107 保险费	1,122.23	0.00
18010302	京 A96288 保险费	1,870.00	0.00
18010303	京 A96492 保险费	1,246.61	0.00
18010304	京 GNW506 保险费	1,925.00	0.00

续上表

科目编码	科 目 名 称	期末借方	期末贷方
18010305	京 GNW147 保险费	1,925.00	0.00
18010306	京 G22148 保险费	4,402.89	0.00
18010307	京 H68833 保险费	257.20	0.00
18010308	京 AY7686 保险费	1,636.77	0.00
18010309	丰田轿车保险费	0.00	0.00
180104	DDN 专线费	58,000.00	0.00
1811	递延所得税资产	10,399.76	0.00
181101	应收账款	0.00	5,657.10
181102	其他应收款	16,056.86	0.00
资产小计		28,479,867.17	2,116,139.35
2202	应付账款	194,712.99	0.00
220201	运输款(物流)	0.00	2,953.00
220202	开发款(IT)	0.00	8,610.00
220203	其他业务	0.00	357,500.00
220204	应付货损款	563,775.99	0.00
2205	预收账款	0.00	253,424.05
220501	运输款(物流)	0.00	15,424.05
220502	开发款(IT)	0.00	238,000.00
2211	应付职工薪酬	0.00	157,995.06
221101	应付工资	135,900.00	0.00
22110101	职工工资	135,900.00	0.00
22110102	分支机构工资	0.00	0.00
221104	应付福利费	0.00	0.00
22110401	计提福利费	0.00	59,660.15
22110402	福利费支出	59,660.15	0.00
221105	应付社会保险费	0.00	44,377.78
22110501	养老保险	0.00	31,504.68
2211050101	支付养老保险金	363,526.52	0.00
2211050102	企业养老金	0.00	290,985.92
2211050104	个人养老金	0.00	104,045.28
22110502	医疗保险	0.00	1,241.26
2211050201	支付医疗保险	250,680.16	0.00
2211050202	企业基本医疗保险	0.00	190,953.99
2211050203	个人基本医疗保险	0.00	37,496.32
2211050204	企业大额医疗 1	0.00	20,471.11
2211050205	个人大额互助医疗 3	0.00	3,000.00
22110503	失业保险	0.00	2,910.82

续上表

科目编码	科 目 名 称	期末借方	期末贷方
2211050301	支付失业保险	25,283.82	0.00
2211050302	企业失业保险	0.00	21,821.89
2211050303	个人失业保险	0.00	6,372.75
22110504	企业工伤保险	0.00	769.52
2211050401	支付工伤保险	6,268.75	0.00
2211050402	企业工伤保险	0.00	7,038.27
22110505	生育保险	0.00	1,618.50
2211050501	支付生育保险	8,663.00	0.00
2211050502	企业生育保险	0.00	10,281.50
22110506	企业年金	0.00	6,333.00
221106	住房公积金	0.00	28,556.78
221107	工资留存补助	0.00	75,270.54
221108	待兑现工资	0.00	145,689.96
2221	应交税费	0.00	295,262.81
222102	应交营业税	0.00	238,004.29
22210201	物流服务	0.00	15,494.53
2221020101	公路内河	0.00	15,494.53
22210202	服务业	0.00	222,509.76
2221020201	综合技术服务	0.00	215,818.40
2221020203	其他服务	0.00	6,691.36
222103	应交城建税	0.00	16,660.31
22210301	物流服务	0.00	1,084.61
22210302	综合技术服务	0.00	15,107.30
22210304	其他服务	0.00	468.40
222104	教育费附加	0.00	7,140.14
22210401	物流服务	0.00	464.84
22210402	综合技术服务	0.00	6,474.56
22210404	其他服务	0.00	200.74
222105	应交车船税	0.00	0.00
222106	应交个人所得税	0.00	6,319.38
222107	应交企业所得税	0.00	27,138.69
2241	其他应付款	0.00	62,597.41
224101	押金	0.00	31,242.00
22410101	临时工押金	0.00	8,442.00
22410102	职工押金	0.00	2,400.00
22410103	运输款(物流)	0.00	20,000.00
22410104	开发款(IT)	0.00	400.00

续上表

科目编码	科 目 名 称	期末借方	期末贷方
224102	中国交通运输协会	0.00	1,998.64
224103	其他应付款项	0.00	29,566.46
224104	京 H68833 车贷款	209.69	0.00
2801	预提费用	360,094.82	0.00
280101	仓库租金	498,236.46	0.00
280102	水电费	0.00	138,141.64
28010201	华北水电费	0.00	140,000.00
28010202	分公司水电费	1,858.36	0.00
负债小计		554,807.81	769,279.33
3001	实收资本	0.00	50,000,000.00
300101	华北高速	0.00	38,000,000.00
300102	华祺投资有限责任公司	0.00	6,000,000.00
300103	华建交通经济开发中心	0.00	5,000,000.00
300104	福建交通科研所	0.00	500,000.00
300105	北京路安交通科技发展有限公司	0.00	500,000.00
3103	本年利润	592,901.89	0.00
310301	物流服务	337,839.25	0.00
310302	综合技术服务	72,380.00	0.00
310305	管理费用	66,936.95	0.00
310306	财务费用	0.00	242.13
310307	销售费用	115,987.82	0.00
3104	利润分配	22,363,532.89	0.00
310403	未分配利润	22,363,532.89	0.00
权益小计		22,956,434.78	50,000,000.00
4001	物流技术服务成本	6,431,129.37	
400101	自营物流成本	102,025.92	
40010101	车辆成本	24,726.14	
4001010101	车辆京 A96492	1,666.85	
400101010102	停过路桥费	0.00	
400101010103	养路费	0.00	
400101010105	车辆保险费	701.69	
400101010106	车辆折旧费	965.16	
4001010102	车辆京 ER7021	656.32	
400101010206	车辆折旧费	656.32	
4001010103	车辆京 A96288	1,437.06	
400101010302	停过路桥费	0.00	
400101010303	养路费	0.00	

续上表

科目编码	科 目 名 称	期末借方	期末贷方
400101010305	车辆保险费	467.50	
400101010306	车辆折旧费	969.56	
4001010104	车辆京 AY7686	1,335.69	
400101010401	修理保养费	0.00	
400101010402	停过路桥费	0.00	
400101010403	养路费	0.00	
400101010405	车辆保险费	389.97	
400101010406	车辆折旧费	945.72	
4001010105	车辆京 ER6107	380.55	
400101010502	停过路桥费	0.00	
400101010503	养路费	0.00	
400101010504	汽柴油费	100.00	
400101010505	车辆保险费	280.55	
4001010106	车辆京 GNW506	5,879.88	
400101010601	修理保养费	930.00	
400101010602	停过路桥费	0.00	
400101010603	养路费	0.00	
400101010604	汽柴油费	3,687.00	
400101010605	车辆保险费	275.00	
400101010606	车辆折旧费	987.88	
4001010107	车辆京 GNW147	6,226.40	
400101010701	修理保养费	590.00	
400101010702	停过路桥费	0.00	
400101010703	养路费	0.00	
400101010704	汽柴油费	4,260.00	
400101010705	车辆保险费	275.00	
400101010706	车辆折旧费	1,101.40	
4001010108	车辆京 G22148	7,143.39	
400101010801	修理保养费	660.00	
400101010802	停过路桥费	0.00	
400101010803	养路费	0.00	
400101010804	汽柴油费	4,967.00	
400101010805	车辆保险费	489.21	
400101010806	车辆折旧费	1,027.18	
40010102	营运间接费用	77,299.78	
4001010201	职工薪酬	63,226.73	
400101020101	工资	52,312.77	

续上表

科目编码	科 目 名 称	期末借方	期末贷方
400101020102	午餐费	3,400.00	
400101020103	福利费	0.00	
400101020104	养老保险费	3,298.60	
400101020105	基本医疗费	2,990.60	
400101020106	失业保险费	247.43	
400101020107	工伤保险费	71.79	
400101020108	生育保险费	129.04	
400101020109	住房公积金	419.50	
400101020110	企业年金	357.00	
4001010202	交通费	197.00	
4001010203	业务招待费	0.00	
4001010204	差旅费	0.00	
4001010205	办公费	2,096.70	
4001010206	通讯费	2,642.23	
400101020601	手机话费	1,550.00	
400101020602	座机话费	1,092.23	
4001010207	车辆支出	3,166.00	
400101020701	修理保养费	0.00	
400101020702	停过路桥费	10.00	
400101020704	汽柴油费	3,156.00	
4001010208	折旧费	3,562.66	
4001010210	水电费	1,152.46	
4001010211	房租	1,256.00	
4001010212	其他	0.00	
400102	分支机构成本	343,674.49	
40010201	北京	193,446.30	
4001020101	职工薪酬	147,062.87	
400102010101	工资	116,387.99	
400102010102	午餐费	20,415.00	
400102010103	福利费	296.00	
400102010104	养老保险费	5,324.00	
400102010105	基本医疗费	3,934.90	
400102010106	失业保险费	399.40	
400102010107	工伤保险费	161.18	
400102010108	生育保险费	144.40	
4001020102	交通费	2,192.00	
4001020103	业务招待费	500.00	

续上表

科目编码	科 目 名 称	期末借方	期末贷方
4001020104	差旅费	870.00	
4001020105	办公费	390.00	
4001020106	通讯费	7,281.46	
400102010601	手机话费	5,730.00	
400102010602	座机话费	1,551.46	
400102010603	IP 话费	0.00	
4001020107	车辆支出	9,658.00	
400102010701	修理保养费	660.00	
400102010702	停过路桥费	3,127.00	
400102010703	养路费	0.00	
400102010704	汽柴油费	5,871.00	
4001020108	折旧费	3,750.95	
4001020109	低值易耗品	7,024.02	
4001020110	水电费	2,167.00	
4001020111	房租	12,550.00	
4001020112	其他	0.00	
40010202	天津	39,109.37	
4001020201	职工薪酬	25,657.82	
400102020101	工资	19,161.50	
400102020102	午餐费	5,002.00	
400102020103	福利费	148.00	
400102020104	养老保险费	721.80	
400102020105	基本医疗费	541.50	
400102020106	失业保险费	54.15	
400102020107	工伤保险费	14.43	
400102020108	生育保险费	14.44	
4001020202	交通费	384.30	
4001020203	业务招待费	815.00	
4001020204	差旅费	295.00	
4001020205	办公费	401.60	
4001020206	通讯费	2,120.00	
400102020601	手机话费	1,300.00	
400102020602	座机话费	820.00	
4001020207	车辆支出	2,221.00	
400102020701	修理保养费	306.00	
400102020702	停过路桥费	550.00	
400102020703	养路费	460.00	

续上表

科目编码	科目名称	期末借方	期末贷方
400102020704	汽柴油费	0.00	
400102020706	车辆手续费	905.00	
4001020208	折旧费	4,112.02	
4001020209	低值易耗品	236.00	
4001020210	水电费	0.00	
4001020211	房租	1,666.63	
4001020212	其他	1,200.00	
40010203	上海	15,473.35	
4001020301	职工薪酬	12,465.84	
400102030101	工资	9,959.00	
400102030102	午餐费	1,290.00	
400102030103	福利费	148.00	
400102030104	养老保险费	609.20	
400102030105	基本医疗费	397.10	
400102030106	失业保险费	45.70	
400102030107	工伤保险费	16.84	
4001020302	交通费	25.00	
4001020303	业务招待费	260.00	
4001020304	差旅费	0.00	
4001020305	办公费	160.00	
4001020306	通讯费	1,343.90	
400102030601	手机话费	550.00	
400102030602	座机话费	793.90	
400102030603	IP 话费	0.00	
4001020308	折旧费	196.61	
4001020309	低值易耗品	75.00	
4001020310	水电费	947.00	
40010204	广州	5,135.17	
4001020401	职工薪酬	4,024.32	
400102040101	工资	3,571.00	
400102040102	午餐费	410.00	
400102040103	福利费	0.00	
400102040105	基本医疗费	36.10	
400102040107	工伤保险费	7.22	
4001020402	交通费	138.00	
4001020403	业务招待费	73.00	
4001020405	办公费	105.10	

续上表

科目编码	科 目 名 称	期末借方	期末贷方
4001020406	通讯费	350.00	
400102040601	手机话费	200.00	
400102040602	座机话费	150.00	
4001020408	折旧费	65.90	
4001020409	低值易耗品	264.00	
4001020410	水电费	114.85	
4001020411	房租	0.00	
40010205	沈阳	19,783.59	
4001020501	职工薪酬	17,776.84	
400102050101	工资	14,023.50	
400102050102	午餐费	2,536.50	
400102050103	福利费	148.00	
400102050104	养老保险费	609.20	
400102050105	基本医疗费	397.10	
400102050106	失业保险费	45.70	
400102050107	工伤保险费	16.84	
4001020505	办公费	41.00	
4001020506	通讯费	1,111.00	
400102050601	手机话费	350.00	
400102050602	座机话费	261.00	
400102050603	IP 话费	500.00	
4001020508	折旧费	92.75	
4001020510	水电费	0.00	
4001020511	房租	762.00	
40010206	武汉	8,292.46	
4001020601	职工薪酬	9,033.96	
400102060101	工资	7,641.00	
400102060102	午餐费	801.00	
400102060103	福利费	148.00	
400102060104	养老保险费	240.60	
400102060105	基本医疗费	180.50	
400102060106	失业保险费	18.05	
400102060107	工伤保险费	4.81	
4001020602	交通费	307.50	
4001020603	业务招待费	568.00	
4001020604	差旅费	0.00	
4001020605	办公费	40.00	

续上表

科目编码	科 目 名 称	期末借方	期末贷方
4001020606	通讯费	463.00	
400102060601	手机话费	250.00	
400102060602	座机话费	213.00	
4001020607	车辆支出	0.00	
400102060704	汽柴油费	0.00	
4001020611	房租	0.00	2,120.00
40010207	西安	14,533.77	
4001020701	职工薪酬	12,047.12	
400102070101	工资	8,958.70	
400102070102	午餐费	2,052.50	
400102070103	福利费	148.00	
400102070104	养老保险费	481.20	
400102070105	基本医疗费	361.00	
400102070106	失业保险费	36.10	
400102070107	工伤保险费	9.62	
4001020702	交通费	128.70	
4001020703	业务招待费	268.00	
4001020704	差旅费	0.00	
4001020705	办公费	140.00	
4001020706	通讯费	1,050.00	
400102070601	手机话费	600.00	
400102070602	座机话费	450.00	
4001020708	折旧费	169.95	
4001020709	低值易耗品	0.00	
4001020711	房租	730.00	
40010208	山西	5,139.48	
4001020801	职工薪酬	4,604.82	
400102080101	工资	3,725.00	
400102080102	午餐费	688.50	
400102080103	福利费	148.00	
400102080105	基本医疗费	36.10	
400102080107	工伤保险费	7.22	
4001020802	交通费	0.00	
4001020803	业务招待费	0.00	
4001020805	办公费	0.00	
4001020806	通讯费	0.00	
400102080601	手机话费	0.00	

续上表

科目编码	科 目 名 称	期末借方	期末贷方
4001020808	折旧费	32.46	
4001020811	房租	502.20	
40010209	新疆	14,853.30	
4001020901	职工薪酬	10,116.75	
400102090101	工资	8,725.00	
400102090102	午餐费	1,243.75	
400102090103	福利费	148.00	
4001020902	交通费	139.00	
4001020903	业务招待费	800.00	
4001020904	差旅费	168.00	
4001020905	办公费	1,530.80	
4001020906	通讯费	550.00	
400102090601	手机话费	550.00	
400102090602	座机话费	0.00	
4001020908	折旧费	88.35	
4001020909	低值易耗品	200.00	
4001020910	水电费	460.40	
4001020911	房租	800.00	
40010210	配送点	27,607.70	
4001021001	职工薪酬	16,812.55	
400102100101	工资	13,894.55	
400102100102	午餐费	2,770.00	
400102100103	福利费	148.00	
4001021002	交通费	280.00	
4001021003	业务招待费	220.00	
4001021005	办公费	527.00	
4001021006	通讯费	2,646.74	
400102100601	手机话费	1,220.05	
400102100602	座机话费	1,426.69	
4001021007	车辆支出	4,700.00	
400102100704	汽柴油费	4,700.00	
4001021008	折旧费	58.41	
4001021010	水电费	983.00	
4001021011	房租	1,380.00	
40010211	哈尔滨	300.00	
4001021112	其他	300.00	
40010212	通辽	0.00	

续上表

科目编码	科 目 名 称	期末借方	期末贷方
400103	外包物流成本	5,985,428.96	
40010301	公路运输费	3,943,804.81	
4001030101	城间运输费	3,837,729.61	
400103010101	北京分公司	2,230,115.93	
400103010102	外埠分公司	1,607,613.68	
4001030102	市内配送费	106,075.20	
400103010201	北京分公司	41,271.00	
400103010202	外埠分公司	64,804.20	
40010302	铁路运费	124,436.10	
4001030202	外埠分公司	124,436.10	
40010303	水运、航空运费	1,215,899.00	
4001030301	北京分公司	1,215,899.00	
40010305	手续费	879.00	
40010306	货损	0.00	8,152.40
40010307	仓储费	314,410.00	
4001030701	仓储租金	306,730.00	
400103070101	北京分公司	101,500.00	
400103070102	外埠分公司	205,230.00	
4001030702	仓储水电费	0.00	
400103070201	北京分公司	0.00	
4001030703	包装费	7,680.00	
400103070301	北京分公司	220.00	
400103070302	外埠分公司	7,460.00	
40010308	装卸费	200,728.45	
4001030801	北京分公司	111,354.30	
4001030802	外埠分公司	89,374.15	
40010309	挂靠车辆	191,324.00	
4001030901	汽油费	176,501.00	
4001030902	过路过桥费	2,051.00	
4001030903	包车费	8,988.00	
4001030904	其他	3,784.00	
40010310	保险费	2,100.00	
4101	制造费用	712,149.80	
410101	软件开发费用	160,261.23	
41010101	职工薪酬	119,565.58	
4101010101	工资	106,041.88	
4101010102	午餐费	5,050.00	

续上表

科目编码	科 目 名 称	期末借方	期末贷方
4101010103	福利费	892.00	
4101010104	养老保险费	3,880.40	
4101010105	基本医疗费	3,140.70	
4101010106	失业保险费	291.10	
4101010107	工伤保险费	96.22	
4101010108	生育保险费	173.28	
41010102	交通费	10.00	
41010103	业务招待费	2,069.00	
41010104	差旅费	3,268.00	
41010105	办公费	38.50	
41010106	通讯费	908.04	
4101010601	手机话费	716.97	
4101010602	座机话费	191.07	
41010107	车辆支出	13,857.13	
4101010701	修理保养费	533.30	
4101010702	停过路桥费	50.00	
4101010703	养路费	330.00	
4101010704	汽柴油费	8,078.00	
4101010705	车辆保险费	4,865.83	
41010108	折旧费	8,458.24	
41010110	水电费	11,106.74	
41010112	其他	980.00	
410102	市场开发费	57,095.15	
41010201	职工薪酬	22,189.84	
4101020101	工资	16,300.00	
4101020102	午餐费	1,450.00	
4101020103	福利费	372.00	
4101020104	养老保险费	2,165.40	
4101020105	基本医疗费	1,624.50	
4101020106	失业保险费	162.45	
4101020107	工伤保险费	43.29	
4101020108	生育保险费	72.20	
41010202	交通费	718.00	
41010203	业务招待费	5,102.54	
41010204	差旅费	9,411.40	
41010205	办公费	4,711.36	
41010206	通讯费	1,289.65	

续上表

科目编码	科 目 名 称	期末借方	期末贷方
4101020601	手机话费	1,150.00	
4101020602	座机话费	77.15	
4101020603	IP 话费	62.50	
41010207	车辆支出	3,293.00	
4101020702	停过路桥费	1,680.00	
4101020704	汽柴油费	1,613.00	
41010208	折旧费	2,416.54	
41010210	水电费	3,582.82	
41010211	房租	1,380.00	
41010212	其他	3,000.00	
410103	技术合作费	454,510.00	
410106	其他费用	40,283.42	
41010601	职工薪酬	29,714.64	
4101060101	工资	19,000.00	
4101060102	午餐费	850.00	
4101060103	福利费	149.00	
4101060104	养老保险费	3,609.60	
4101060105	基本医疗费	1,804.80	
4101060106	失业保险费	270.72	
4101060107	工伤保险费	54.14	
4101060108	生育保险费	144.38	
4101060109	住房公积金	2,166.00	
4101060110	企业年金	1,666.00	
41010603	业务招待费	2,689.00	
41010605	办公费	1,373.52	
41010606	通讯费	2,441.57	
4101060601	手机话费	2,424.20	
4101060602	座机话费	17.37	
41010607	车辆支出	2,564.00	
4101060703	养路费	330.00	
4101060704	汽柴油费	2,234.00	
41010608	折旧费	611.40	
41010610	水电费	889.29	
成本小计		7,143,279.17	
5001	主营业务收入		6,390,161.75
500101	物流服务收入		5,732,161.75
50010101	公路收入		5,527,293.31

续上表

科目编码	科 目 名 称	期末借方	期末贷方
5001010101	好丽友		2,401,329.60
5001010102	辛克		138,728.41
5001010103	雀巢		0.00
5001010104	梅花味精		1,894,912.50
5001010106	ABB		0.00
5001010107	油脂项目		840,736.73
5001010108	家电		0.00
5001010109	食品		0.00
5001010111	其他		251,586.07
50010102	仓储租赁收入		127,247.00
50010103	装卸费收入		77,058.24
50010104	其他服务收入		563.20
500102	综合技术服务		658,000.00
5401	主营业务成本		0.00
540101	物流服务成本		0.00
5403	营业税金及附加		60,594.49
540301	物流服务税金及附加		24,404.49
540302	综合技术税金及附加		36,190.00
5601	销售费用	130,530.22	
560101	综合管理费用—亓刚	13,253.14	
56010101	职工薪酬	8,528.00	
5601010101	工资	7,000.00	
5601010102	午餐费	220.00	
5601010103	福利费	0.00	
5601010104	养老保险费	800.00	
5601010105	基本医疗费	400.00	
5601010106	失业保险费	60.00	
5601010107	工伤保险费	16.00	
5601010108	生育保险费	32.00	
56010103	业务招待费	1,085.00	
56010106	通讯费	628.46	
5601010601	手机话费	565.00	
5601010602	座机话费	63.46	
56010107	车辆支出	2,842.57	
5601010701	修理保养费	462.00	
5601010702	停过路桥费	83.50	
5601010703	养路费	339.90	

续上表

科目编码	科 目 名 称	期末借方	期末贷方
5601010704	汽柴油费	1,700.00	
5601010705	车辆保险费	257.17	
56010108	折旧费	101.32	
56010110	水电费	67.79	
560102	市场—大项目部费用	62,385.45	
56010201	职工薪酬	46,547.78	
5601020101	工资	37,634.78	
5601020102	午餐费	2,805.00	
5601020103	福利费	0.00	
5601020104	养老保险费	3,312.20	
5601020105	基本医疗费	2,346.50	
5601020106	失业保险费	248.45	
5601020107	工伤保险费	70.89	
5601020108	生育保险费	129.96	
56010202	交通费	305.00	
56010203	业务招待费	1,203.00	
56010204	差旅费	5,593.40	
56010205	办公费	91.00	
56010206	通讯费	4,347.51	
5601020601	手机话费	1,850.00	
5601020602	座机话费	2,497.51	
56010207	车辆支出	1,000.00	
5601020702	停过路桥费	0.00	
5601020704	汽柴油费	1,000.00	
56010208	折旧费	823.27	
56010210	水电费	949.09	
56010211	房租	1,525.40	
560103	市场—其他人员费用	54,891.63	
56010301	职工薪酬	44,539.63	
5601030101	工资	36,453.99	
5601030102	午餐费	2,790.00	
5601030103	福利费	0.00	
5601030104	养老保险费	2,893.40	
5601030105	基本医疗费	2,021.60	
5601030106	失业保险费	217.05	
5601030107	工伤保险费	62.51	
5601030108	生育保险费	101.08	

续上表

科目编码	科目名称	期末借方	期末贷方
56010302	交通费	0.00	
56010303	业务招待费	0.00	
56010304	差旅费	150.00	
56010305	办公费	160.40	
56010306	通讯费	3,122.92	
5601030601	手机话费	900.00	
5601030602	座机话费	2,222.92	
5601030603	IP 话费	0.00	
56010307	车辆支出	3,890.00	
5601030702	停过路桥费	2,579.00	
5601030704	汽柴油费	1,311.00	
56010308	折旧费	1,114.51	
56010310	水电费	1,120.17	
56010311	房租	794.00	
5602	管理费用	70,737.57	
560201	职工薪酬	43,434.92	
56020101	工资	28,200.00	
56020102	午餐费	1,750.00	
56020103	福利费	210.80	
56020104	养老保险费	5,655.84	
56020105	基本医疗费	3,030.00	
56020106	失业保险费	423.01	
56020107	工伤保险费	92.50	
56020108	生育保险费	207.27	
56020109	住房公积金	2,242.50	
56020110	企业年金	1,623.00	
560202	交通费	113.00	
560203	业务招待费	9,894.00	
560204	差旅费	0.00	
560205	办公费	876.50	
560206	通讯费	1,899.43	
56020601	手机话费	1,505.58	
56020602	座机话费	293.85	
56020603	IP 话费	100.00	
560207	车辆支出	6,969.50	
56020702	停过路桥费	312.50	
56020703	养路费	0.00	

续上表

科目编码	科 目 名 称	期末借方	期末贷方
56020704	汽车柴油	6,657.00	
560208	折旧费	864.30	
560210	水电费	2,543.92	
560211	房租	230.00	
560212	其他	0.00	
560216	宣传广告费	0.00	
560226	车船使用税	3,912.00	
5603	财务费用	518.20	
560301	利息收入	0.00	
560302	金融机构手续费	518.20	
损益小计		201,785.99	6,450,756.24
合计		59,336,174.92	59,336,174.92

第三节 期末账簿

根据科目汇总表、登记账簿、形成期末账簿。

内容同上。

第四节 编制的会计报表

根据科目汇总表，编制出公司二月份的资产负债表、利润表和现金流量表如表4-3～表4-5：

资产负债表

表4-3

	北京市新技术	新技术企业资产负债表		国税所编码:	N1674
	产业开发试验区			地税所编码:	656031
				财政所编码:	Q497
填报单位:易通交通信息发展有限公司		2008年2月29日		会试企01表	单位:元
资　产	期末数	年初数	负债及所有者权益	期末数	年初数
货币资金	11,952,685.51	15,417,018.16	短期借款		-
交易性金融资产		—	交易性金融负债		
应收票据			应付票据		
应收账款	9,703,153.86	8,780,743.34	应付款项	369,063.00	360,453.00
减:坏账准备	309,228.99	309,228.99	预收账款	253,424.05	238,000.00
应收账款净额	9,393,924.87	8,471,514.35	应付职工薪酬	157,995.06	246,685.88

续上表

资　　产	期末数	年初数	负债及所有者权益	期末数	年初数
预付款项	440,851.63	349,669.48	应交税费	295,262.81	837,905.42
其他应收款	3,301,034.75	3,486,582.95	应付利息		
存货	196,224.34	120,652.28	应付股利		
低值易耗品	196,224.34	120,652.28	其他应付款	62,597.41	63,787.41
科技在产品			一年到期的长期负债		
生产在产品			其他流动负债	140,000.00	
对外技术服务未完工程			流动负债合计	1,278,342.33	1,746,831.71
待处理流动资产净损失			长期负债		
一年内到期债券投资			长期借款		
其他流动资产	612,444.07	51,098.60	其中:银行借款		
流动资产合计	25,897,165.17	27,896,535.82			
			应付债券		
长期投资:	30,000.00	30,000.00	长期应付款		
固定资产原值	3,289,618.49	3,191,088.49	专项应付款		
减:累计折旧	1,806,910.36	1,752,050.82	预计负债		
固定资产净值	1,482,708.13	1,439,037.67	递延所得税负债		
固定资产清理			所有者权益	26,149,256.30	27,636,467.11
在建工程			实收资本	50,000,000.00	50,000,000.00
待处理固定资产净损失			其中:全民法人资本		
无形资产和递延资产	17,725.33	17,725.33	集体法人资本		—
无形资产	7,325.57	7,325.57	其他法人资本	50,000,000.00	50,000,000.00
递延所得税资产	10,399.76	10,399.76	个人资本		
其他长期资产			资本公积		
			盈余公积		
			未分配利润	−23,850,743.70	−22,363,532.89
资产总计	27,427,598.63	29,383,298.82	负债及所有者权益总计	27,427,598.63	29,383,298.82

企业负责人：　　　　审核：　　　　制表人：

利　润　表

表4-4

单位名称:易通交通信息发展有限公司　2008 年　2 月　　单位:元

项　　目	行次	本期金额	上期金额
一、营业收入	1	13,808,203.00	7,193,819.73
减:营业成本	2	14,070,991.89	6,729,762.80
营业税金及附加	3	127,803.49	70,552.76
销售费用	4	246,518.04	202,783.03
管理费用	5	849,824.32	514,233.61
财务费用	6	276.07	1,083.97
资产减值损失	7		
加:公允价值变动收益(损失以"-"号填列)	8		
投资收益(损失以"-"号填列)	9		
其中:对联营企业和合营企业的投资收益	10		
二、营业利润(亏损以"-"号填列)	11	-1,487,210.81	-324,596.44
加:营业外收入	12		
减:营业外支出	13		
加:其他业务收入	14		
减:其他业务成本	15		
其中:非流动资产处置损失	16		
加:以前年度损益调整(损失以"-"号填列)	17		
三、利润总额(亏损以"-"号填列)	18	-1,487,210.81	-324,596.44
减:所得税费用	19		
四、净利润(亏损以"-"号填列)	20	-1,487,210.81	-324,596.44
五、每股收益:	21		
(一)基本每股收益	22	-	
(二)稀释每股收益	23	-	

单位负责人:　　审核:　　制表:艾红枫

新技术企业现金流量表

表 4-5

国税所编号

北京市新技术产业开发试验区　　　　地税所编号

财政所编号

填报单位：易通交通信息发展有限公司　　　　单位：元

	项　目	行次	本期金额	上期金额		项　目	行次	本期金额	上期金额
一、	经营活动产生的现金流量：	1				筹资活动产生的现金流量净额	34	-8,513.00	-60,756.09
	销售商品、提供劳务及技术服务收到的现金	2	68,791,929.58	43,254,474.99	四、	汇率变动对现金及现金等价物的影响	35		
	收到的税费返还	3			五、	现金及现金等价物净增加额	36	3,977,135.77	-2,418,814.29
	收到的其他与经营活动有关的现金	4	1,677,314.86	1,380,427.65		补充材料	37		
	现金流入小计	5	70,469,244.44	44,634,902.64	1	将净利润调节为经营活动的现金流量	38		
	购买商品、接受劳务和技术服务支付的现金	6	56,338,480.71	35,248,459.09		净利润	39	3,173,611.73	1,398,078.20
	支付给职工以及为职工支付的现金	7	5,308,048.79	4,727,641.64	加：	计提的坏账准备或转销的坏账、资产减值准备	40	179,575.44	46,614.46
	支付的各项税费	8	1,452,534.83	1,009,861.12		固定资产折旧	41	256,754.48	311,558.78
	支付的其他与经营活动有关的现金	9	5,151,446.98	5,732,818.27		无形资产摊销	42	7,325.57	0.00
	现金流出小计	10	68,250,511.31	46,718,780.12		长期待摊费用摊销	43		

续上表

项目		行次	本期金额	上期金额	项目	行次	本期金额	上期金额
	经营活动产生的现金流量净额	11	2,218,733.13	-2,083,877.48	处置固定资产、无形资产和其他长期资产的损失（减收益）	44		
二、	投资活动产生的现金流量:	12			固定资产的报废损失（减:收益）	45		3,538.33
	收回投资收到的现金	13	9,174,893.91	8,848,960.00	公允价值变动损失（收益“-”号填列）	46		
	取得投资收益收到的现金	14	16,799,70.18	287,034.31	财务费用（收益“-”号填列）	47	-66,227.31	-130,882.02
	处置固定资产、无形资产和其他长期资产收回的现金净额	15			投资损失（减:收益）	48	-1,679,970.18	-287,034.31
	处置子公司及其他营业单位收到的现金净额	16		18,680.00	递延所得税资产减少（增加以“-”填列）	49		
	收到的其他与投资活动有关的现金	17		133,168.62	递延所得税负债增加（减少以“-”填列）	50		
	投资活动现金流入小计	18	10,854,864.09	9,287,842.93	存货的减少（减:增加）	51	11,666.24	91,456.79
	购建固定资产、无形资产和其他长期资产支付的现金	19	135,669.14	562,023.65	经营性应收项目的减少（减:增加）	52	-385,189.06	-1,285,608.42
	投资支付的现金	20	8,952,279.31	9,000,000.00	经营性应付项目的增加（减:减少）	53	721,186.22	-2,231,599.29

续上表

项目		行次	本期金额	上期金额	项目		行次	本期金额	上期金额
	取得子公司及其他营业单位支付的现金净额	21				其他	54		
	支付的其他与投资活动有关的现金	22				经营活动发生的现金流量净额	55	2,218,733.13	-2,083,877.48
	投资活动现金流出小计	23	9,087,948.45	9,562,023.65	2	不涉及现金收支的重大投资和筹资活动	56		
	投资活动产生的现金流量净额	24	1,766,915.64	-274,180.72		债务转为资本	57		
三、	筹资活动产生的现金流量	25				一年内到期的可转换公司债券	58		
	吸收投资收到的现金	26				融资租入固定资产	59		
	取得借款收到的现金	27					60		
	收到的其他与筹资活动有关的现金	28			3	现金及现金等价物净增加情况	61	3,977,135.77	-2,418,814.29
	筹资活动现金流入小计	29	0.00	0.00		现金的期末余额	62	15,417,018.16	11,439,882.39
	偿还债务所支付的现金	30	8,513.00	60,756.09	减：	现金的期初余额	63	11,439,882.39	13,858,696.68
	分配股利、利润或偿付利息支付的现金	31			加：	现金等价物的期末余额	64		
	支付的其他与筹资活动有关的现金	32			减：	现金等价物的期初余额	65		
	筹资活动现金流出小计	33	8,513.00	60,756.09		现金及现金等价物的净增加额	66	3,977,135.77	-2,418,814.29

第五节　易通交通信息发展有限公司会计报表附注

一、公司基本情况

易通交通信息发展有限公司(以下简称“本公司”)成立于2000年7月18日,注册地址:北京市北京经济技术开发区东环北路9号,企业类型为有限责任公司。

经营范围:交通信息技术与网络技术开发、技术服务;电子商务;计算机软件技术开发、提供信息源服务;承接计算机网络工程;购销:计算机软硬件及外围设备、通讯设备(无线电发射设备除外);普通货运;货物专用运输(集装箱冷藏保险);货物代理;提供仓储服务等。

二、财务报表的编制基础

本财务报表按照财政部2006年颁布的企业会计准则、应用指南和其他相关规定编制。本公司以持续经营为基础编制财务报表。

三、主要会计政策、会计估计的说明

1. 会计制度

本公司执行企业会计准则及其补充规定。

2. 会计年度

本公司会计年度自公历1月1日起至2月29日止。

3. 记账本位币

本公司以人民币为记账本位币。

4. 记账基础和计价原则

本公司以权责发生制为记账基础,以历史成本为计价原则。

5. 现金及现金等价物的确定标准

(1)现金为本公司库存现金以及可以随时用于支付的存款;

(2)现金等价物为本公司持有的期限短(一般为从购买日起,三个月到期)、流动性强、易于转换为已知金额的现金、价值变动风险很小的投资;

凡同时具备期限短(从购买日起,三个月内到期)、流动性强、易于转换为已知金额现金且价值变动风险很小四个条件的投资,确认为现金等价物。

6. 交易性金融资产

根据新企业会计准则,本科目用于核算原短期投资。

(1)本公司交易性金融资产在取得时以初始投资成本计价。初始投资成本是指取得投资时实际支付的全部价款(包括税金、手续费等相关费用)扣除其中包含的已宣告但尚未领取的现金股利或已到付息但尚未领取的债券利息。

(2)本公司对交易性金融资产以公允价值计量且其变动计入当期损益的金融资产,

包括交易性金融资产和初始确认时指定为以公允价值计量且其变动计入当期损益的金融资产。

7. 应收款项

本公司对因债务人破产或死亡，以及破产财产或遗产清偿后，仍然不能收回的应收款项；因债务人逾期未能履行偿债义务超过三年并且确定不能收回的应收款项，经公司管理当局批准确认为坏账损失，冲销原提取的坏账准备；坏账准备不足冲销的差额，计入当期损益。

对应收账款、其他应收款进行账龄分析，依照上市公司计提坏账准备的比例进行核算，详见表4-6。

计提坏账准备比例 表4-6

账　　龄	计提比例	账　　龄	计提比例
一年以内	0%	四至五年	50%
一至两年	5%	五年以上	100%
二至三年	10%		
三至四年	30%		

8. 存货核算方法

该科目主要核算低值易耗品，本期发生的低值易耗品采用一次摊销的核算方法，对于前期尚有部分金额较大的低值易耗品未摊销完毕。

9. 固定资产核算方法

(1)固定资产的确认条件：本公司固定资产是指为生产商品、提供劳务、出租或经营管理而持有的，使用寿命超过一个会计年度的有形资产。与该固定资产有关的经济利益很可能流入企业，并且该固定资产的成本能够可靠地计量时，固定资产才能予以确认。本公司固定资产按照取得时的实际成本进行初始计量。

(2)固定资产分类及折旧政策：本公司采用年限平均法计提折旧。在不考虑减值准备的情况下，按固定资产类别、预计使用寿命和预计残值，固定资产值根据表4-7预计可使用年限扣除估计残值后按直线折旧法计算：

固定资产分类折旧 表4-7

固定资产类别	使用年限	残值率	年折旧率
房屋及建筑物	15年	5%	
运输设备	5~8年	3%	
电子设备	4~10年	3%	
其他设备	5年	3%	

10. 职工薪酬

依照新会计准则应付职工薪酬具体包括工资、奖金、津贴、职工福利费、各类社会保险费用、住房公积金。

11. 收入确认原则

采用权责发生制确认收入。

1）销售产（商）品

在已将产（商）品所有权上的主要风险和报酬转移给购货方，并不再对该产（商）品实施继续管理和控制，与交易相关的经济利益能够流入本集团，相关的收入和成本能够可靠计量时确认营业收入的实现。

2）提供劳务

在已经提供劳务，相关的收入和成本能够可靠计量，与劳务相关的经济利益能够流入时确认劳务收入。

12. 企业所得税的会计处理方法

本公司根据资产与负债于资产负债表日的账面价值与计税基础之间的暂时性差异，采用资产负债表债务法计提递延所得税。所得税包括当期所得税和递延所得税。

当期所得税是到税务机关代开发票，根据有关税法规定计算缴纳的当期应交所得税金额。

本公司企业所得税按季预缴，由主管税务机关具体核定，在企业所在地缴纳所得税。

四、主要税项

本公司主要应纳税税种如下：

1. 营业税

交通运输业营业税 3%。

2. 增值税

本公司增值税率为 6%。

3. 企业所得税

本公司是中关村海淀科技园注册的高新技术企业，2007 年度按照新的企业所得税法的规定，按照 15% 的所得税率缴纳企业所得税。

新企业所得税法自 2008 年 1 月 1 日起施行。高新技术企业资格需要重新申请认定，按照规定在资格认定之前，本公司在年度中间按照 25% 的所得税率预缴所得税。本公司自 2008 年 1 月 1 日起，企业所得税按 25% 税率预缴。

4. 城市维护建设税

本公司按流转税的 7% 计缴。

5. 教育费附加

本公司按流转税的 3% 计缴。

6. 个人所得税

本公司个人所得税由员工个人负担，本公司为其代扣代缴。

五、重要会计政策和会计估计变更的说明，以及重大会计差错更正

无。

六、或有事项的说明

无。

七、会计报表项目注释

1. 货币资金

货币资金详见表4-8。

表4-8

项目	2008年2月末余额 原币金额	2008年2月末余额 折合人民币	年初余额 原币金额	年初余额 折合人民币
现金	9,175.04	9,175.04	5,141.20	5,141.20
银行存款	2,831,162.81	2,831,162.81	4,599,529.30	4,599,529.30
其中:工行经济技术支行	376,304.70	376,304.70	201,473.36	201,473.36
农行分理处	2,234,381.93	2,234,381.93	4,076,664.88	4,076,664.88
分公司分理处	49,409.28	49,409.28	206,276.72	206,276.72
分网企卡	171,066.90	171,066.90	115,114.34	115,114.34
其他货币资金	9,112,347.66	9,112,347.66	10,812,347.66	10,812,347.66
其中:一卡通	2,000.00	2,000.00	2,000.00	2,000.00
交易结算款	9,110,347.66	9,110,347.66	10,810,347.66	10,810,347.66
合计	11,952,685.51	11,952,685.51	15,417,018.16	15,417,018.16

2. 交易性金融资产

交易性金融资产见表4-9。

表4-9

投资项目	2008年2月末余额	年初余额	备注
交易性金融资产	0.00	0.00	
其中:债券	0.00	0.00	
公允价值变动	0.00	0.00	
合计	0.00	0.00	

3. 应收账款

(1)应收账款明细

应收账款明细见表4-10。

表 4-10

单位名称	期初余额	本期增加	本期减少	期末余额
客户中盛	2,024,510.95	5,537,517.94	4,855,060.88	2,706,968.01
客户金龙鱼	1,269,238.71	2,454,431.44	2,013,334.63	1,710,335.52
客户索爱	230,246.2	422,465.96	568,022.17	84,689.99
客户富林门	448,146.35	139,291.61	401,898.13	185,539.83
客户飞利浦	331,996.64	274,196.77	403,389.54	202,803.87
……	……	……	……	……
合　计	8,780,743.34	13,218,369.19	12,295,958.67	9,703,153.86

(2)应收账款账龄分析

应收账款账龄分析见表 4-11。

表 4-11

账　龄	2008 年 2 月末余额			年初余额		
	金　额	比　例	坏账准备	金　额	比　例	坏账准备
1 年以内	7,250,154.27	74.72%		8,107,372.54	92.33%	
1~2 年	1,779,673.89	18.34%		469,487.41	5.35%	
2~3 年	469,442.31	4.84%		97,943.65	1.12%	
3~4 年	97,943.65	1.01%		14,981.46	0.17%	
4~5 年	14,981.46	0.15%		60,093.10	0.68%	
5 年以上	90,958.28	0.94%		30,865.18	0.35%	
合　计	9,703,153.86	100.00%		8,780,743.34	100.00%	

4. 预付账款余额

预付账款余额见表 4-12。

表 4-12

账　龄	2008 年 2 月末余额		年初余额	
	金　额	比　例	金　额	比　例
1 年以内	8,610	2.33%	0	0.00%
1 ~ 2 年	360,453	97.67%	360,453.00	100.00%
2 ~ 3 年				
3 ~ 4 年				
4 ~ 5 年				
5 年以上				
合　计	369,063	100.00%	360,453.00	100.00%

5. 存货

存货见表 4-13。

表 4-13

项　　目	2008 年 2 月余额	年 初 余 额
原材料(燃料)		
库存商品		
低值易耗品	196,224.34	120,652.28
包装物		
在产品(加工商品)		
产成品		
其他(生产成本)		

6. 长期投资

长期投资见表 4-14。

表 4-14

被投资单位	年末余额	年初余额	备　　注
咨询公司	30,000.00	30,000.00	
合　计	30,000.00	30,000.00	

7. 固定资产

(1) 固定资产原值

固定资产原值见表 4-15。

表 4-15

项　目	2008 年 2 月末余额	本年增加	本年减少	年初余额
网络设备	164,980.00	0.00	0.00	164,980.00
多媒体设备	3,100.00	0.00	0.00	3,100.00
建筑物	255,100.00	0.00	0.00	255,100.00
办公设备	544,096.10	6,500.00	0.00	537,596.10
其他设备	1,724,910.89	92,500.00	9,150.00	1,641,560.89
运输设备	75,268.50	8,680.00	0.00	66,588.50
提足折旧资产	522,163.00	0.00	0.00	522,163.00
固定资产原值合计	3,289,618.49	107,680.00	9,150.00	3,191,088.49

(2)累计折旧

累计折旧见表 4-16。

表 4-16

项　目	2008 年 2 月末余额	本年增加	本年减少	年初余额
网络设备	138,951.84	0.00	1,627.80	137,324.04
多媒体设备	1,325.16	0.00	98.16	1,227.00
建筑物	36,351.72	0.00	2,692.72	33,659.00
办公设备	273,508.42	0.00	16,572.44	256,935.98
其他设备	821,026.82	0.00	32,050.22	788,976.60
运输设备	29,148.20	0.00	1,818.20	27,330.00
提足折旧资产	506,598.20	0.00	0.00	506,598.20
累计折旧合计	1,806,910.36	0.00	54,859.54	1,752,050.82

8. 无形资产和递延资产

无形资产和递延资产见表 4-17。

表 4-17

项　目	2008 年 2 月	年初余额
无形资产	7,325.57	7,325.57
递延所得税资产	10,399.76	10,399.76

9. 预收账款余额

预收账款余额见表 4-18。

表 4-18

账 龄	2月末余额		年初余额	
	金 额	占总额比例	金 额	占总额比例
1年以内	15,424.05	0.06	0.00	0.00%
1~2年	238,000.00	0.94	238,000.00	93.91%
2~3年				
3年以上				
合 计	253,424.05	100.00%	238,000.00	93.91%

10. 其他应付款

其他应付款见表 4-19。

表 4-19

单位名称	年末余额		年初余额	
	金 额	占总额比例	金 额	占总额比例
单位林产	31,242	49.91%	31,242	48.98%
单位地板块	1,998.64	3.19%	1,998.64	3.13%
其他应付款项	29,566.46	47.23%	30,756.46	48.22%
贷款	-209.69	-0.33%	-209.69	-0.33%
合 计	62,597.41	100.00%	63,787.41	100.00%

11. 应付职工薪酬

应付职工薪酬见表 4-20。

表 4-20

项 目	2008年2月末	年初余额
应付工资	(135,900.00)	0.03
应付福利费	0.00	0.00
应付社保费—易通	44,377.78	22,648.14
住房公积金—外派	28,556.78	4,959.56
工资留存补助	75,270.54	80,350.54
待兑现工资	145,689.96	138,727.61
住房公积金—易通		
应付社保费—外派		
合 计	157,995.06	246,685.88

12. 应交税费

应交税费见表 4-21。

表 4-21

项　目	适用税率	期末余额	年初余额
营业税	5%或3%	238,004.29	271,262.59
城建税	7%	16,660.31	18,988.39
教育费附加		7,140.14	8,137.89
车船使用税		0.00	(3,912.00)
代扣缴个人所得税		6,319.38	1,893.55
企业所得税	25%	27,138.69	541,535.00
合计		295,262.81	837,905.42

13. 主营业务收入与成本

主营业务收入与成本见表 4-22。

表 4-22

项　目	主营业务收入		主营业务成本	
	本年数(1~2 月)	上年数(1~2 月)	本年数(1~2 月)	上年数(1~2 月)
物流及综合技术服务				
合　计				

14. 管理费用

管理费用见表 4-23。

表 4-23

项　目	2008 年 2 月数
职工薪酬	89,214.44
交通费	542.50
业务招待费	13,427.32
差旅费	600.00
办公费	1,944.92
通讯费	3,382.29
车辆支出	11,617.50
折旧费	1,728.60
低值易耗品	
水电费	5,012.95
房租	1,262.00
其他	80.00
宣传广告费	4,950.00
审计费	
印花税	
车船使用税	3,912.00
合　计	137,674.52

15. 投资净收益

投资净收益见表4-24。

表4-24

项　目	2008年2月	备　注
投资收益		

16. 以前年度损益调整

以前年度损益调整见表4-25。

表4-25

项　目	2008年6月	备　注
以前年度损益调整	29,270.52	

附 件
FUJIAN

作业成本制度在物流企业实施中的若干问题研究

本论文曾与北京科技大学经济管理学院鲍新中博士联合发表,获中国第四届中国交通运输业财务与会计论文研讨会优秀论文奖)。

[摘要] 作业成本制度被认为是物流成本管理的一种有效手段。本文从实施的角度,在总结易通物流公司作业成本法核算的经验基础上,对作业成本制度在物流企业应用中的若干问题进行探讨,包括相关的基础准备工作、关键技术的实施、作业基础信息系统的开发应用等。另外,还对作业成本制度实施的复杂程度和实施成本进行了分析,提出统计方式的作业成本核算是中小型物流企业开展作业成本管理的有效途径。最后给出了易通物流公司作业成本制度的实施案例。

关键词:作业成本制度,物流成本,成本动因

引 言

作业成本制度的产生,最早可以追溯到20世纪杰出的会计大师美国人埃里克·科勒(Eric Kohler)教授。科勒教授在1952年编著的《会计师词典》中,首次提出了作业、作业账户、作业会计等概念。1971年,乔治·斯托布斯(George Staubus)教授在《作业成本计算和投入产出会计》中对作业、成本、作业会计、作业投入产出系统等概念作了全面系统的讨论。这是理论上研究作业会计的第一部宝贵著作。但是当时作业成本法却未能在理论界和实业界引起足够的重视。20世纪80年代后期,随着MRP、CAD、CAM、MIS的广泛应用,以及MRPII、FMS和CIMS的兴起,使得美国实业界普遍感到产品成本往往与现实脱节,成本扭曲普通存在,且扭曲程度令人吃惊。美国芝加哥大学的青年学者库伯(Robin Cooper)和哈佛大学教授卡普兰(Robert S·Kaplan)注意到这种情况,在对美国公司调查研究之后,发展了斯托布斯的思想,提出了以作业为基础的成本计算(1988)(Activity Based Costing,简称ABC法)。作业成本制度在过去十几年中受到了广泛的关注,新型的咨询公司已经扩展了作业成本法的应用范围并研发出相应的软件。

作业成本法的思路在20世纪90年代传入我国,并在理论界得到了推崇,也在有些企业得到了试点应用,特别是在一些高科技企业、制造企业、铁路、医院、邮政、医药、保险、电信、高校等盈利及非盈利组织中得到了一定的实施。但作业成本法在企业的广泛推广以及作业成本

管理软件的应用尚需要一个较长的过程。究其原因,一方面是由于财务人员受会计准则所约束的会计核算方法影响过深,而对作业成本制度的思想了解还不够;另一方面,相关研究人员注重于作业成本制度的理论研究,而对其实施过程中的问题研究也不够,从而使人们对作业成本制度产生了一些认识上的误区,影响了其实践过程中的推广应用。基于这方面的原因,我们在总结易通物流公司采用作业成本法的经验基础上,从实施的角度,说明物流企业采用作业成本制度,物流企业成本核算会更加真实准确,有利于物流企业开展绩效考核和整体效率的提高。

1 作业成本制度在物流企业的实施原理

1.1 作业成本制度的基本原理

作业成本制度的理论基础是:产品消耗作业,作业消耗资源并导致成本的发生。在作业成本制度中,成本的归属或累积是以作业活动为中心,然后再将各作业活动的成本归属或分摊到成本对象(Cost Objects),如果成本对象是产品,则最后可算出各产品的成本;如果成本对象为顾客,则可算出为服务不同的顾客所投入的成本。这种分摊方式就是"二阶段分摊"(Two-stage Allocation),即先分摊或直接归属到作业,再将作业成本分摊到成本对象(如附图1)。

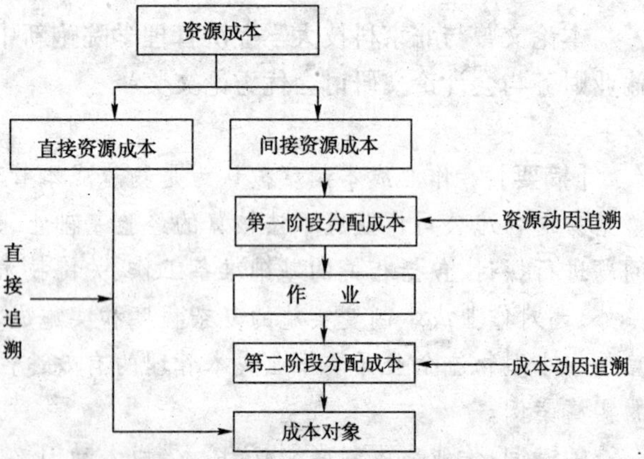

附图1　作业基础成本制度的两阶段分离

从附图1中可以看到,作业成本制度的实施,主要是针对资源成本中需要在成本对象间进行分配的间接成本进行二阶段的分配,从而弥补了传统会计制度按照直接人工或机器工时等进行分摊的缺点,使间接成本在成本对象间的分配更加准确。

1.2 物流作业成本制度实施的必要性

从上面的分析可以看到,需要分摊的共同费用发生额越高,作业成本法的实施就越有必要。对于物流企业而言,各项物流作业服务的对象往往是多个的,例如多个客户、多种产品、多个订单等。如果要针对不同客户、不同产品来开展成本的核算,就需要在各成本对象之间进行共同费用的分摊,在这种情况下,物流作业成本制度的实施就显得尤为重要。

可以说,物流服务的多客户、多品种、小批量、多频率特征决定了物流作业成本制度实施的必要性和关键性。目前,作业成本法被认为是确定和控制物流成本最有前途的方法。在物流企业实施作业成本制度,至少可以发挥以下三个方面的作用:

(1)针对不同客户、不同订单或不同货种进行成本核算,使共同成本的分摊更加准确,有利于企业合理定价水平的确定以及客户关系的管理。

(2)通过每项物流作业的成本核算与管理,可以更清楚地分析造成物流成本增加的原因,并要求相应的责任人负担相应的成本部分,在物流绩效考核中发挥更大的作用。

(3)在物流作业成本的基础上,开展基于作业管理(Activity - based Management, ABM),

消除不增值作业，提高增值作业的效率，使物流作业整体效率得到进一步提高。

2 作业成本制度在物流企业实施的基础工作

物流企业要导入作业成本制度，需要从系统设计的角度考虑该制度实施的一系列准备工作。

2.1 明确实施目的

作业成本制度的实施可以是有多种目的的，实施目的不同，作业成本制度的设计方式也会有所不同。例如，如果实施的目的是为了降低成本，则可能需要针对作业归集比较详细的作业成本信息；如果作业成本制度的目的在于协助作出策略性的营销定价决策时，则可能需要归集较多的有关产品或者客户方面的成本信息，等等。

2.2 确定实施的范围

一般来说，作业成本制度实施目的的确定就决定了作业分析的范围，而作业分析范围的大小会影响到投入时间和人力的多少。为了避免贸然地进行全面实施而导致成效不佳，企业也可以先以小规模先导示范的方式(Pilot study)进行，先导示范法先对组织中有限的范围进行研究，范围的选择可以考虑到下列因素：

- 实施地点的多少；
- 所有或部分成本对象；
- 所有或部分的作业；
- 全部或部分的会计期间；
- 历史的或者预算的成本数；
- 单一期间或者产品生命周期观点。

2.3 收集所需要的基础资料

构建一套作业成本制度模型，首先要归集与此模型相关的公司内各单位的有关资料，主要包括：公司组织结构图、公司会计科目设置、成本会计制度及其相关的记录表格、工作说明书、厂房配置图、作业流程等。

2.4 对作业与成本动因进行分析

收集了上述基本资料之后，就可以采用一定的方式进行作业与成本动因分析。进行作业和成本动因分析的基本方法包括观察、记录时间、问卷、访谈、工作抽查5种。

(1)观察：这需要由对此项工作有经验的人来进行，可以迅速地收集到与作业有关的资料。但这种方法归集的资料相对较少，一般只能当补充使用。

(2)记录时间：让员工使用工作日志之类的工具，记录执行某项工作所使用的时间，若员工对填写记录表不热心时，应考虑给予一定的激励以获取正确的信息。

(3)问卷：使用此法可以当作访谈前的准备工作，也可以当成主要的信息收集工具。使用此法时要注意问卷的题目必须完整清楚，以避免资料收集不够完整或受访者误解题意而提供错误的信息。

(4)访谈：这是一种最主要的且被普遍采用的信息收集方法。其优点在于透过双向的访谈，一方面可以收集到可以信赖的信息，另一方面可以教育使用者。缺点是相当费时。访谈的问题主要可以包括：分析部门内的各项重要作业是什么？作业所需要的资源有哪些？作业为什么发生？绩效考核指标是什么？确认成本对象(可能是客户、产品或其他部门)等。

(5)工作抽查(Work sampling):以观察的方式衡量员工从事于某一特定作业的时间,使用这种方式要注意抽查的时段要具有代表性。

作业与成本动因的分析往往是混合使用以上各种方法,总的来说,需要的信息越准确,其花费的时间和成本就较高,企业可以根据所需信息的精确程度来选择适当的分析方法。

2.5 做好作业成本制度与会计制度的衔接

普通的会计制度都是建立在对外公布财务报告的规定基础上的,而作业成本制度的实施则是为了更好地做好企业的成本管理,因此,会计科目的设计需要分类到更细的层次,如按照客户单位或者内部各部门进行分类等。

总分类账是建立作业成本制度成本分配流程的起点,但在设计作业成本制度时要注意到,分类账往往是为了编制财务报表的目的而编制的,因此需要将总分类账做适当的调整和细化。调整和细化的基本原则有两条:

(1)分解至部门层次:大部分的作业资料都是直接从部门取得的,所以将资源成本分解到各个部门层次将有助于把资源成本分配到作业上(见易通物流作业成本会计科目附表1)。

(2)调整不符合经济事实的项目:因为作业成本制度的主要目的在于改善营运状况而不是财务报告目的,因此,不需要符合一般公认会计原则。例如,可以按照实际的使用年限而不是法定的会计使用年限来计提折旧;将研发费用逐期分摊而不是作为当期费用等。

易通物流作业成本会计科目 附表1

一级科目	二级科目	三级科目	四级科目
物流成本	集货(短驳)处理成本	职工薪酬	工资
	进货验收成本	业务用物耗费	保险费
	进货入库作业成本	车辆支出	住房公积金
	仓储作业成本	租赁费	年金
	存货盘点成本	信息系统费	折旧费
	顾客订单处理成本	……	修理费
	拣货准备成本		汽柴油费
	拣货成本		通讯费
	合流成本		办公费
	配送成本		材料费
	拉货上车成本		……
	人工补货成本		
	堆高机补货成本		
	下货成本		
……	……		

3 作业成本制度在物流企业实施的关键技术

3.1 选定成本对象

在作业成本制度中,成本核算对象的定义可随研究的目的而有所不同。若研究的目的在于探讨每一顾客的成本分析,则成本对象须定义为顾客。若目的在于探讨每一产品的成本,则成本对象须定义为产品。

对于典型的第三方物流企业来说，往往是同时为多个客户提供服务的，且仓储、配送等作业也是同时为多个客户服务的。在为大客户提供物流服务时，应认真分别核算对各个大客户提供服务时所发生的实际成本，这有利于物流企业制定物流服务收费价格，或者为不同客户确定差别性的物流水平等提供决策依据。在这种情况下，可以客户作为最终的成本核算对象。而在许多物流企业，目前尚不能针对每个重要客户分别计算出相对准确的物流成本，这对提高企业的物流服务水平和物流管理水平是很不利的。物流作业成本制度的引入可以很好地解决这个问题。例如，如果研究目的为一个连锁店的成本分析，则成本对象为连锁店；如果研究目的为每一种产品的物流成本，则成本对象应该定义为产品。

对于分销型物流企业来说，公司经销的商品种类繁多，但流程仍大致按照仓库内不同区位的产品而有所不同，因此可以将产品按照区位分类。此外，许多物流成本的产生与产品的定购种类或定购数量并无绝对关系，而是与订单次数相关。所以订单有时也可以成为成本对象。因此，最终的成本可分摊为两阶段，第一阶段为区位产品成本，第二阶段为处理订单的相关成本。

3.2　确定物流作业环节并进行分析

(1)物流作业的定义和选择

作业成本制度在物流企业的应用，需要解决的重要问题是定义各项物流作业。

作业的选定当然要根据流程的每一个细部作业来决定。因此，物流作业的定义要求在对企业生产工艺流程和物流过程进行深入了解和分解的情况下进行，把企业物流运营的全过程划分为一定数量的作业。由于细部作业的数目过于庞大，因此，过细的作业划分会增加信息的处理成本，在确定作业数量时，究竟应划分和确定多少作业，应遵循“成本－效益”原则，在“粗分”和“细分”之间进行权衡，划分过“粗”，会导致在一项作业中含有不相关作业成本，但划分过“细”，工作量太大，企业为此付出的成本过于高昂。

为了简化作业的数量，某些细部作业(Micro Activity)可以进一步合并为粗部作业(Macro Activity)。细部作业可以作为成本改善与绩效评估的单位来使用，因为每一个细部作业都可能由不同的员工和机器操作，因此可以单独进行绩效考核和作业改善，而如果仅仅是为了达到正确的成本累积，粗部作业就足够了。作业的合并一般需要遵循以下三个基本原则：

- 合并的作业必须属于同一层次；
- 合并的作业必须使用相同的成本动因；
- 合并的作业必须具有相同的功能。

建立作业中心时，一般是首先确定一个核心作业，然后根据作业“质的相似性”原则，将上下游工序中一些次要任务或作业与之合并，归集为一个作业中心。在每一个作业中心中，都有一个同质成本动因。

(2)主要的物流作业环节

物流公司在进行物流作业(或作业中心)的划分时，最常见的作业主要包括下述项目：

①集货(短驳)作业：集货(短驳)作业又可以细分为供应商管理、向供应商订货、货物验收以及货物入库等作业。

②销售订单处理：订单若以电子订货系统(EOS)传来，则无需输入工作；以传真方式，必须有专人作输入工作。若通过网络传到仓库现场的电脑，则不需打印拣货单；若未与仓库现场联

网则需有人按批次打印拣货单，交给仓库现场人员拣货。在销售订单处理作业上，也需有人力花在接电话进行确认、追加、回答顾客咨询等工作上。

③拣货作业：拣货方式若为半自动化拣货，即不必人为判断商品，只看编号，人工动作主要为搬运货物及电动拖板车的行进。

④补货作业：补货作业通常又包括人工割箱工作、人工从事补货工作、由人工操作机器货工作等。

⑤配送作业：配送作业又可以细分为电脑或人工配车、配送人员货品核对、拉货上车、配送运输、卸货、点收、退货等作业。

物流企业常用的物流作业及其相应的成本构成和可能的成本动因见附表2。

常见的物流作业及其可能的成本动因示例 附表2

作业	累积成本	可能成本动因
集货（短驳）处理	集货（短驳）人员成本、集货（短驳）处理成本、集货（短驳）设备折旧及维护	集货（短驳）次数
进货验收	进货验收人员成本、验收设备折旧及维护	托盘数
进货入库作业	进货人员成本、堆高机设备折旧	托盘数
仓储作业	仓库管理员成本、仓库租金、折旧费用、维护费用	体积、所占空间
存货盘点	盘点人员成本、盘点设备折旧及维护	盘点耗用时间
顾客订单处理	接受订单人员成本、订单处理成本	订单数
拣货准备	拣货人员成本、拣货准备成本	订单数
拣货	拣货人员成本	拣货次数
合流	处理合流人工成本、合流设备成本	每一订单跨区数
配送	车辆调配、油料、车辆维护折旧、配送人员成本	出货托盘数
拉货上车	拉货上车人工成本、辅助设备折旧	订单量
人工补货	割箱人员成本、搬运人员成本、设备折旧维护	补货箱数
堆高机补货	堆高机人员成本、堆高机折旧、维护费用	补货托盘数
下货	下货人员成本	订货标准箱
销管作业	财会人员成本、文具用品费用、电脑设备、管理、行政人员成本、通信成本	营业金额、订单数

3.3　对物流作业环节中的各成本动因进行分析

成本动因是指每个物流成本对象消耗各作业中心成本的动因，或者说是期末将每个作业中心成本总额分配给成本核算对象的依据。选择作业成本动因，即选择驱动成本发生的因素。一项作业的成本动因往往不止一个，应选择与实耗资源相关程度较高且易于量化的成本动因作为分配作业成本、计算产品成本的依据。成本计量要考虑成本动因材料是否易于获得；成本动因和消耗资源之间相关程度越高，现有的成本被歪曲的可能性就会越小。成本动因相关程度的确定可运用经验法和数量法。

①经验法是利用各相关的作业经理，依据其经验，对一项作业中可能的动因作出评估确定权数。

②数量法是指用回归分析,比较各成本动因与成本间的相关程度。

常见的物流作业成本动因主要有直接人工工时、托盘数量、订单数量、货物的货值等。这些成本动因也需要在日常的工作中加以统计计量。

成本动因的选择至少要考虑两个因素:

①成本动因的计量性以及计量成本的合理性。

②成本动因与作业中心消耗资源的相关程度。

有些资源成本动因是会计资料中现有的,如货值等;而有些资源成本动因需要在日常工作中进行计量,如订单数、托盘数等。

各项作业可能耗用的资源通过有系统的记录方法,可以清楚地了解到各项作业的成本。找出各项作业成本的成本动因,可以将作业成本客观的分摊至成本对象,常见物流作业的可能成本动因如附表 1 所示。

4 建立物流作业基础信息系统

作业成本制度可以提供较为准确的成本资料,企业除了可以利用这些成本资料作出较佳的定价决策外,也可以据以从事作业基础的成本管理。然而,作业成本制度的成功实施,有赖于许多财务性和非财务性资料的提供,当一个企业准备实施作业成本制度时,却经常发现现有的信息系统无法提供所需要的资料,或者是要费很大周折才能获得这些资料。究其原因,主要是传统会计信息系统很少衡量一个企业中各项作业的活动水平及其消耗的资源数量。因此,企业要应用作业成本制度,加强成本管理,首先必须改善其现有的会计信息系统,以归集实施作业成本制度所需要的各种资料信息。我们可以把为实施作业成本制度而建立的信息系统称为作业基础信息系统(Activity - Based Information System)。

4.1 作业基础信息系统应具备基本的功能

一个良好的作业基础信息系统必须能够归集并提供及时准确的成本信息,以使管理者可以达到以下几项基本的功能:

- 满足客户的需求,包括及时运交客户所需的货品以及提供货品的市场销售分析;
- 将存货库存控制在一定的水平,避免缺货或者是存货过多;
- 有效率地使用人力、机械以及设备等资源;
- 制定合理的服务价格。

4.2 作业基础信息系统应具有的特点

为了达到上述目的,一个作业基础信息系统必须具备以下几个特点:

(1)资料归集涵盖的范围要广泛。包括各项作业的成本动因数量以及其所消耗的资源数量等。

(2)包含各种详细的成本分类方式。成本可以按照产品、服务、客户、订单或者是部门加以归属,也可以按照其成本性态分成固定成本和变动成本。

(3)同时归集财务性和非财务性的资料,以作为成本分摊的基础。作业成本制度所使用的成本动因往往是非财务性的,因此。在该制度下所归集的成本信息不能仅偏重与财务信息,而需要两者兼顾。

(4)富有弹性,可以适时地提各种成本管理决策分析所需要的不同信息。

4.3 建立作业基础信息系统的步骤

作业基础信息系统的建立,大致上可以按照下列步骤进行。

(1)分析信息系统所需要归集的资料项目

为了实现作业基础信息系统的既定目的,首先需要确定其所需要归集的资料项目,其基本步骤依次为:

- 探讨管理者所需要从事的重要管理决策;
- 辨认各管理决策所涉及的成本对象;
- 辨认各成本对象所使用到的作业活动;
- 辨认各作业活动所耗用的资源;
- 辨认各作业活动的成本动因。

经过上述步骤,一个企业可以决定其作业基础信息系统所必须对哪些资源和成本动因的耗用数量进行衡量并记录。

(2)设计作业基础信息系统

在设计一套包含交易处理程序以及软硬件设施的信息系统时,在提供上述资料需求的前提下,再按照下列步骤进行。

- 将系统依照企业的重要活动划分为各个应用子系统;
- 决定资料产出所须满足的信息需求;
- 确定资料的交流关系;
- 确定资料来源;
- 确定归集及记录资料的方法。

(3)作业基础信息系统的实施

作业基础的信息系统与企业传统的或者原有的信息系统可以并存使用。也就是说,一方面使用作业基础信息系统从事管理决策,另一方面仍然使用传统的信息系统从事财务信息的归集和对外报告。其配合使用的方法又可以有两种,一种是新系统完全独立,另一种是两者彼此进行整合,如附图 2 所示。

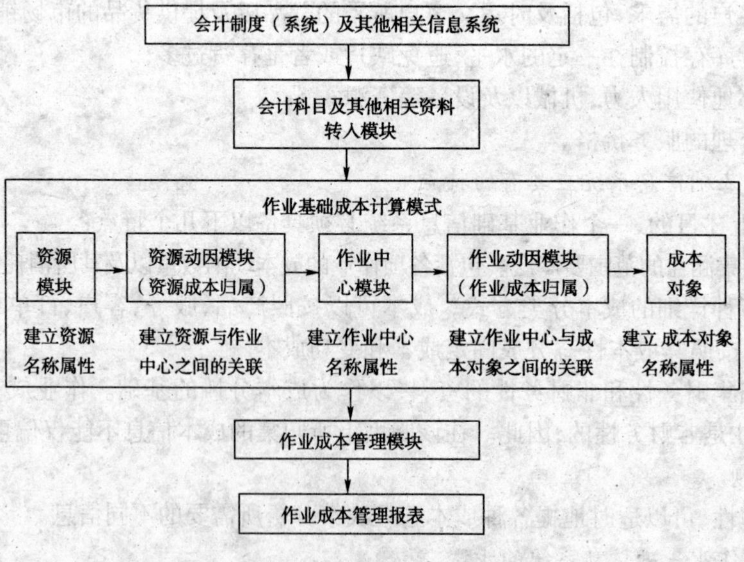

附图 2　作业基础成本管理系统基本框架

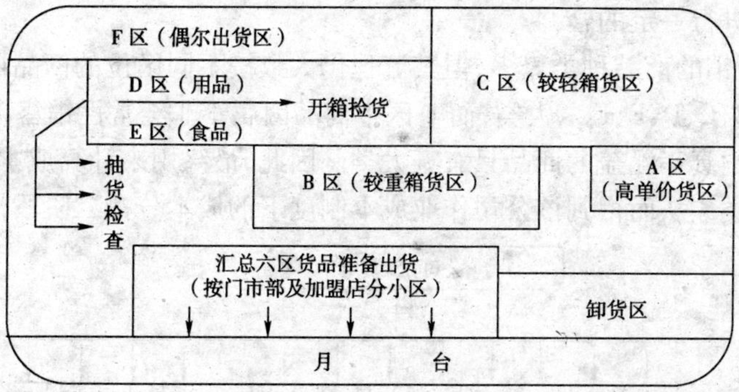

附图5　易通物流公司仓储平面布置

易通物流公司的作业划分及其成本动因　　附表4

作业序号	作业	累计成本	成本动因
1	集货（短驳）处理	集货（短驳）人员成本、集货（短驳）处理成本（电脑、电话费）、集货（短驳）设备的折旧及维护	集货（短驳）次数（笔数）
2	进货验收	进货验收人员成本、验收设备的折旧及维护	验收托盘数（ABCDE区）
3	进货入库作业	进货人员成本、叉车设备折旧	托盘数（ABCDE区）
4	储存（ABCDE区）	仓库管理员成本、储存仓库的租金、折旧费用、维护费用、财产税、杂项费用（包括拣货储存区的空间费用）	所占空间、体积
5	人工补货（DE区）	开箱人员成本、搬运人员成本、设备	补货箱数（DE区）
6	叉车补货（BC区）	叉车驾驶员成本、叉车折旧、维修费用、托盘成本	补货托盘数（BC区）
7	EOS客户订单处理	接收订单人员成本、订单处理成本（电脑、电话费等）	一般订单数
8	BC区拣货准备及等待	拣货人员等待成本、拣货设备折旧及其维护	订单数
9	BC区拣货	拣货人员成本（约占总拣货人员成本的百分比）	箱数
10	DE区拣货准备及等待	拣货准备成本、拣货设备折旧及维护、人员等待成本	订单数
11	DE区拣货	拣货人员成本	包数
12	A区拣货准备及拣货	拣货人员成本、拣货准备成本	拣货次数
13	出货作业	车辆调配、油料、车辆维修折旧、驾驶员成本	拣货次数
14	营销管理作业	人员成本、文具用品费用、电脑设备、通讯费用、教育培训费用	营业金额

6.2　成本对象的选择

在作业成本制度的实施中，成本对象的选择可以随着分析目的的不同而有所不同。如果分析的目的是探讨每一个便利店的成本分析，则成本对象一定是每一个便利商店；如果这里设定研究目的是探讨每一个商品的物流成本，则成本对象就定义为商品。从理论上讲，我们可以把该公司所经销的所有商品都定义为成本对象，但由于该公司经销的商品种类多，这样作不太切合实际，除非我们在分摊作业成本时不按照“实际”成本动因使用量，而是利用“标准”成本动因量，否则，光是收集每种商品的成本动因使用量就是一大问题。即使使用“标准”成本动因量进行成本分摊，我们也仍需知道每一商品的“实际”使用量，以便做事后的评估考核使用，因此，商品有必要进行一定的合并。

虽然该公司经销的商品种类繁多，但其流程仍大致按不同区位的商品而有所不同，因此可以把商品分成A、B、C、D、E、F六大类，而F区中商品因属于非经常性销售项目，因此建议将其排除，所以在分析中真正涵盖的商品只有五大类。因此，最终用来计算成本分摊的商品被分为A、B、C、D、E五大类。从而得到该公司作业成本制度下的成本分摊二阶段模式如附图6所示。

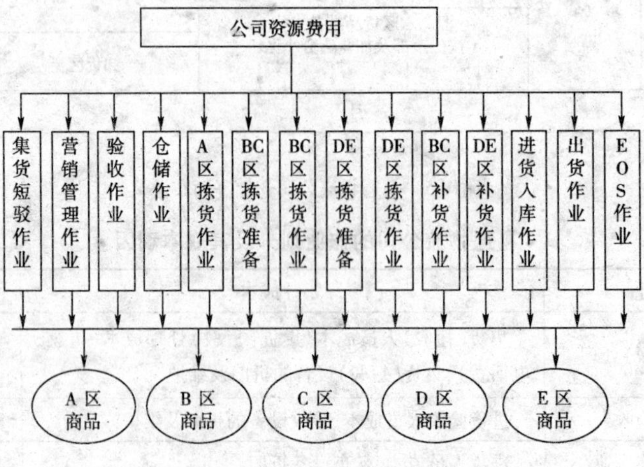

附图6　二阶段成本分摊模型

划分了作业，明确了每项作业消耗的资源成本并进行日常的统计工作，在按照附图6所示的二阶段成本分摊模型，就可以按照既定的成本对象来进行公司作业成本的计算，并在此基础上开展相应的作业附加值分析、作业成本标杆的确定以及客户的获利能力分析等。

结　论

作业成本制度被认为是确定和控制物流成本最有前途的方法。作业成本制度应用于物流成本核算的理论基础是：产品（或服务）消耗作业，作业消耗资源并导致成本的发生。作业成本制度把成本核算深入到作业层次，它以作业为单位收集成本，并把"作业"或"作业成本池"的成本按作业动因分配到产品。

作业成本制度在物流企业的实施中，首先要做好相应的基础工作，包括：明确企业实施的目的、确定实施范围、收集好相应的基础资料，并注意作业成本制度与会计制度之间的衔接等。物流作业成本制度实施中的关键在于确定成本核算对象、确定各项作业及其成本动因，而作业基础信息系统的开发和利用，是企业全面推行作业成本制度的保障。另外，作业成本制度的实施并不一定十分复杂，实施成本也不一定很高。统计方式的作业成本核算应用在物流企业、特别是中小型物流企业能有效地降低成本。